コミュニティ・エンパワメントの技法

当事者主体の新しいシステムづくり

安梅勅江 編著

Community Empowerment:
New Horizon for self-actualization through empathy

医歯薬出版株式会社

<執筆者一覧>

● 編　集
安梅　勅江（あんめ　ときえ）　筑波大学医学医療系教授

● 執　筆（五十音順）
安梅　勅江（あんめ　ときえ）　編集に同じ
家入　香代（いえいり　かよ）　栃木県保健福祉部医療政策課
大中　敬子（おおなか　けいこ）　浜松市市役所総務部職員厚生課
酒井　初恵（さかい　はつえ）　社会福祉法人　正善寺福祉会　小倉北ふれあい保育所
清水　洋子（しみず　ようこ）　東京女子医科大学看護学部地域看護学
久保ときえ（くぼ　ときえ）　元社会福祉法人　路交館，山口県公立小学校補助教員
河村　智子（かわむら　ともこ）　浜松市健康福祉部精神保健福祉センター
田中　裕（たなか　ひろし）　社会福祉法人　友愛　大宝カナリヤ保育園
宮崎　勝宣（みやざき　かつのぶ）　社会福祉法人　路交館

This book was originally published in Japanese
under the title of：

KOMYUNITI・ENPAWAMENTO NO GIHOU——TOUJISHA SHUTAI NO ATARASHII SHISUTEMUDUKURI

(Community Empowerment：New Horizon for self-actualization through empathy)

Editor：

ANME, Tokie, Ph. D.
　Professor, International Community Care & Life-Span Development, Faculty of Medicine,
　University of Tsukuba

ⓒ 2005　1st ed.

ISHIYAKU PUBLISHERS, INC.
　7-10, Honkomagome 1 chome, Bunkyo-ku,
　Tokyo 113-8612, Japan

はじめに

　共感，共生のパワーを活用する技術に関心が高まっている．血縁や地縁が希薄化する現代社会において，他者と共に，支え支えられて，そのなかに自分らしさや充実感を見いだす動きが拡大しつつある．生活の豊かさや，ひとりよがりの自己実現を超えて，いわば「共感に基づく自己実現」を分かち合う仲間と場所が見直されている．

　コミュニティ・エンパワメントは，当事者一人ひとりの思いを活かしながら，まさに「共感に基づく自己実現」を育む仲間と場所，すなわちコミュニティを作り上げる技法である．

　ものごとを感じたり生み出したりする「勢い」をメンバー同士で「共有」し，「増幅」するのがコミュニティ・エンパワメントである．その結果，すばらしいアイディアや方法を創出する可能性をも秘めている．意味のある時間を過ごしたり，新しい価値を生み出すかかわりなど「価値を生む協働」にメンバーが心地よさを感じる条件を整えることで，より大きなパワーを発揮する．これは，従来の会社やNPO，ボランティア組織，地域組織などのあり方を再検討する視点としても，大いに注目されている．

　一方，「共感に基づく自己実現」を生むコミュニティには，最も有益で，実用性のある「知恵」が蓄積していく．なぜなら，知恵は関心を持つ多様な人のかかわりのなかで磨かれるものだからである．そして，このかかわり自体が，さらにコミュニティを活性化していく．コミュニティ・エンパワメントは，一人ひとりの持つ知識と技術，暗黙知と形式知，アイディアなどを結び付け，「知恵」を体系化することにつながる．いわば「知恵を束ねる技術」がコミュニティ・エンパワメントなのだ．

　コミュニティ・エンパワメント技術の習得は，プロフェッショナルにとってきわめて意義深い．当事者とコミュニティを積極的に巻き込み，本来的に持っている力を引き出し，自ら解決を導く技術は，「当事者主体」を謳うヒューマン・サービスにとって本質的なものである．

　本書は，コミュニティ・エンパワメントをプロ技術として展開するための方法を，わかりやすく提供することを目的としている．前書「エンパワメントのケア科学―当事者主体チームワーク・ケアの技法」の続編として，著者らの20余年の研究蓄積に基づき，組織や団体，地域などのコミュニティにおいて，エンパワメント手法を用いることの実践的な方法と有効性を解説した．

すなわち，コミュニティの力を引き出すために，散在している貴重な知恵を束ね，個別的な視点に加え，全体を見通しながら参加メンバーとともに協働する技法である．当事者の力を引き出すコミュニケーション，当事者参加型チームワーク，ネットワーキングなどの技術を体系的に整理し，実践への活用を意図した．

　本書は，コミュニティ・エンパワメントの理論とその実践活用について，2部構成となっている．

　第1部では理論編として，コミュニティ・エンパワメントとは何か，理論に基づき論述した．システム構造や原則を整理しながら，実践の流れに沿ってエンパワメントの技術を解説した．

　特に，コミュニティの発展段階（CASEモデル）に沿った「エンパワメント技術モデル」を用いて，目標・戦略設計，評価設計など全体像を機能別に整理する具体的な枠組みを示した．

　第2部では実践編として，さまざまな事例を通じてコミュニティ・エンパワメント技術の適用方法と効果を例示した．具体的には，当事者，専門職，ボランティア，組織，地域，システム，街づくり，国際支援など，下記のごとく多様な領域にわたる．

1. 住民参加型ファミリー健康プランとアクションプラン
2. 科学的な根拠に基づく専門職研修システムづくり
3. ボランティア活用に向けた環境づくり
4. 専門職コミュニティのエンパワメント
5. 障害児への地域ぐるみのサポートシステムの構築
6. 子育て支援の質向上のためのシステムづくり
7. 地域ケアの連携促進
8. 国際支援とコミュニティ・エンパワメント

　これらすべてについて，背景，コミュニティ・エンパワメントの方法，成果，ポイントという同一の枠組みを用い，全体像と比較しながら理解できるよう工夫した．

　本書がすべての読者にとって，スキルを磨くうえでの何らかのエンパワメントのきっかけとなれば幸いである．

2012年3月
安梅勅江

目次

第1部　コミュニティ・エンパワメント 理論編 ……*1*（安梅）

第1章　コミュニティ・エンパワメントとは ……*2*
- 第1節　社会背景 ……*2*
- 第2節　コミュニティとは ……*3*
  - 目的，関心，価値，感情などの共有 *4*／帰属意識 *4*／自主的な運営 *4*／相互作用 *4*
- 第3節　エンパワメントとは ……*5*
- 第4節　コミュニティ・エンパワメントとは ……*6*
- 第5節　理論背景 ……*9*
  - ■1. システム思考 *9*　■2. ラーニング・オーガニゼーション *10*
  - ■3. ソーシャル・マーケッティングモデル *11*
  - ■4. セルフ・ヘルプ・グループ理論 *12*
  - ■5. プリシード・プロシードモデル *12*　■6. コミュニティ・ワーク *12*
  - ■7. コミュニティ・アズ・パートナーモデル *14*

第2章　コミュニティ・エンパワメントのシステム構造 ……*16*
- 第1節　コミュニティ・エンパワメントのシステム構造と要素 ……*16*
- 第2節　ミクロシステム *16*
  - ファシリテーター *18*／コンサルタント *18*／評価者 *18*／システム・オーガナイザー *18*／教育者 *18*／参与型研究者 *18*
- 第3節　メゾシステム ……*19*
- 第4節　エクソシステム ……*20*
- 第5節　マクロシステム ……*20*
- 第6節　クロノシステム ……*20*
- 第7節　コミュニティ・エンパワメントのシステム構造分析例 ……*21*

第3章　コミュニティ・エンパワメントの7原則 ……*23*
- 第1節　関係性を楽しむ ……*23*
- 第2節　価値に焦点をあてる ……*23*
- 第3節　つねに発展に向かう ……*24*
- 第4節　柔軟な参加様式 ……*25*
- 第5節　親近感と刺激感 ……*26*
- 第6節　評価の視点 ……*27*
- 第7節　リズムをつくる ……*27*

第4章　コミュニティ・エンパワメントの技術　29
第1節　エンパワメント技術モデルの考え方　29
■1.「創造」段階 30　■2.「適応」段階 30　■3.「維持」段階 31
■4.「発達」段階 31

第2節　段階別コミュニティ・エンパワメント技術　32
創造… 32　　適応… 33　　維持… 34　　発展… 35

第3節　機能別エンパワメント技術　35
目標・戦略エンパワメント技術：アセスメント，インプット… 35
問題・課題 37／背景 37／成果 37／影響要因 38／戦略 39／根拠 39

過程・組織エンパワメント技術：実施… 39

成果エンパワメント技術：アウトプット，アウトカム，インパクト評価… 40
目標・戦略と背景 40／過程・組織 40／成果 41

情報エンパワメント技術：ネットワーキング… 46

効率エンパワメント技術：効率性，生産性… 48

コラム／コミュニティ・エンパワメントと数字？…… 50

第2部　コミュニティ・エンパワメント　実践編　51

実践編の構成と枠組み　……52（安梅）

第5章　住民参加型ファミリー健康プランとアクションプラン　54（清水）
——地域開発への活用

第1節　背　景　54
第2節　コミュニティ・エンパワメントの方法　55
具体的な展開… 55
■1. パートナーシップを気づくための要因 55
■2. 目標と戦略設計 55〔委員会運営の基本方針 56／プラン策定の根拠となる情報把握の方法 58／インタビュー分析からアンケート調査票作成 59〕
■3. インタビューおよびアンケート調査からプランを作成する方法 59

第3節　コミュニティ・エンパワメントの成果　61
住民委員の変化… 62
■1. プラン策定について 62　■2. アクションプランについて 62
行政担当者と関係者の変化… 62

第4節　コミュニティ・エンパワメントのポイント　64

第6章　科学的な根拠に基づく専門職研修システムづくり …66（田中）

- 第1節　背　景 …………………………………………………66
- 第2節　コミュニティ・エンパワメントの方法 …………………67
  - 1. 経年的な育児環境評価と子どもの発達評価 69
  - 2. グループインタビュー調査 70
  - 3. 指針の開発 70
  - 4. 指針の具体化に向けてのマニュアルの開発 71
  - 5. 保育専門職パワーアップ研修の開催 73
- 第3節　コミュニティ・エンパワメントの成果 ……………………74
- 第4節　コミュニティ・エンパワメントのポイント ………………76

第7章　ボランティア活用に向けた環境づくり …………79（高林・大中）
　　　　──当事者のボランティア継続要因の把握とサポート

- 第1節　背　景 …………………………………………………79
- 第2節　コミュニティ・エンパワメントの方法 …………………80
- 第3節　コミュニティ・エンパワメントの成果 ……………………85
- 第4節　コミュニティ・エンパワメントのポイント ………………88

第8章　専門職コミュニティのエンパワメント …………91（家入）
　　　　──虐待予防技術の向上に向けた指標開発

- 第1節　背　景 …………………………………………………91
- 第2節　コミュニティ・エンパワメントの方法 …………………92
- 第3節　コミュニティ・エンパワメントの成果 ……………………94
  - 1. 子ども・家族のエンパワメント 94　　2. 専門職のエンパワメント 95
  - 3. 地域社会のエンパワメント 96
- 第4節　コミュニティ・エンパワメントのポイント ………………97

第9章　障害児への地域ぐるみのサポートシステムの構築 100（宮崎）

- 第1節　背　景 …………………………………………………100
- 第2節　コミュニティ・エンパワメントの方法 …………………101
  - 1. 対象と方法 101　　2. 内容 101　　3. 結果 101〔保護者から得られた項目 101／専門職から得られた項目 103／グループインタビューの複合分析 104〕
- 第3節　コミュニティ・エンパワメントの成果 ……………………105
  - 1. 保育プログラムの重要性 105　　2. 関係機関との連携 108
  - 3. セルフ・ヘルプ・グループ（家族会）の組織と地域理解 108
- 第4節　コミュニティ・エンパワメントのポイント ………………110

第10章　子育て支援の質向上のためのシステムづくり ……112（庄司）

- 第1節　背　景 …… 112
- 第2節　コミュニティ・エンパワメントの方法 …… 113
- 第3節　コミュニティ・エンパワメントの成果 …… 115
- 第4節　コミュニティ・エンパワメントのポイント …… 117

第11章　地域ケアの連携促進 ……119（酒井）

- 第1節　背　景 …… 119
- 第2節　コミュニティ・エンパワメントの方法 …… 120
  - ■1. フォーカス・グループインタビュー調査 123
  - ■2.「関係機関との連携を強化する」マニュアル開始 123
- 第3節　コミュニティ・エンパワメントの成果 …… 128
  - 連携の開始 129／連携の実際 130／連携の継続 130／連携の評価と展開 131
- 第4節　コミュニティ・エンパワメントのポイント …… 131
  - 当事者 131／地域サポーター 131／専門職メンバー 131

第12章　国際支援とコミュニティ・エンパワメント ……133（安梅）
―開発途上国における障害者ケアシステムと住民サポーターの活用

- 第1節　背　景 …… 133
  - ◉プロジェクトの背景… 133　◉障害ケアシステム… 134
    - ■1. 障害ケア関連組織 134〔保健省 134／文部省 134／内務省 134／非政府組織（NPO）134／全国障害福祉・リハビリテーション委員会 134／その他 135〕
    - ■2. 障害ケア関連の専門職 135　■3. 地域における障害者ケア 135
- 第2節　コミュニティ・エンパワメントの方法 …… 136
  - ■1. 人材養成 137〔養成機関および専門職 137／継続研修 138〕
  - ■2. 施設機関支援 139　■3. コミュニティ支援 139
  - ■4. 情報ネットワークシステムの構築 140
    〔コンピュータシステムの導入 140／情報提供 141〕
- 第3節　コミュニティ・エンパワメントの成果 …… 141
  - ■1. 人材養成 142　■2. 施設機関支援 142　■3. コミュニティ支援 143
  - ■4. 情報ネットワークシステム構築への支援 143
- 第4節　コミュニティ・エンパワメントのポイント …… 143
  - 当事者主体 143／持続性 143／人材の育成 144／ネットワーキング 144

今後の展開に向けて ……145（安梅）

- 謝辞　146
- 参考文献　147
- 付録　コミュニティ・エンパワメントのチェックリスト　152

第1部

コミュニティ・エンパワメント
理論編

第1章 コミュニティ・エンパワメントとは

> Never lose a holy curiosity. Try not to become a man of success but rather try to become a man of value.
> A man of value will give more than he receives.
>
> *Albert Einstein*

第1節 社会背景

　新しい形のコミュニティが出現した．これまでの組織や地域など，目に見える場や集団に加えて，今やネット・コミュニティと呼ばれるバーチャルなコミュニティが，ごく普通に生活のなかに存在している．新しい形のコミュニティ，いわば「新世代コミュニティ」とでもいおうか．個人は従来のさまざまな地理的，社会的，経済的な制約条件から解放され，興味や関心に基づき，主体的に思いのまま場や集団とのかかわりを持つことが可能になった．

　それゆえに，まさに所属する「理由」が重要な意味を持つ．目的，関心，価値，感情などを共有できる人々と仲間の関係になりたいというニーズが，新世代コミュニティの形成につながっている．

　この背景には，以下の5点などが影響している（図1-1）．

1) コミュニティを基盤とした街づくりやヒューマン・サービスへの認識が高まっている．
2) 社会の成熟化にともない従来の組織とは異なる新しい集団としてコミュニティへの期待が高まっている．
3) 情報通信分野の技術進歩により，インターネット，ブロードバンド，ユビキタス・ネットワークが普及し，距離と空間を意識することなく自由に交流する環境ができている．
4) メンバーが同じ立場でフラットな組織をつくり，双方向コミュニケーションにより共に生み出すニーズが拡大している．
5) 効果的な学習方法として，仲間としてのコミュニティ参加の重要性が強調されている．

図 1-1 新世代コミュニティの出現

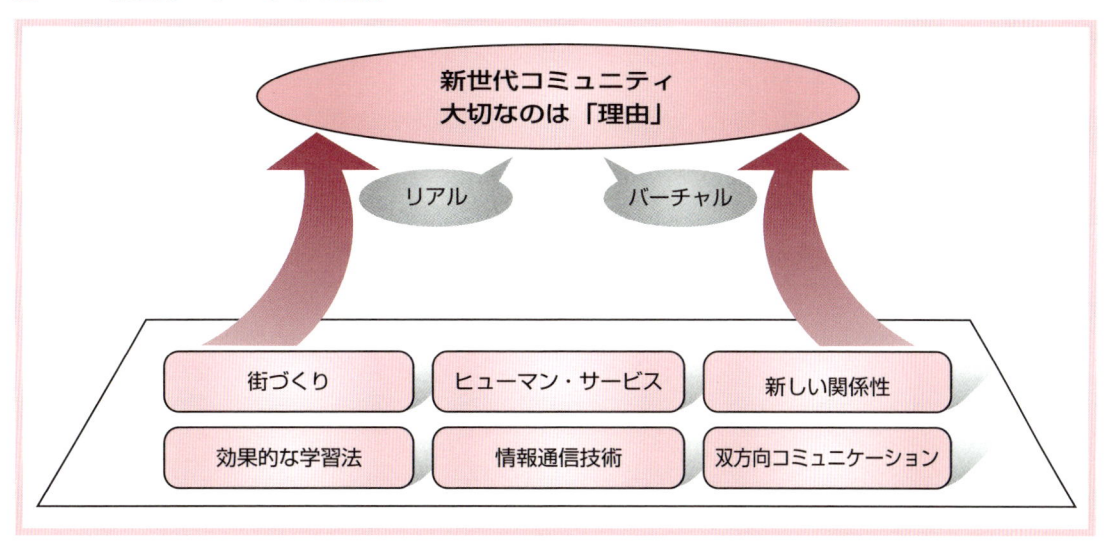

第2節 コミュニティとは

　community という英語は，ラテン語の communus が語源であり，with（一緒に，共に）にあたる com と，service, duty（貢献，任務）にあたる munus を組み合わせた言葉である．もともと「一緒に貢献すること，任務を果たすこと」という意味であった．
　その後 19 世紀の終わりから 20 世紀のはじめにかけて，コミュニティという言葉がよく使われるようになった．身近で温かみがあり，助け合う人々の結び付きを取り戻したいという，古きよき時代への思いが高まったためといわれている．
　そのころ，米国の社会学者がコミュニティという概念を定義し，①物理的な地域のエリア，②特定の地域に住んでいる人々の集団，③共同体としての生活，などに整理している．
　地域に限定せずコミュニティを捉えた定義として，1975 年，MacIver, R.M. は「共同生活の相互行為を十分に保証するような共同関心が，その成員によって認められているところの社会統一体」と述べている．
　時代の進歩とともに交通や通信などが発展し，人々の生活空間が広がるにつれて，コミュニティの守備範囲はさらに拡大した．すなわち，地理的な共通性にとどまらず，興味や関心，性別，人種，宗教などを共有するグループもコミュニティと名付けられた．そして「日本人コミュニティ」「カソリック・コミュニティ」などの使われ方が一般的になった．
　さらに 1990 年代，インターネットの普及により，コミュニティはさらにその対象を拡大していった．掲示板やチャット，メーリングリストなどを活用した「ネット・コミュニティ」が出現し，このバーチャル空間での集まりも「コミュニティ」となった．

コミュニティという言葉の概念に関しては，社会学や心理学などでこれまでに膨大な蓄積がある．ここでは，これら時代背景を受けて，リアルかバーチャルかを区別することなく，新しい視点でのコミュニティを次のように定義する．

「コミュニティとは，目的，関心，価値，感情などを共有する社会的な空間に参加意識を持ち，主体的に相互作用を行っている場または集団である．」

どんな組織や地域にも「人々がともに何かを構築するための単位」があり，それは，「あるテーマに関する関心や問題，熱意などを共有し，その分野の知識や技能を，持続的な相互交流を通じて深めていく人々の集団」である．これが「コミュニティ」の1つの側面である．

以下にその詳細を概説する（表1-1）．

(1) 目的，関心，価値，感情などの共有

コミュニティでは，メンバーが共有する目的や関心，価値，感情がどのような形であれ必ず存在する．

たとえば子育てコミュニティでは，子育てという共通の関心事がある．また，目的，関心，価値がはっきり意識されなくても，単に気の合う仲間がときどき会っておしゃべりを楽しむ関係が続く場合は，「感情」を共有するコミュニティといえる．

(2) 帰属意識

参加しているメンバーが，実際にそこに所属しているという意識，すなわち「帰属意識」を持っていることは，コミュニティの必須条件である．逆に，帰属意識がなければコミュニティとして存在しない，ということである．

(3) 自主的な運営

新世代型コミュニティは，既存の組織にただメンバーが帰属しているにとどまらず，主体的に運営する点が特徴的である．

特定の権力を持つ者の指示により運営するのではなく，皆が同じ立場のフラットな組織構造のなかで，メンバーが主体的に決めた目的や役割分担などにより，「自主的に運営」する．したがってコミュニティへの出入りは自由であり，自らの意思でコミュニティに所属し，強制されることはない．

(4) 相互作用

コミュニティでは，メンバー同士が活発に情報交換し交流する．積極的には参加しないメンバーも，聞くだけ，見るだけなどでメンバーであることを意識している．それらを含めて「相互作用」はコミュニティの重要な要素である．

表1-1 コミュニティの特徴

1. 目的，関心，価値，感情などの共有
2. 帰属意識
3. 自主的な運営
4. 相互作用

第3節 エンパワメントとは

　エンパワメントとは，元気にすること，力を引き出すこと，きずなを育むこと，そして共感に基づいた人間同士のネットワーク化である．人間は生まれながら自分の身体的，心理的，精神的，スピリッチュアルなウエルビーイングを成就しようとする意欲を持っている．当事者や当事者グループが，自らのウエルビーイングについて十分な情報のもとに意思決定できるよう，ネットワークのもとに環境を整備することがエンパワメントである．和訳すれば，絆育力（きずな育む力），活生力（いきいき生きる力），共創力（ともに創る力）となろう．

　ZimmermanとRappaportは，「個人が自分の生き方を主体的に生き，コミュニティでの生活に民主的な参加を獲得するプロセス」と定義付けている．

　エンパワメントの原則は下記の8点である（表1-2）．

（1）目標を当事者が選択する

　目標は当事者が最終的に選択する．当事者の意思決定が難しい場合は，当事者の代弁者としてふさわしい者が選択する．目指すところがどこなのか，最終決定は当事者であることをつねに意識する必要がある．

（2）主導権と決定権を当事者が持つ

　目標を実現するための方法や時期などについて，当事者が希望する方法を最優先する．もちろん選択肢の可能性と限界については，あらかじめ十分に情報を提供する必要がある．

　ネットワークが機能するためには，他者依存ではなく，自らの意思で共感をつなぐパワーが基本となる．そのパワーを十分に発揮できる環境を整えるのが専門職の役割となる．

（3）問題点と解決策を当事者が考える

　課題を遂行するうえで，どこが障害となってくるのか，問題になるのか，自らが考え，解決法を工夫するよう働きかける．

（4）新たな学びと，より力をつける機会として当事者が失敗や成功を分析する

　ネットワークは継続し発展するものである．成功でも失敗でも何か動きがあった後には，次の機会のためになぜそうなったのかを当事者が自ら考え，次の動きに備える機会を設ける．

（5）行動変容のために内的な強化因子を当事者と専門職の両者で発見し，それを増強する

　「内的な強化因子」とは，当事者が強く必要と認識し，自らの意思で求めようとするきっかけを意味する．外側から与えられ強制されるきっかけ（外的な強化因子）では，長続きしないことが多い．行動変容のための価値を自らが発見し，それを強めることで実現していく．専門職はそのための環境の整備に徹する．

（6）問題解決の過程に当事者の参加を促し，個人の責任を高める

　「自らの問題解決の能力を増強する」ために，すべての問題解決の過程に当事者がかかわり，自らの責任で判断することで個人の責任を高めていく．

(7) 問題解決の過程を支えるネットワークと資源を充実させる

問題解決の過程を支えるため，サポートするためのネットワークと資源を適切に活用するよう環境条件を整える．

(8) 当事者のウエルビーイングに対する意欲を高める

何よりも大切なのは当事者の「やる気」である．「やる気」を育てるための技術を縦横に用いる．具体的な内容については，前著『エンパワメントのケア科学』（医歯薬出版）参照のこと．

表1-2 エンパワメントの原則

1. 目標を当事者が選択する
2. 主導権と決定権を当事者が持つ
3. 問題点と解決策を当事者が考える
4. 新たな学びと，より力をつける機会として当事者が失敗や成功を分析する
5. 行動変容のために内的な強化因子を当事者と専門職の両者で発見し，それを増強する
6. 問題解決の過程に当事者の参加を促し，個人の責任を高める
7. 問題解決の過程を支えるネットワークと資源を充実させる
8. 当事者のウエルビーイングに対する意欲を高める

第4節　コミュニティ・エンパワメントとは

コミュニティ・エンパワメントは，コミュニティやシステムなど，「場」全体の力を引き出す，活性化することを意味する．いわば共創力である．

すなわち，コミュニティ・エンパワメントとは，個人や組織，地域などコミュニティの持っている力を引き出し，発揮できる条件や環境をつくっていくことにほかならない．力には顕在力と潜在力があるが，その両者を引き出すのみでは不十分であり，力を活かす「条件」が整ってはじめてコミュニティ・エンパワメントといえる．

その結果，コミュニティの「自己決定力」を高めていくことが可能となる．コミュニティによる「決定力」「コントロール力」「参加意識」を支える環境整備が基本である．つまり，コミュニティ・エンパワメントを引き起こすには，コミュニティのメンバーの「主体的なかかわり」と「連帯感（組織性）」が必要であり，これをいかに実現するかがコミュニティ・エンパワメントの技術なのである．

実際には，コミュニティ・エンパワメントは「現実の関係性のつながり」と「共感イメージのネットワーク」という2側面を持つ．現実とイメージの両者が車の両輪のようにエンパワメントを推進する．

自分はどのような人間であり，どのような人たちと人間関係を築くか，自分と他者，そしてネットワークとのかかわりを，自分自身を情報基盤として他者との共感イメージの形で実現する．つまり「現実の関係性のつながり」と「共感イメージのネットワーク」は，互いに影響し合いながら拡大するものである．

そこでプロフェッショナルに必要となるのがコミュニティ・エンパワメントの技法である．拡大したコミュニティの概念に基づき，コミュニティが自らの価値を高めるために，広い意味でコミュニティの質を向上させる働きである．

コミュニティ感覚（sense of community）を持つことは，コミュニティ・エンパワメントを引き起こすために最も重要な道具の1つである．これは一人ひとりの当事者が，どのようにそのコミュニティを感じ，どうしたいと考えているかの総称である．後述するミッション，価値にも通じるものである（第3章第2, 3節，p.23〜24参照）．

そこではまず，自分たちのコミュニティとそこで生じている問題を自ら評価し，理解していくという自己診断（autodiagnosis）の過程を経る．協同してかかわりながら，何が課題で，どこに向かっていくのかを科学的な根拠をもって示す，実証可能な方法を用いる．

最も大切なことは，コミュニティが参加メンバーの「母船」として，自然な形で信頼し貢献する交流をつくり上げることである．

まず「目標」を立てる．成果を「予測」して「プロセス」を学習する過程がコミュニティ・エンパワメント．個人の主観をすり合わせ，つなげてグループの主観をつくり上げていく．

その過程を段階別に示すと，以下のとおりである．
1）自らの状態から自らの問題を考える段階
2）自分たちの困難性の原因になっている問題に疑問を投げかける段階
3）自分たちや他者のために自分たちが望んでいる変化は何なのかを問いかける段階
4）自分たちや他人が困難としている状況を改めるための具体的な行動に出る段階

つまり，「個人とコミュニティ」「個人の思いと社会の規範」「個人的な関係と社会的な関係」などを調和させることが，コミュニティ・エンパワメントの基盤となる．

歴史的には，例えば世界保健機関（WHO）のアルマ・アタ宣言（1978年）では，プライマリ・ヘルスケアとして，コミュニティの個人と家族の全面的な参加と自己決定を謳っている．「プライマリ・ヘルスケアとは，実践的で科学的に信頼がおける社会的に受け入れられる手段と技術に基づいた基本的なヘルスケアで，地域の個人と家族が，彼等自身の全面的な参加と自立，自己決定の精神のもと，発展の各段階を持続維持するのに地域と国が提供できる努力で，例外なく享受できるものである」と定義しており，コミュニティ・エンパワメントに向けた取り組みを方向付けている．

またそれを継承したオタワ憲章（1986年）では，エンパワメントを「人々や組織，コミュニティが自らの生活への統御を獲得する過程である」と定義しており，コミュニティにおける対応の必要性を示している．

林ら（2003）は，コミュニティ・エンパワメントを高めるには，コミュニティのメンバーを主体とした共同する活動が必要であり，それを可能にするためには，タイムリーな情報提供，技術適用，機会の提供，直接的な支援，環境の整備を行う必要がある，としている．

またコミュニティ・エンパワメントと関連付けてコミュニティ能力（community competence）という考え方が生まれ，「コミュニティの課題を自ら把握し改善を推進してゆく力量」と定義されている．その枠組み例としては，「参加」「関与」「自他意識と状況の定義の明確性」「コミュニケーション」「明確さ」「摩擦の抑制と調整」「より大きな社会環境との関係の管理」「参加者の相互作用と意思決定を促す仕組み」という8つの次元を定義した尺度などがある（Cottrell）（表1-3）．すなわち，「能力のあるコミュニティ」とは，コミュニティのメンバーが問題を明らかにするときに協力して目標と戦略をつくったり，解決のための資源を得たりするよう協力するコミュニティのことである．

表1-3　コミュニティ能力の要素（Cottrell）

- 参加
- 関与
- 自他意識と状況の定義の明確性
- コミュニケーション
- 明確さ
- 摩擦の抑制と調整
- より大きな社会環境との関係の管理
- 参加者の相互作用と意思決定を促す仕組み

コミュニティ・エンパワメントは，個人，組織，コミュニティにわたる数多くの複合的な要素を含んでいる．これらすべてにわたるものとして，Israelらは個人，組織，コミュニティの3つのレベルへの統御感や影響力の個人的な認識を評価する尺度を開発している．一方，Segalらは，エンパワメントを個人，コミュニティ内部（組織内的），コミュニティ間（組織外的）の3つの次元に分けて尺度を開発している．

コミュニティ・エンパワメントは，セルフ・エンパワメント，ピア・エンパワメントに加え，ソーシャルサポート，ソーシャルネットワーク，コミュニティ・オーガニゼーション，コミュニティ心理学などと関連している（前著『エンパワメントのケア科学』参照）．

コミュニティ・エンパワメントは，以下の3つの領域から構成されている（表1-4）．
1) **テーマ**：何を目標にコミュニティ・エンパワメントを図るのか，共有するテーマを持つこと．
2) **コミュニティ**：実際に相互交流する人々の集団が存在すること．
3) **活動**：新しい知識や価値を生み出す活動を行うこと．

もう少し詳しく説明すると，以下のとおりである．
「テーマ」とは，メンバーの共通の関心事，一体感をもたらす目的と価値をイメージできる参

加の目的である．コミュニティが存在するのは，この一貫性のある共有するテーマが存在するから，といっても過言ではない．きわめて日常的なノウハウ的なことから，高度で専門的な知識まで，メンバーがテーマを共有することで，一連の活動への責任感や貢献意識を持つことができる．

「コミュニティ」とは，実際に活動する仲間の集まりであり，活発な相互作用により豊かな関係性が育まれる．「知識や技術を体系化する仕組み」と言い換えることができ，コミュニティ・エンパワメントのかなめとなる．関係を築きながら影響を与え合い，共に学んでいく姿勢を持ったメンバーの帰属意識と信頼性の拠点である．自発的なリーダーシップが起こるかどうかが成功の鍵を握る．

「活動」とは実際に行動として現れてくるもので，新しいアイディアや道具，情報，技術などである．これらがうまくかみ合ってコミュニティ・エンパワメントを図ることができる．共通の知識と技術を確立し，一連のやり方を実践することである．

これら「テーマ」「コミュニティ」「活動」の3つを連動して捉えることが，コミュニティ・エンパワメントを効果的にする（p.36参照）．コミュニティの持っている力を最大限に引き出すために，コミュニティのなかにある探究心，相互交流，関係性，技術に注目してエネルギーを活性化する方法を工夫することが有効である．

表1-4 コミュニティ・エンパワメントの領域

1. テーマ	何を目標にコミュニティ・エンパワメントを図るのか，共有するテーマを持つこと
2. コミュニティ	実際に相互交流する人々の集団が存在すること
3. 活動	新しい知識や価値を生み出す活動を行うこと

第5節 理論背景

コミュニティ・エンパワメントには，全体像とダイナミクスを見通す理論や技法が有効である．ここでは，前著『エンパワメントのケア科学』で紹介した理論は割愛し，特にコミュニティを対象とした技法に焦点をあて，①システム思考，②ラーニング・オーガニゼーション，③ソーシャル・マーケッティングモデル，④セルフ・ヘルプ・グループ理論，⑤プリシード・プロシードモデル，⑥コミュニティ・ワーク，⑦コミュニティ・アズ・パートナーモデルについて概説する．

■ 1．システム思考

目の前に起こっている出来事を個別に捉えるのではなく，統計的な推移のパターンや複数の出来事の間の関係の構造を適切に見抜き，全体を「つながりのある有機体」として捉え，全体を動かす「かなめの部分」を押さえていく方法が求められている．

このようなものごとの捉え方を「システム思考」という．これまで多くの科学で用いられてきた分析的な思考法，還元主義的な思考法に対して，システム思考は，全体の変化を一連の動きのパターンとして捉え，それらの動きの相互の関係に焦点をあてていく．この思考法からは，「右か左か」「成長かそれともゼロか」といった単純な解決策ではなく，複雑な状況の全体をよくしていくための解決策を見つけることができる（**表1-5**）．

問題をより大きな問題の一部として考え，他の部分とのつながりを考える分析的な思考では，より精密に捉えることで，物事を正しく捉えることができると考える．一方，システム思考では物事を精密に捉えるよりも，より大きな全体の一部として考え，他の部分との関連を考えていく方法をとる．

これは，Bertalanffy, L.V.が「一般システム理論」に1968年に著したシステム理論に基づくものである．システムは，同一の目的に向かって，複数の構成要素が関係を持ちながら動くものに関する科学であり，①目的を持つ，②複数の要素を持つ，③要素間の関係がある，という3つの特徴を持つ．

表1-5 システム思考の5つの原則（Anderson, V.）

1．全体的に捉える
2．動き，複雑性，相互依存性の視点を持つ
3．見えるデータ（現象）だけではなく，見えないデータを考慮に入れる
4．長期と短期のバランスをとる
5．自身がシステムの一部を成しており，自身の影響がシステムに影響を与えることを考慮する

■2．ラーニング・オーガニゼーション

コミュニティ・エンパワメントには，ラーニング・オーガニゼーションの考え方が有効である．マサチューセッツ工科大学のSenge, P.M.教授により提唱され，1990年に出版された『The Fifth Discipline』により，世界中に普及している．これは，「人々が継続的にその能力を広げ，望むものを創造したり，新しい考え方やより普遍的な考え方を育てたり，人々が互いに学び合うような場」「人々が強い意欲を持ち，コミュニケーションの方法を学びながらシステマティックなアプローチによって共通のビジョンの実現を目指すチーム組織」と定義される．

その実現手段として，以下の5つの技術をあげている（**図1-2**）．

1) **システム思考**（systems thinking）：活動における構造的な相互作用を把握する力．
2) **自己認識**（personal mastery）：メンバー一人ひとりが自己を高める意志を持つこと．
3) **物事の認識の仕方**（mental models）：凝り固まったものの考え方を克服すること．
4) **共有ビジョン**（shared vision）：個人と組織のビジョンに整合性を持たせること．
5) **チーム学習**（team learning）：対話を行うスキルと場を養うこと．

ラーニング・オーガニゼーションは，システム思考に基づいている．組織の持つ複雑性を正しく理解し，他の4つの技術を統合する役割を担うものとされている．

マネジメントにおいては，これらの新しいコミュニティの捉え方を活用することが求められる．

■3．ソーシャル・マーケッティングモデル

Kotler，P.によれば，ソーシャル・マーケッティングは，目標とする集団ニーズの充足や，行動変容を含む計画立案や実施に役立つシステマティックなアプローチの1つである（**図1-3**）．マーケットをいわゆる「出会う場」として定義し，その場所においてさまざまな関係者が相互作用を通じて価値の創造と共有を図り，双方が満足を得ることができるとしている．

図1-2 ラーニング・オーガニゼーションの技術

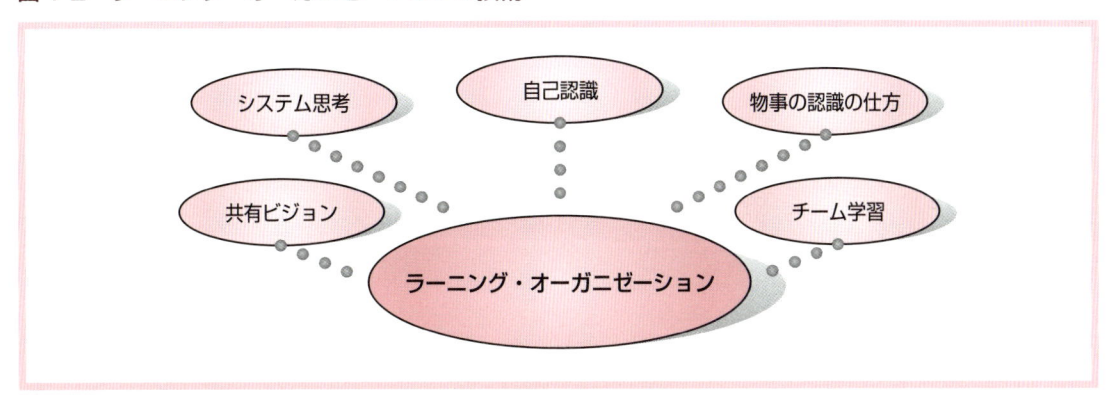

図1-3 ソーシャル・プロダクトとマーケットの適合的な組み合わせ

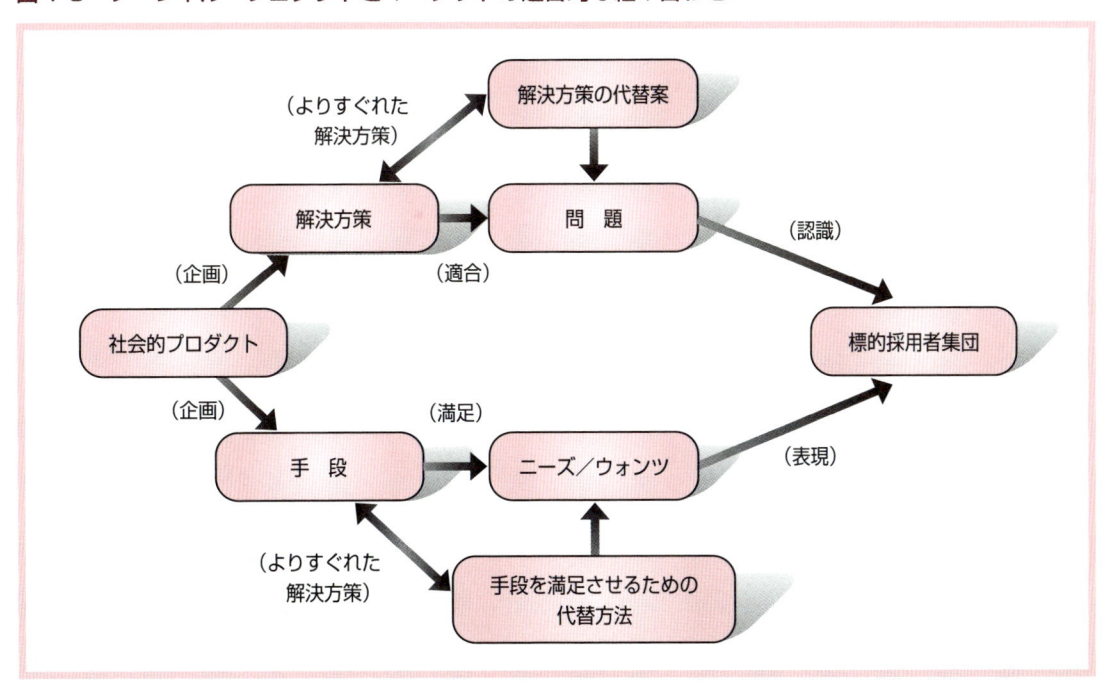

(出典/Kotler, P., Roberto, EL.：Soacial Marketing. Free Press, 1989)

コミュニティ・エンパワメントにおいて、このモデルは、人々のニーズや認識、準拠集団の嗜好性、目標とする人々の行動パターンを戦略的にマネジメントする技術として有効である.

■4. セルフ・ヘルプ・グループ理論

セルフ・ヘルプ・グループは、1930年代から欧米で設立されたが、理論として整理されたのは1980年代以降である. その特徴は、①メンバーは共通の課題を持つ、②共通のゴールがある、③対面的な相互関係がある、④メンバーは対等な関係にある、⑤自発的な参加に基づく、⑥メンバーの主体性が重んじられる、などである（**表1-6**）.

表1-6 セルフ・ヘルプ・グループが成立する要件

①メンバーが主体である
②メンバー同士が対等である
③メンバーの問題に焦点を当てた交流である
④セルフ・ヘルプ・グループの運営はメンバー全体で行う
⑤メンバー同士が交換するのは体験談である
⑥セルフ・ヘルプ・グループが安全で安心でき信頼できる場である必要がある
⑦セルフ・ヘルプ・グループの独立性と自立性がある
⑧セルフ・ヘルプ・グループのメンバー数は、最大限20名である
⑨セルフ・ヘルプ・グループの構成は、入会歴の短い人を底辺にしたピラミッド型である

（出典／岩田泰夫：セルフ・ヘルプ運動とソーシャルワーク実践―患者会・家族会の運営と支援の方法. やどかり出版, 1994）

■5. プリシード・プロシードモデル

Green, L.W.らによって構想された「健康教育とヘルスプロモーションに関するモデル」である（**図1-4**）. プリシードとは実施に先立って行われる、プロシードとは実施の後に行われるという意味であり、アセスメントから結果評価まで、9つの段階に分けて事前・事後に分けて整理するものである.

このモデルの特徴は、①働きかけ方の技術を体系的に論じた点、②究極の目標を生活の質（QOL）に置いた点、③行動変容に影響を及ぼす要因を、準備（predisposing）、実現（enabling）、強化（reinforcing）の各部分に分けて整理した点、④環境を含めた点、⑤政策・法規・組織を加味した点、であり、コミュニティ・エンパワメントの全体像をプロセスから捉える手法として有効である.

■6. コミュニティ・ワーク

コミュニティ・ワーク（地域援助技術）は、「コミュニティの自己決定を促し、その実践に即した自治の達成を援助するため、コミュニティ・ワーカーの専門参加を得て、ニーズや資源の調整を図るとともに、行政への住民参加を強め、コミュニティの民主化を組織する方法」とされている（鈴木, 1993）.

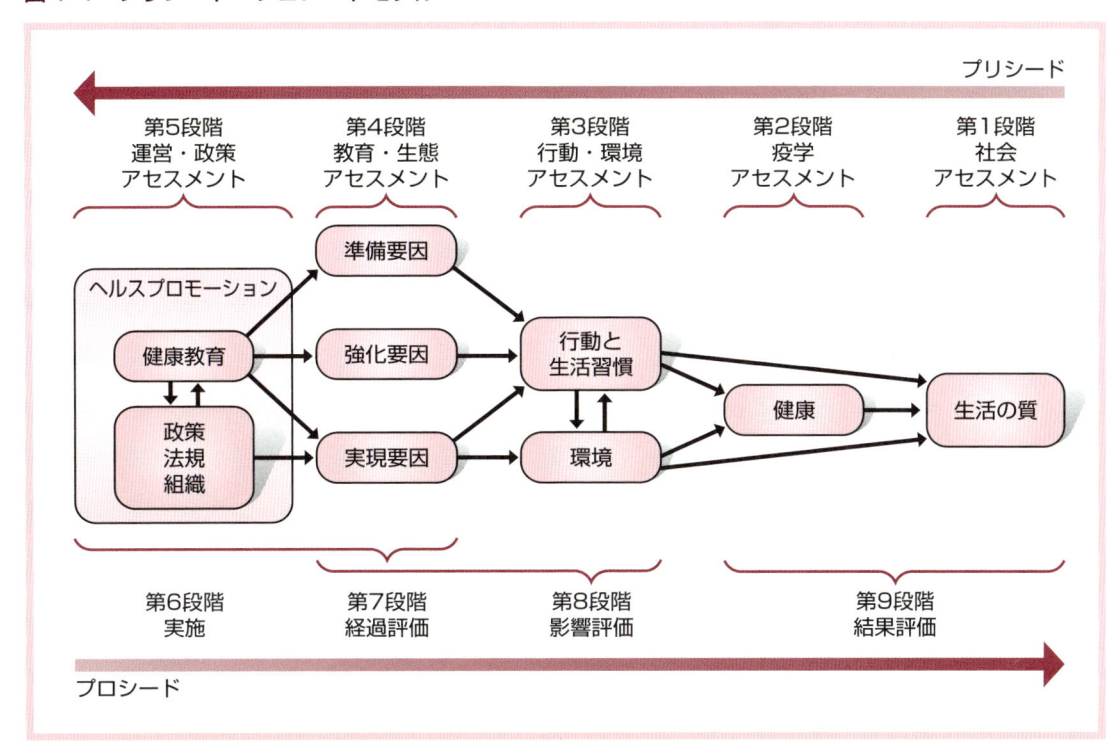

図 1-4　プリシード・プロシードモデル

（出典/吉田　享：「PRECEDE-PROCEED モデル」の使い方. 保健婦雑誌, 59 (11) : 1026～1033, 2003）

　歴史的には，19 世紀後半のロンドンで発祥し，その後米国に導入された慈善組織協会（Charity Organization Society ; C.O.S.）の活動とセツルメント運動につながるコミュニティ・オーガニゼーションから発展したものである．

　1968 年 Rothman, J. は，コミュニティ・オーガニゼーションの多様性を 3 つの類型，すなわち，①地域性の開発（locality development）（地域住民の自発性や主体性を高め，参加を助長し地域社会の組織化と統合を進める），②社会計画（social planning）（技術的な問題解決の手法を用いて社会問題の解決のための施策を開発する），③社会行動（social action）（地域社会のなかで不利な立場にある人々が自らを組織化し，活動の問題点を明確にし，さらには権力構造に対する活動に従事するように援助すること）にまとめている．

　また Dunham, A. は，「コミュニティ・オーガニゼーションとは，社会的な相互作用の意図的なプロセスであるソーシャルワークの一方法であり，次の 1 つもしくはすべてを目的にしている．①幅広いニーズに対応して，ある地域社会またはその他の地域社会のニーズと資源を調整し，維持すること，②住民の参加，自己決定，強力の能力を開発，強化，維持するように援助し，自分たちの問題や目標により効果的に対処できるように援助すること，③地域社会と集団の関係，あるいは意思決定の権限配分に変革をもたらすことである」と述べている．

第1部 コミュニティ・エンパワメント 理論編

　コミュニティ・ワークの構成要素としては（**図1-5**），「働く領域」「内容」「展開要素」が含まれ，コミュニティに即した対応が求められる．具体的には，①問題の明確化，②対策計画の策定，③対策行動の展開，④評価，の過程をとり，調査，集団討議，広報教育，計画立案，連絡調整，資源動員・配分，圧力行動などの方法を用いる．

図1-5　コミュニティ・ワークの構成要素

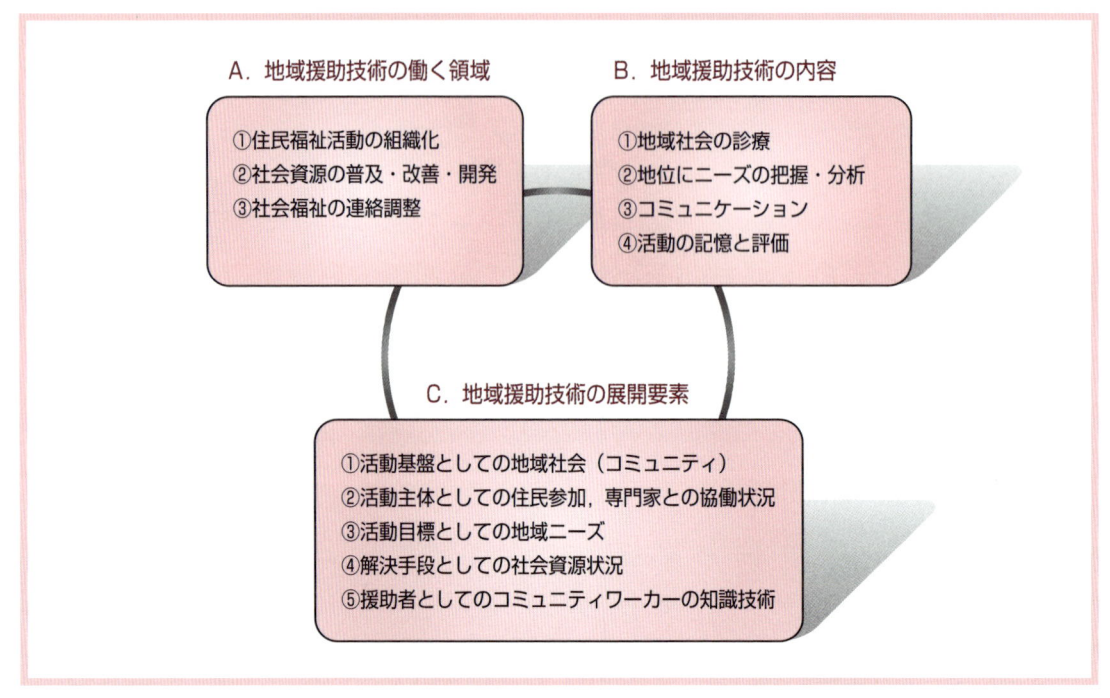

```
A. 地域援助技術の働く領域
　①住民福祉活動の組織化
　②社会資源の普及・改善・開発
　③社会福祉の連絡調整

B. 地域援助技術の内容
　①地域社会の診療
　②地位にニーズの把握・分析
　③コミュニケーション
　④活動の記憶と評価

C. 地域援助技術の展開要素
　①活動基盤としての地域社会（コミュニティ）
　②活動主体としての住民参加，専門家との協働状況
　③活動目標としての地域ニーズ
　④解決手段としての社会資源状況
　⑤援助者としてのコミュニティワーカーの知識技術
```

（出典/鈴木五郎編：社会福祉事業方法論Ⅲ 地域援助技術/コミュニティワーク．全国社会福祉協議会・中央社会福祉研修センター，1993）

■7．コミュニティ・アズ・パートナーモデル

　コミュニティ・アズ・パートナーモデルは，Anderson, E.T. と McFarlane, J.M. により開発され，コミュニティのアセスメントと過程という2つの要素を強調したモデルである．

　コミュニティのアセスメントの要素は，「コミュニティ・アセスメントの車輪（Community Assessment Wheel）」という形で提示され，その車輪の中心にコミュニティのメンバーを，周囲に物理的環境，教育，安全と交通，政治と行政，保健医療と社会福祉，コミュニケーション，経済，レクリエーションの8つの要素を置いている（**図1-6**）．アセスメント，分析，診断，計画，実践，評価という過程を経て，コミュニティの価値を実現する全体像が示されている．

第1章 コミュニティ・エンパワメントとは

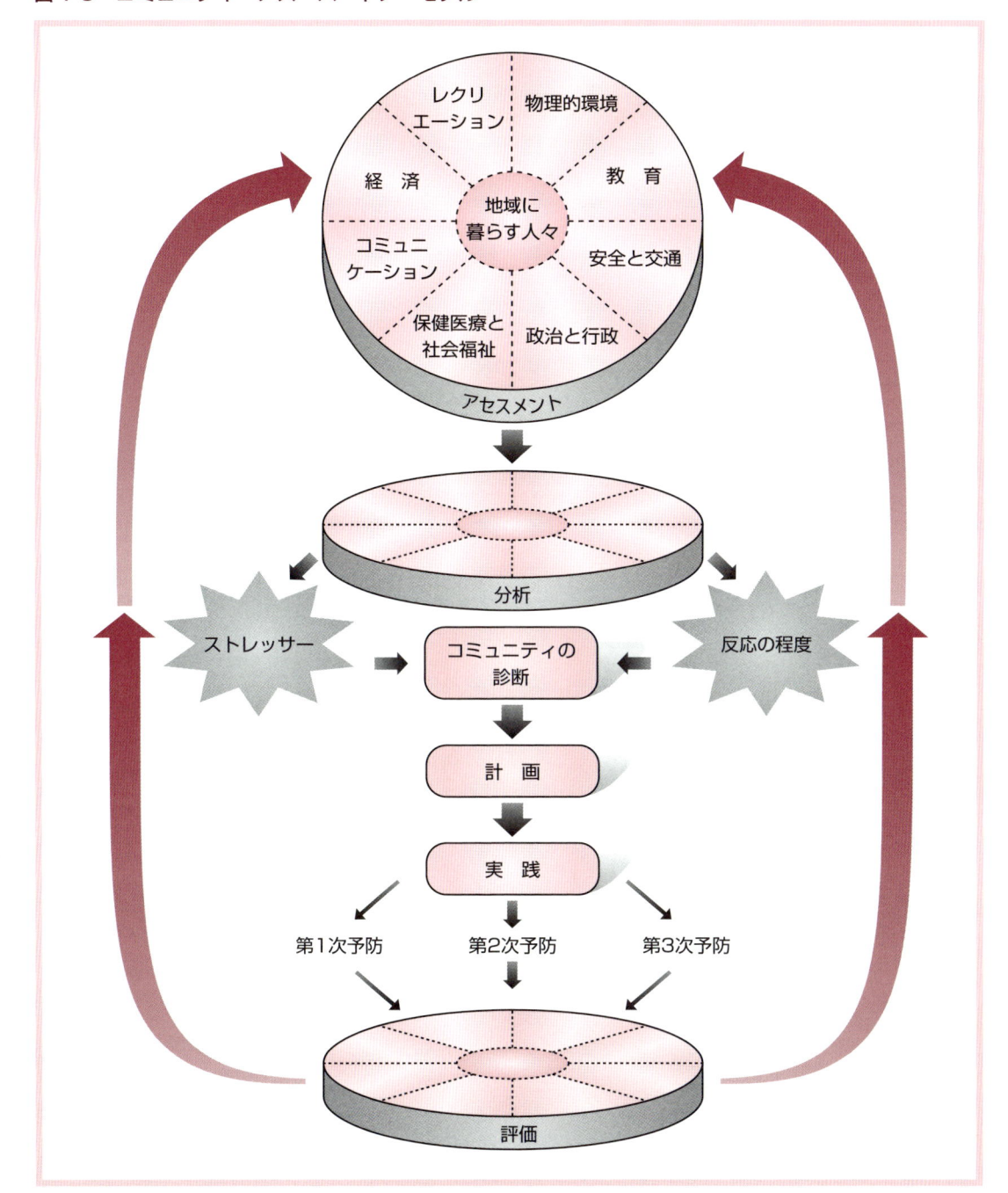

図1-6　コミュニティ・アズ・パートナーモデル

(出典/エリザベス T. アンダーソン，ジュディス マクファーレイン，金川克子，早川和生監訳：コミュニティ アズ パートナー―地域看護学の理論と実際．p.125，医学書院，2002 を一部改変)

第2章
コミュニティ・エンパワメントのシステム構造

Nothing is particularly hard if you divide it into small jobs.
Henry Ford

第1節　コミュニティ・エンパワメントのシステム構造と要素

　コミュニティ・エンパワメントをシステムとして捉えると，図2-1のようにミクロシステム，メゾシステム，エクソシステム，マクロシステム，クロノシステムと，そのなかにある7つの要素として捉えることができる．7つの要素とは，ミクロシステムを形成する「①当事者」「②提供者」「③関係性」，メゾシステムの「④環境」，エクソシステムの「⑤利害関係者」，マクロシステムの「⑥社会背景」，そしてクロノシステムの「⑦時間」である．これは，Bronfenbrenner, U. (1979) の人間発達を生態学的に捉える枠組みを参照して作成したものである．
　システム構造としての全体像の把握は，コミュニティ・エンパワメントの課題や今後の方向性を明らかにするためにきわめて有効である．このような図式に整理することを「コミュニティ・エンパワメントのシステム構造分析」ということにする．
　以下にその詳細を概説する．

第2節　ミクロシステム

　ミクロシステムの1つ目の要素は「当事者」である．ここでいう当事者は，個人に限らず，グループ，組織，地域など，複数の人間や場を含むものである．
　「当事者」は，「環境」，そしてそれを取り巻く「社会背景」と絶え間なく相互作用している存在である．重要なのは，当事者はつねに変化する，という視点である．過去，現在，未来の時間軸を見通し，環境，社会背景との相互作用がどのように変化してきたのか，また将来にわたりど

第2章 コミュニティ・エンパワメントのシステム構造

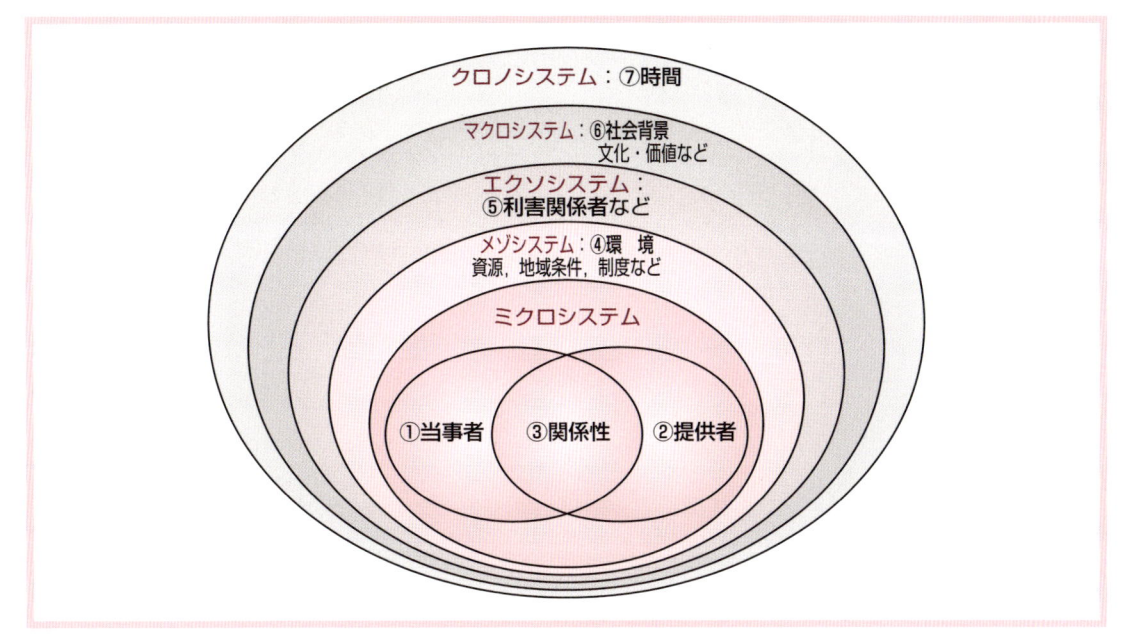

図2-1　コミュニティ・エンパワメントのシステム構造

クロノシステム：⑦時間
マクロシステム：⑥社会背景　文化・価値など
エクソシステム：⑤利害関係者など
メゾシステム：④環　境　資源，地域条件，制度など
ミクロシステム
①当事者　③関係性　②提供者

図2-2　コミュニティ・エンパワメントにおける当事者の捉え方

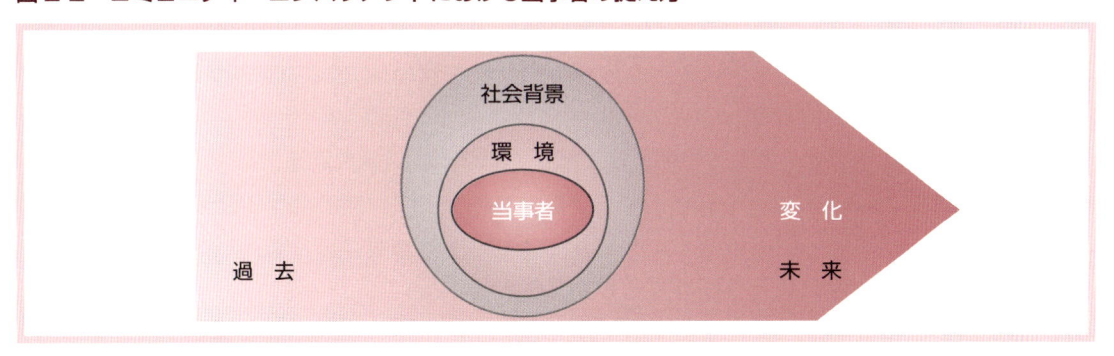

社会背景
環　境
当事者
過　去　　変　化　　未　来

のように変化させたいと当事者が望んでいるのかを明確にする．

　当事者の自律性を高め，自身の価値の表出を支援するような専門職のかかわりをアドボカシーという（Gadow, S., 1990）．アドボカシーは，ヒューマン・サービスにおける専門職の倫理的な視点としてきわめて重要である．当事者に接する専門職は，当事者がさまざまな選択肢のなかから，当事者自身の価値に基づいて自由に選択できるようつねに環境を整備する．その際，科学的な根拠に基づく客観的な予後予測と当事者の主観的な意識を，当事者自身が調整し，満足できる結果を生むよう協働する役割を担う．

　2つ目の要素は「提供者」である．その役割は，下記の7点に要約できる（**表2-1**）．しかしあくまでも黒子的な役割が中心であり，メンバーを前面に押し出し，側面からサポートする形をとることが望ましい．

表2-1　提供者の役割

◆ ファシリテーター	環境を整える
◆ コンサルタント	専門的な立場で協力
◆ 評価者	効果を明示
◆ システム・オーガナイザー	既存の資源を連結
◆ 教育者	知識・技術の伝達
◆ 参与型研究者	新しい方法や展開の提案

(1) ファシリテーター

コミュニティ・エンパワメントがスムーズに進むよう，道筋を整えたり，道案内したりする役割である．決して先導者として引っ張っていく，という役割ではない．あくまでも当事者が自己決定とコントロールしやすい環境を整える役割に徹すること．

(2) コンサルタント

当事者や当事者グループが力を発揮するために，コミュニティのなかでサポーターとして力を発揮しているメンバーと，専門的な立場で協力していくのがコンサルタント的な役割である．コミュニティのメンバーと一緒に考えながら，専門的な知識と技術を提供していく形をとる．

(3) 評価者

個人，グループ，システム全体について，活動がどのような効果をもたらすのか，どのようにすればさらに効果的な成果が得られるのかを検討する．また当初の当事者や当事者グループの目的が達成できたのか，つねに当事者の視点を取り入れながら明らかにすることが重要である．

(4) システム・オーガナイザー

システム・オーガナイザーとしての役割は，既存のコミュニティの資源としてのメンバー，サポーター，専門職，施設機関などを有機的に結び付けて，当初の目的を達する仕組みをつくり上げるものである．一方，現在の社会資源で対応することが困難な場合は，新しいシステムをつくり上げて，当事者のニーズに見合う受け皿づくりが求められる．

(5) 教育者

教育者として，当事者や当事者グループのコミュニティ・エンパワメントへの啓発を担当する．自己決定のための技術や，セルフ・エンパワメント，ピア・エンパワメント，コミュニティ・エンパワメントの具体的なやり方を例示するなど，対象特性に適合した教育者としての役割が求められる．

(6) 参与型研究者

提供者は状況にかかわりながら，つねによりよい方法や展開に向かって検討し続ける存在であり，またそれを普遍的に活用できるよう理論化して他のコミュニティに応用しようとする．これはいわば「参与型研究者」の役割とでもいえよう．参与型研究者の役割を提供者がとることで，コミュニティ・エンパワメントのノウハウを意識的に広く蓄積することができる．

3つ目の要素は「当事者と提供者の関係性」である．そこにはコミュニケーションが欠かせない．コミュニティ・エンパワメントにおけるコミュニケーションとしては，「ダイアログ」が注目さ

れている.

　「ダイアログ」という言葉は,「意味が流れる」という意味の「ディア・ロゴス」というギリシャ語に由来している.ソクラテスの時代から存在し,「ダイアログ」とは,人々の間を自由に意味が流れるようなコミュニケーション方法のことであるといわれている.

　ディスカッションでは,1つの解答を求める収束型の会話が行われるのに対し,ダイアログでは,1つの主題についてさまざまな角度から意味を学ぶ拡散型の会話が行われる.会話がどのようなものになるかは,そこに参加している者の意図によって決まる.つまり,1つの解答を求めるために話し合うのがディスカッションで,何かを決めるのではなく,物事の意味を発見するために話し合うのがダイアログである.

　当事者と提供者の関係性を,ダイアログなどにより意識的に維持し発展させる工夫が求められる.

第3節　メゾシステム

　メゾシステムは,ミクロシステムに直接影響を与える「環境」に関する要素である.「環境」とは,ミクロシステムに直接的にかかわっている資源,地域条件,制度などを指す.そこには以下のような環境が関連してくる (表2-2).

1) 物理環境（建物,居住環境,都市環境,空気,水など）
2) 安全環境（犯罪,大気汚染,交通事故,災害など）
3) 保健福祉環境（保健,医療,福祉の仕組み,罹患,病院,診療所,在宅ケア,施設,救急など）
4) 教育環境（学校,教員,図書館,識字率,就学率,教育課題など）
5) 経済環境（産業,雇用,商業,交通,貧困など）
6) 情報環境（電話,インターネット,テレビなど）
7) 余暇環境（場所,実施者,余暇の種類,施設など）
8) 自治環境（運営組織,安定性,行政組織,政党,権限など）

表2-2　メゾシステム,エクソシステムの内容

◆物理環境	建物,居住環境,都市環境など
◆安全環境	犯罪,大気汚染,災害など
◆保健福祉環境	保健,医療,福祉など
◆教育環境	学校,教員,図書館など
◆経済環境	産業,交通,貧困など
◆情報環境	電話,インターネット,テレビなど
◆余暇環境	場所,余暇の種類,施設など
◆自治環境	運営組織,安定性,行政組織など

第4節 エクソシステム

「利害関係者や機関」など，直接かかわることはないものの，メゾシステムに影響を与えることにより，間接的にミクロシステムに影響を与えるものをエクソシステムという．このなかには，上記メゾシステムであげた環境のうち，さまざまな形で間接的に影響しているものを含む（表2-2）．

したがってエクソシステムとして位置付けられるものは，人的，物的，経済的，情報的な資源のうち，間接的にミクロシステムに影響を与えるものすべてである．

第5節 マクロシステム

国際レベル，国レベル，地域レベルを含む社会背景としての文化，価値などをはじめ，法律，制度，規則，広く受け入れられている規範などは，上記すべてのシステムに影響を与える要素で，マクロシステムという．

マクロシステムとして，以下の点について把握する必要がある（表2-3）．
1) 価値観と信念
2) 文 化（民族性，食事，祭りなどの集団特性など）
3) 地 理（自然，気候，景観など）
4) 人口特性（年齢構成，性別構成，家族構成，人種国籍など）
5) 法律，制度，規則，規範 など．

表2-3 マクロシステムの内容

◆価値観と信念	
◆文 化	民族性，集団特性など
◆地 理	自然，気候など
◆人口特性	構成，人種国籍など
◆法律，制度，規則，規範	

第6節 クロノシステム

ミクロ，メゾ，エクソ，マクロシステムが時間軸にそって変化していく様子を捉える．過去から現在，現在から未来を見通したおのおのの関係性を検討する．

第7節　コミュニティ・エンパワメントのシステム構造分析例

　コミュニティ・エンパワメントのシステム構造を用いた分析の具体例として，ここでは健康長寿の街づくりに関するコミュニティ・エンパワメントについて概説する（図2-3）．

　「健康長寿の街づくりに関するコミュニティ・エンパワメント」は，一人ひとりの住民が，末永く住みなれた自宅で生活できるよう，コミュニティのケアに関する資源を有効活用するとともに，住民自らが参加する新しいケアの仕組みをつくり上げることを目的としている．

　ミクロシステムの「当事者」は，住民である．まず，健康長寿を実現するために，住民が求めるコミュニティの像を明確にし，そのイメージをコミュニティのメンバーで共有する必要がある．

　「提供者」としては，当事者の近隣住民，インフォーマルなケアの担い手としてのサポーター，保健師，運動療法士，栄養士，医師，歯科医師，看護師，介護福祉士，ソーシャルワーカー，臨床心理士などケア専門職，教師，衛生管理者などが含まれる．実際には部門や役割まで，さらに詳細に及んだリストアップが必要となる．

　コミュニティ・エンパワメントにおいては，いかに近隣住民，サポーターなどインフォーマルな人的資源や組織を提供者側に巻き込むかが，成功の鍵を握る場合が多い．

　当事者と提供者との「関係性」については，プロジェクトの開始から終了のすべての過程において，「協働」の姿勢を貫く必要がある．これは，「チームワーク」とも言い換えることができる．ニーズ把握から目標設定，アセスメント，計画策定，介入，評価，フィードバックの一連の流れと情報を共有し，役割とともに責任を分かち合う．

　メゾシステムの「環境」は，健康長寿のシンボルとしてコミュニティのメンバーのイメージ共有が可能ないわゆる「ケア拠点」，保健センター，病院，歯科医院，在宅介護支援センター，デイケアセンター，老人クラブ，障害者施設などの保健福祉機関，保健センターなどケア関連専門機関，学童や就労者への対応として学校，企業など，自治会などの自治組織，昔からの地縁に基づくインフォーマルなグループなどがある．

　エクソシステムは，メゾシステムを介してミクロシステムに影響を与える要素であり，「利害関係者」などがある．ここでは市町村の施設機関に情報提供やサポートを行う都道府県の施設機関，直接当事者にはかかわらないものの，メゾシステムに人材や資源，ソフトを供給する役割を担うケア，農業，商業，環境関連などの団体をあげた．

　マクロシステムは，ミクロシステム，メゾシステム，エクソシステムすべてに影響を与える「背景」としての要素である．世界的な動向，国や地方公共団体などの法令，制度，規則，規範などのほか，そのコミュニティの歴史，文化，価値を含む．ここでは，日本における社会的な背景として少子高齢化の進行と要介護高齢者の重症度および量的な増大，制度的な背景として高齢者・障害者保健福祉計画，介護保険制度，健康日本21，次世代育成支援計画などの策定をあげる．

第1部 コミュニティ・エンパワメント 理論編

　このような形で要素を整理することにより，例えば近隣住民を「関係性」のなかに巻き込めない理由は，ミクロシステムの「提供者」に近隣住民を位置付けていないことが原因なのか，メゾシステムにおいて自治会を活用しきれていないのか，もしくは歴史的なインフォーマル組織である地縁的なグループを活性化するとよいのか，エクソシステムからケア専門団体を投入し環境を変化させれば解決するのか，マクロシステムにおいて近隣住民の活動のしやすさを保証する制度や規範をつくればいいのかなど，複眼的な視点で課題解決への戦略を立てることができる．後述するエンパワメント技術モデル（p.29）の目標・戦略設計に先立って，コミュニティ・エンパワメントのシステム構造を分析することはきわめて有効である．

図2-3　健康長寿コミュニティ・エンパワメントのシステム構造

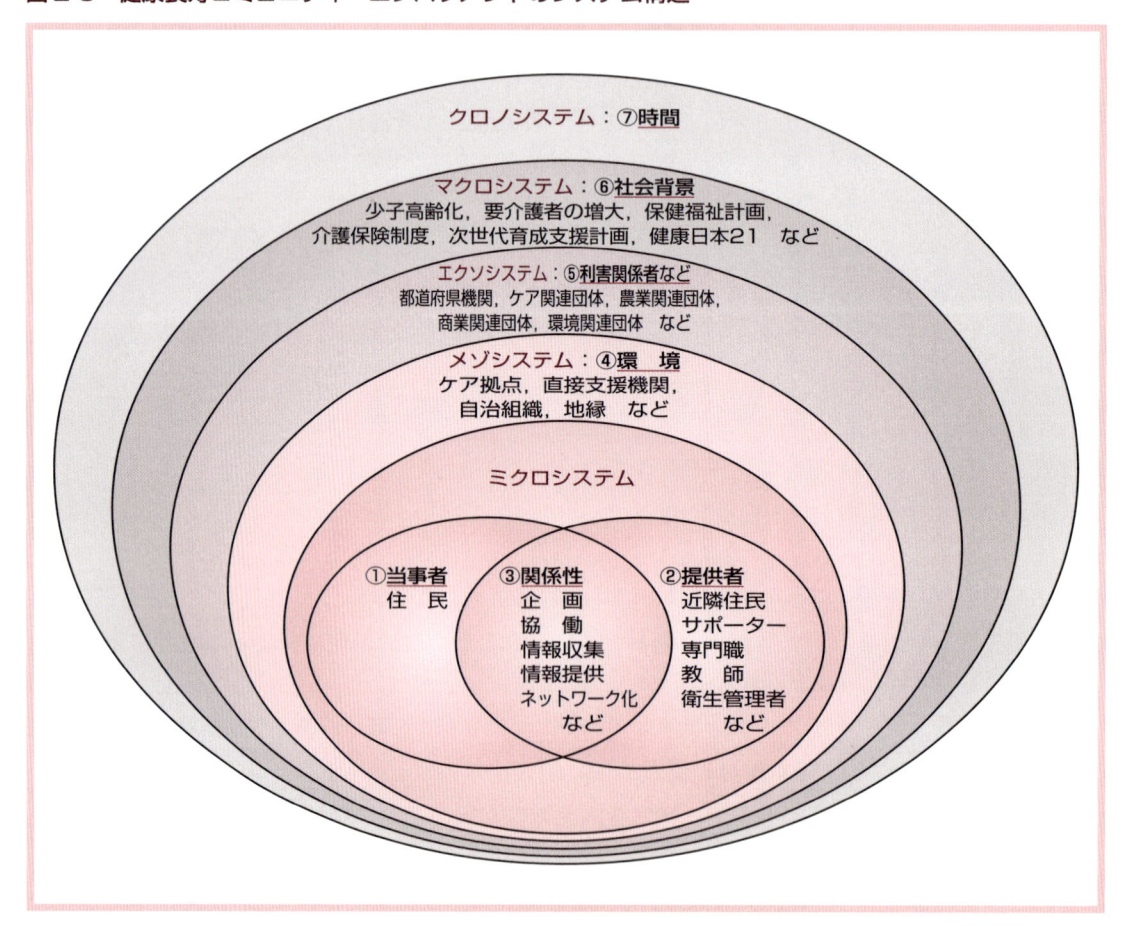

クロノシステム：⑦時間

マクロシステム：⑥社会背景
少子高齢化，要介護者の増大，保健福祉計画，
介護保険制度，次世代育成支援計画，健康日本21　など

エクソシステム：⑤利害関係者など
都道府県機関，ケア関連団体，農業関連団体，
商業関連団体，環境関連団体　など

メゾシステム：④環　境
ケア拠点，直接支援機関，
自治組織，地縁　など

ミクロシステム

①当事者
住民

③関係性
企画
協働
情報収集
情報提供
ネットワーク化
など

②提供者
近隣住民
サポーター
専門職
教師
衛生管理者
など

第3章 コミュニティ・エンパワメントの7原則

Great minds have purposes, others have wishes.
Washington Irving

　コミュニティ・エンパワメントにはある意味で「コツ」とでもいえる7つの原則がある．①関係性を楽しむ，②価値に焦点をあてる，③つねに発展に向かう，④柔軟な参加様式，⑤親近感と刺激感，⑥評価の視点，⑦リズムをつくる，の7つである．これらを活用することで，無理なく発展することが可能となる．

第1節　関係性を楽しむ

　コミュニティ・エンパワメントの基盤は「ともに楽しむこと」である．そもそもが「共感に基づく自己実現」に大きく依存するからである．
　自発的なかかわりが生まれるような，関係性を楽しむ「開放的な雰囲気」，これと特定できなくても，何かしら自らに帰ってくるものを感じる「互恵性」，そして何よりも「信頼感」が必要である．
　孔子の言葉に「これを知る者はこれを好む者にしかず，これを好む者はこれを楽しむ者にしかず」がある．楽しむことが最も効果的であることを，まさに指摘した名言である．
　エンパワメントは「縁パワメント」ともいわれる．人と人とのつながりの力をパワーアップし，さらにそれを楽しむ環境づくりが，まず何よりも基本的なコツである．

第2節　価値に焦点をあてる

　価値とは，目指す状態を実現するプロセスにおける守るべき基準，または方針といったもので

ある．コミュニティにおいては，これを理念，行動指針，方針などと表現している場合がある．

価値は本来，そのコミュニティのミッション（存在意味）が実現している状態を行動に置き換えたもので，まさに生き様といえるようなものである．

コミュニティを活気づけるのは，いかにコミュニティや参加メンバーに「価値」をもたらすかである．コミュニティ参加者の集合的な経験を活用するとともに，メンバーがつねに価値をはっきりと認識して，口に出して確認し合うことが有効である．

共有する価値のある知識，課題や新しいアイディア，将来へのチャレンジなどをお互いに十分理解し，影響力を与えることへの「共感に基づく価値」が求められる．これらは参加者による価値付けである．一方で外部者がそのコミュニティをどれだけ価値のあるものか，どのようにして力を引き出すことができるか，の視点が重要である．

価値にはいくつかの種類がある．

長期的な価値と短期的な価値，戦略上の価値と実践上の価値，有形の価値と無形の価値，などである．

目先の短期的な価値に加えて，コミュニティは継続的な価値を生み出す長期的な価値に焦点をあててじっくり取り組むことが重要となる．これは，目前の問題解決という短期的な価値に加えて，コミュニティ自体の組織の力を強くすることや，専門的な能力を着実に蓄積していくことの価値につながる．

また目標ややり方を選択するなど企画的な部分に役立つ価値と，実際に携わり活動を遂行する部分に役立つ価値があり，各々得意とする人材をあてる必要がある．

さらに活動マニュアルや情報データベースの作成，具体的な技術の向上などという目に見える価値に加えて，仲間意識や帰属意識，探求心や自信，コミュニティへの誇りなど，目に見えない価値の及ぼす効果は計り知れない．

多様な価値を創造するために，散在している貴重な知恵を束ね，個別的な視点ではなく「全体を見通した協働の方法」を参加メンバーで検討する．その結果，全体のレベルを引き上げ，本質的な前進の方向性が明らかにできる．

第3節　つねに発展に向かう

どんな組織や地域もコミュニティである限り，1つの状態にとどまっていられない存在である．参加メンバーのダイナミックなかかわりにより，つねに未来に向けた何らかの動きをともなう．硬直化することなく，さまざまなメンバーを柔軟に取り込み，環境に適応しつつ，より意味のある活動を展開する．

いわば「生きたコミュニティ」を育むのがコミュニティ・エンパワメントである．コミュニティ・エンパワメントはコミュニティに本来備わっている力を引き出すことで，コミュニティそのも

のを変容させる可能性がある．
そのためには，「つねに発展に向かう」仕組みをあらかじめ備えておくことが重要である．

コミュニティ・エンパワメントには，ビジョンが欠かせない．ビジョンとは，将来のありたい姿や状態を描いた具体的なものをいう．コミュニティにおいては，それが10年後であったり，3年後，1年後の姿であったりする．また，描かれている内容は非常に抽象度が高いミッション（存在意味）的なものもあり，また中長期計画の具体的な目標を表しているものもある．記述の仕方も，キャッチフレーズのような一言の場合もあれば，一連の文章にする場合もある．いずれにしても，ビジョンとは，メンバーとコミュニティが共有できるもので，かつ目指す状態であるということは共通している．

なぜこのビジョンが大事であるかというと，魅力的で具体的な目的や世界観や価値観の共有を通して，コミュニティとしての一体感を強め，メンバーやコミュニティのかかわりを高め，現状を打破し，挑戦を引き出すことが可能となるからである．また，これらは活動メンバーやコーディネーターはもちろん，周辺メンバーを含めて主体的に意思決定するうえでの判断基準としても機能するものである．

変化が激しく，複雑性の高い状況にある現在，多くのコミュニティはメンバーの主体的あるいは自律的な行動を期待し，エンパワメントを推進している．この際，ビジョンの浸透がなければ，メンバーが独自の判断基準により，意思決定や行動をすることとなり，コミュニティとして目指している状況に到達することは困難になる．

一方，多くのコミュニティではビジョンが単に謳い文句になっていたり，パンフレットを飾るただの文字になっているような状態で，メンバーのほとんどがそれにかかわっていない場合も多い．

ビジョンをコミュニティの生きた拠り所としていくには，それをつくり上げていくプロセスや，浸透させていくプロセスが重要となる．コミュニティ・エンパワメントの初期段階で，創造したメンバーたちが大きな夢や熱い想い，またこだわりをもっている場合は，ビジョンが伝承されていく．しかし，継続段階に達しているコミュニティが新たなビジョンをつくり出していくには，その制作過程そのものがコミュニティの変革のプロセスになる．また，ビジョンを浸透させるプロセスには，メンバー自らが実践する姿勢がなければ，生きたものにはならない．前述の「価値」と連動した活動の進め方や評価との整合性が重要となる．

第4節　柔軟な参加様式

コミュニティには，さまざまな人の参加が原則である．そのなかには下記のようなメンバーが存在する（図3-1）．
1) **コーディネーター**：企画・調整のリーダー的な役割を担う人
2) **コア・メンバー**：企画や調整に積極的にかかわる人

3) **参照メンバー**：必要に応じて専門的な情報や技術を提供する人
4) **活動メンバー**：日常的にかかわる人
5) **周辺メンバー**：めったに参加しないが，関心のあるときには参加する人

どのレベルのメンバーも，あたかも中心的な役割をいつでも果たすことができる気持ちにさせるコミュニティ活動を組むよう配慮する．

コミュニティ・エンパワメントを成功させるには，参加を強制するのではなく，磁石のように自然に心地よくそばに存在してしまう「雰囲気づくり」が有効である．また，どのメンバーもいつでもコアメンバーや活動メンバーとしての活動が可能なよう，「柔軟な参加様式」を維持することが重要である．

図3-1　コミュニティ・メンバーの種類

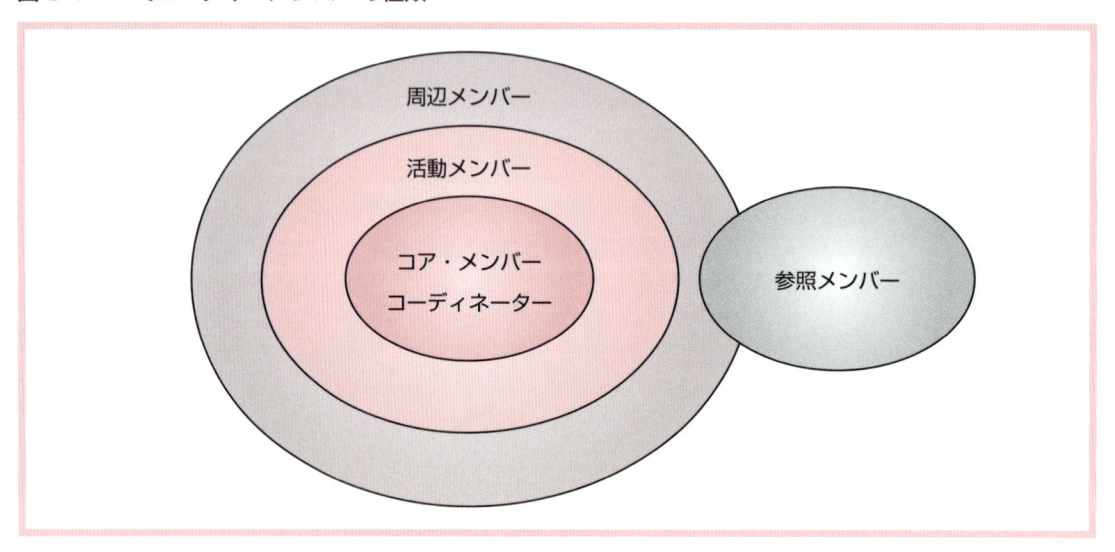

第5節　親近感と刺激感

コミュニティ・エンパワメントには，硬柔併せ持つこと，すなわち硬い部分と柔らかい部分，ピリッとした緊張感とリラックスした安心感の両側面を併せ持つことで，よりコミュニティを活性化することが可能となる．

メンバーの個人的な関係が強ければ，コミュニティ全体での活動は中身の濃いものとなる．日常的な，私的なやりとりのなかから得られた信頼感を，新しい活動に結び付けたり，逆に全体の活動から1対1の緊密な関係を育んだりと，親近感と刺激感を連動することの双方向的な効果が期待できる．

一方で，コミュニティ・エンパワメントは，日常的な職場などの関係性から解き放たれた「新しい立場」としての親近感と刺激感を得る場としても有効である．そのためには，定例的な活動と刺激的な新しい活動を組み合わせて，これまで出会ったメンバーとは違う対象との人間関係や，刺激的なテーマを拡大してメンバーの関心を引き付けるなどの工夫が必要である．

第6節 評価の視点

　コミュニティ・エンパワメントにおける評価とは，「有効性」すなわち「価値」を明らかにすることである．コミュニティや関係性の意味を明らかにし，その目標，活動結果，影響力，コストに関する情報を生む一連の過程である．

　コミュニティ・エンパワメントを継続的に推進するには，メンバーがコミュニティに帰属している価値をつねに認識できる状態を維持する必要がある．プロセスのなかで適宜評価し，状況を客観的に測定することで，コミュニティ自体が，どの程度力を持っているのか，あるいはどの程度力を持てるように変わることができるのか，「顕在力」と「潜在力」を明らかにすることができる．さらに，新しい方策の提言，将来の課題の予測を可能とするものである．

　評価により価値を明示することで，メンバーにはコミュニティへの所属と積極的な参加への「動機付け」を与えることができる．

　評価にあたっては，コミュニティの本質を見抜くことのできる，「内部の者」と「外部の者」の両者による評価が必要である．

第7節 リズムをつくる

　空海は五大に響きあり，すなわち自然のすべてにリズムがあるといった．人間もコミュニティも，伸びる時期ととどまる時期，繰り返す時期と変容する時期など，リズムが成長を促進する点では共通している．

　リズムは鼓動である．確実にエネルギーを全体にいきわたらせる波動となる．コミュニティは，このリズムにより活気づけることができる．

　多くのメンバーに触れる刺激と，親密な人間関係を醸成する機会との釣り合いをとる，新しいアイディアを生み出す討論会と既存知識の普及を意図する研修会とのバランス，多様なメンバーの出入り，さまざまな活動の実施時期のシンコペーション，交流の周波数，発展への鼓動など．最も大切なのは，その時期に応じたリズムを意図的に生み出すことである．

　コミュニティ・エンパワメントの推進には，2つの異なるリズムを用いることが有効である．1

つは，変化を敏感に察知し，すばやくコミュニティとして変化し，適応する「変化のリズム」である．そしてもう1つは，生み出した適応の方法を秩序化して，より効果的，効率的，拡張的にコミュニティ内に広げていくという「秩序化のリズム」である．

そして，「変化のリズム」においては，これまでの考え方や方法を「捨てること」が必然的に求められる．しかし実際には，多くのメンバーやコミュニティは「捨てること」が下手で，今までうまくいっていた考え方や方法に固執してしまう．変えなければならない方向性を変えずに，今までうまくいっていた過去の考え方や方法をもっと効果的にやろうと腐心する．

コミュニティの末端まで，変化を敏感に察知して，これまで前提としていた枠組みをも打ち壊し，新たな考え方や戦略，行動を生み出せるようにすることが，コミュニティ・エンパワメントの進展に大きく貢献する．このような「変化のリズム」を高らかに奏でることが，コミュニティ・エンパワメントの発展に必要となる．

そのためには，変化すべきものと秩序化すべきものの見きわめが重要である．秩序化するということは変化を遅らせることであり，変化が求められる領域は秩序化の反対，すなわち「既成概念を壊すこと，破壊」の対象なのである．

実践場面で「変化のリズム」を適用するためには，メンバーやコミュニティが前提としていて，普段意識せずに判断の拠り所となっている価値基準を見直し，それが望ましいものであるのか，それとも変更が必要なのかを判断し，必要があれば柔軟に修正する．つまり，メンバーやコミュニティの「前提」を明らかにし，これを見直すということである．

メンバーやコミュニティの考えや行動，意思決定の背景にある前提や枠組みを見直し，望ましいか否かを判断し，必要があれば修正するという「変化のリズム」．共有の価値を普及させる「秩序化のリズム」．コミュニティ・エンパワメントに生きた鼓動を与える「変化のリズム」と「秩序化のリズム」を，いかに美しいメロディに紡ぎ上げるかが腕の見せどころなのである．

第4章 コミュニティ・エンパワメントの技術

Beauty without virtue is a flower without perfume.
French

第1節 エンパワメント技術モデルの考え方

　根拠に基づくエンパワメントを実現するためには，対象の発展段階別に必要となる機能を確実に押さえながら遂行することが有効である．住民とケア専門職のエンパワメントの要素に関する調査，およびそれに基づく実践での適用の結果より，エンパワメントの技術を，段階別・機能別に抽出した．これは，エンパワメント対象のフェーズを「段階」として，また手順をふまえて把握する必要のあるポイントを「機能」として整理したものである（前著『エンパワメントのケア科学』参照）．

　エンパワメントの段階は，「創造（Creation）」「適応（Adaptation）」「維持（Sustain）」「発展（Enhance）」の4段階，CASEモデルとして捉えた（図4-1）．

　「創造」段階は，何もないところから新たに何かが発生する段階であり，創造技術，創発技術，変革技術など，新しい関係性の開始に向けた技術が必要である．

　「適応」段階は，発生した関係性が周囲との調整で定常化するまでの段階であり，適応技術，調整技術，協調技術，伝達技術など，関係性を軌道に乗せるための環境調整，チーム調整などを含む技術が求められる．

　「維持」段階は，関係性を定常化する段階であり，関係性の維持技術，実施技術，追求技術，統制技術など，安定した形で関係性を維持するための技術が重要となる．

　「発展」段階は，さらなる進展に向けて関係性を拡大する段階であり，展開技術，影響技術，統合技術など，混沌とした複雑な対象に対して統合的に発展するための技術を意味する．

　また各々の段階において，確実に実行する手順として機能別の技術が必要となる．機能とは「目標・戦略」「過程・組織」「成果」「情報」「効率」「共感」の6機能である．図4-2のように，「目

図4-1 エンパワメントの段階（CASEモデル）

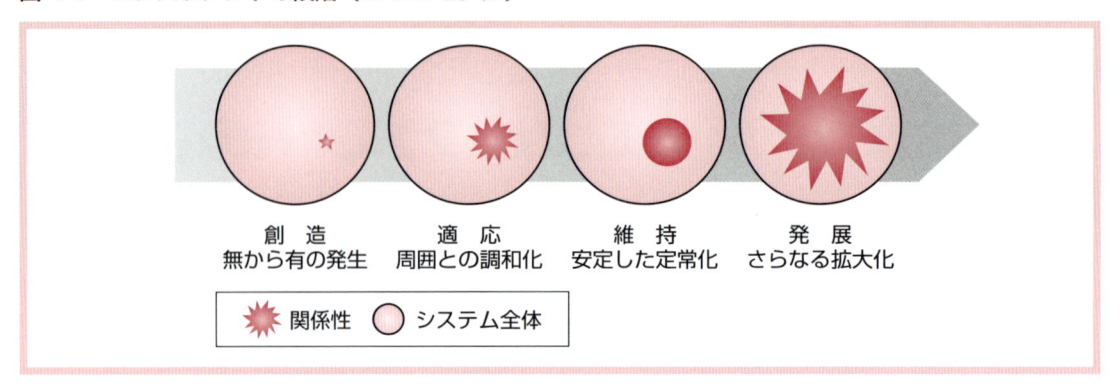

創造　　　適応　　　　維持　　　　発展
無から有の発生　周囲との調和化　安定した定常化　さらなる拡大化

関係性　　システム全体

図4-2 エンパワメント技術モデル

目標・戦略
成果　　過程・組織
情報
効率
共感

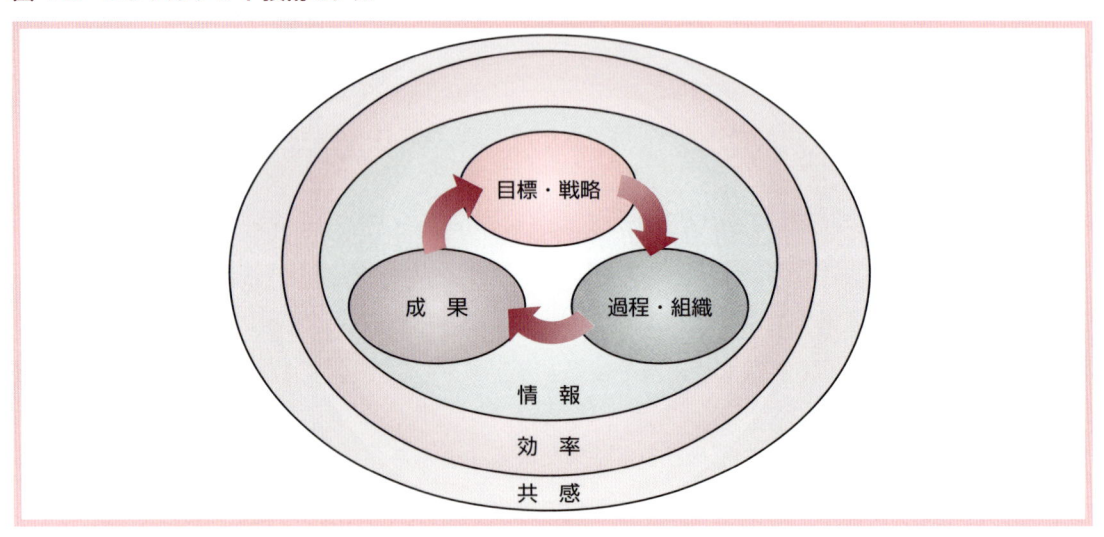

標・戦略」「過程・組織」「成果」は，循環している．それらすべてに「情報」「効率」がかかわり，さらにそれを「共感」の視点で包み込む形が「エンパワメント技術モデル」である．

■1.「創造」段階
1) **目標・戦略創造技術**：新しいビジョンと戦略を創発する技術
2) **過程・組織創造技術**：新しい分野での実施法を創造し，適用する技術
3) **成果創造技術**：新しい分野での成果を上げることに挑戦する技術
4) **情報創造技術**：新しい価値ある情報を生み出す技術
5) **効率創造技術**：効率を高める新しいアイディアを創発する技術

■2.「適応」段階
1) **目標・戦略調整技術**：チームとしての共有ビジョンと戦略を柔軟かつ的確に調整する技術
2) **過程・組織調整技術**：過程をわかりやすく伝達し共有する技術
3) **成果調整技術**：チームの成果を最大限にするよう活動を調整する技術

■3.「維持」段階

1) **目標・戦略遂行技術**：ビジョンと戦略を高い精度で確実に遂行する技術
2) **過程・組織遂行技術**：一貫性を持ちながら柔軟性に富む過程を着実に遂行する技術
3) **成果追求技術**：成果を強く意識し追求する技術
4) **情報追求技術**：新しい情報を継続的に収集し発信する技術
5) **効率追求技術**：効率的な時間や資源の活用を追求する技術

■4.「発展」段階

1) **目標・戦略展開技術**：発展的なビジョンと戦略を展開する技術
2) **過程・組織展開技術**：混沌とした複雑な対象に対して統合的に過程を遂行する技術
3) **成果統合技術**：さまざまな分野の成果を統合的に追求する技術
4) **情報統合技術**：さまざまな分野の情報を収集し発信して，統合的に活用する技術
5) **効率統合技術**：さまざまな分野の効率を統合的に追求する技術

表4-1 段階・機能別エンパワメント技術

段階 機能	創造 (創造・創発・変革 技術など)	適応 (適応・調整・協調・ 伝達技術など)	維持 (維持・実施・追求・ 統制技術など)	発展 (展開・影響・統合 技術など)
目標・戦略	目標・戦略創造技術 新しいビジョンと戦略を創発する技術	目標・戦略調整技術 チームとしての共有ビジョンと戦略を柔軟かつ的確に調整する技術	目標・戦略遂行技術 ビジョンと戦略を高い精度で確実に遂行する技術	目標・戦略展開技術 発展的なビジョンと戦略を展開する技術
過程・組織	過程・組織創造技術 新しい分野での実施法を創造し，適用する技術	過程・組織調整技術 過程をわかりやすく伝達し共有する技術	過程・組織遂行技術 一貫性を持ちながら柔軟性に富む過程を着実に遂行する技術	過程・組織展開技術 混沌とした複雑な対象に対して統合的に過程を遂行する技術
成果	成果創造技術 新しい分野での成果を上げることに挑戦する技術	成果調整技術 チームの成果を最大限にするよう活動を調整する技術	成果追求技術 成果を強く意識し追求する技術	成果統合技術 さまざまな分野の成果を統合的に追求する技術
情報	情報創造技術 新しい価値ある情報を生み出す技術	情報調整技術 情報をわかりやすく整理し効果的に伝達する技術	情報追求技術 新しい情報を継続的に収集し発信する技術	情報統合技術 さまざまな分野の情報を収集し発信して，統合的に活用する技術
効率	効率創造技術 効率を高める新しいアイディアを創発する技術	効率調整技術 チームとしての効率化を追求し，活動を調整する技術	効率追求技術 効率的な時間や資源の活用を追求する技術	効率統合技術 さまざまな分野の効率を統合的に追求する技術

第2節　段階別エンパワメント技術（創造，適応，維持，発展）

　ここでは，段階別エンパワメント技術を，コミュニティ・エンパワメントの3領域，すなわち「テーマ」「コミュニティ」「活動」に沿って整理する（第1章4節，p.8参照）．

創　造

　コミュニティ・エンパワメントの開始には，まずメンバーがどこに関心があるのかという「テーマ」を共有する必要がある．「われわれ」にとって大切な課題は何か，それがどのような意味をもたらすのか，どんなすばらしい成果を生むのか．それらを「共通の目標」として描くことで，メンバーを募る求心力につなげる．この場合，最初からテーマはこれである，という限定的な形で境界線を決定する必要はない．あいまいなまま，ただ中心となる「関心」部分はしっかりと明確にしたテーマを設定する．

　創造段階においては，メンバーに，「コミュニティ」に参加することの意義に気づいてもらうよう仕向けることが鍵となる．プロジェクトの開始段階で，いまだ海のものとも山のものともわからないコミュニティにいかに魅力を感じさせるか，工夫を要する．他のメンバーも同じようなテーマに関心を持っている，問題に直面している，情熱を傾けている，お互いに利用できる情報や道具を持っている，一緒に情報交換や学び合うことで得るものが大きい，などに気づくようにする．メンバーの関心や情熱が強く，かつコミュニティから得る価値が高いとメンバーが判断できればできるほど，コミュニティは活性化し，コミュニティ・エンパワメントが起こりやすくなる．

　創造段階における「活動」は，これまで課題の解決がうまく進まないことへのジレンマを前面に押し出すことも1つの方法である．どのような活動を求めているのかを見つけ出すようにする．

　創造段階から，コミュニティ・コーディネーターの役割は大きい．コミュニティ・コーディネーターとは，コミュニティの発展を手助けするメンバーである．各々のメンバーがコミュニティへの帰属に価値を感じられるように，コミュニティとメンバー間やメンバーとメンバー間を調整する．また，テーマが発展するようさまざまな関係を維持し，活動を開発する．具体的な役割としては，下記のようなものがある．

1) メンバーにとって価値の高い「テーマ」を見つける．
2) 具体的な「活動」，例えばイベントなどを企画し運営する．
3) 「コミュニティ」のメンバーを結び付ける．
4) メンバーに個別に対応し，相談役や緩衝役となる．
5) コミュニティを評価し，その価値についてメンバーに情報を提供する．
6) コミュニティの方向性について，メンバーの意向を汲みながら判断し運営する．

これらを整理すると，創造段階では以下のような取り組みが有効である．
1) まず共有する価値のある「テーマ」を見つける．
2) 「コミュニティ」のコア・メンバー間の信頼関係を築く．
3) 具体的な意義のある「活動」を探す．
4) イベントや空間を新たにつくり活動を目に見える形で提示する．
5) コミュニティ・コーディネーターを置く，など．

表4-2 コミュニティ・コーディネーターの役割

1. メンバーにとって価値の高い「テーマ」開発
2. 「活動」の企画と運営
3. 「コミュニティ」メンバーの連結
4. メンバーの相談役や緩衝役
5. コミュニティ評価と価値情報の提供
6. コミュニティの方向性決定

適 応

適応段階に入り，適応のためのさまざまな軋轢に耐えなければならない場面が出てくる．メンバー間の結び付きを強め，信頼を築きながら，共通のテーマに対する関心や必要性に対する認識を高める活動の継続が求められる．

この時期のコミュニティはいまだ脆弱である．コミュニティが1つになる，つまり一体的な感覚をメンバーにもたらすために，信頼に基づく真に有効な知識を共有する，さらに，コミュニティから十分な価値が得られ，帰属を継続することの意義をメンバーが感じられる活動を積極的に実施する．

適応段階では，以下のような取り組みが有効である．
1) できるだけ早い段階で，明確に参加すべき根拠を示す．科学的な根拠を用いて「テーマ」に関する知識の共有の価値の高さを示す．
2) 「コミュニティ」のメンバー間の強い信頼関係を築く．
3) 頻度の高いかかわりの機会を持ち，バランスよくメンバー同士が接することのできるテーマを投げかける．
4) 具体的にどのような「活動」をどのように共有するかを明らかにしておく．
5) メンバーの活動の拠点を設ける．
6) ちょっと役立つ秘訣を分かち合う，など．

維 持

　維持段階に入り，「テーマ」は少しずつ発展していくことがある．実際にメンバーが直面する重要な課題や問題を取り込み，対象を拡大する必要に迫られるためである．維持段階では，メンバーの情熱や関心と適合させる形で，テーマを設定し続ける必要がある．テーマのどのような側面については体系化が可能で，どの部分については不可能なのか，そしてそれに対応してどのような役割を果たすべきなのかを，メンバー間で共有しておく．

　維持段階の「コミュニティ」は，共通性と多様性をおびてくる．長期に及ぶ相互交流は，安定性と拡大性を必然的にもたらすからである．

　「活動」により，いかに価値あるものを生み出し続けられるかが，コミュニティ存続の決定的な要因となる．

　また実践場面においてコミュニティ・エンパワメントを実現するには，メンバーのつながりをいかに継続的に維持するかに依存している．例えばイベント的な活動を実施した場合でも，そのメンバーたちをネットワークでつないでおく．イベント後にお互いの取り組みを分かち合ったり，その後の各々の活動のなかで生み出された疑問を投げて，その回答や助言をお互いに共有できるようにすることで，かかわりの継続性を高めたり，技術の定着性を高めることができる．このような共通の価値のもとにメンバーが集うネットワークを構成することが，維持段階におけるコミュニティ・エンパワメントのかなめとなる．

　維持段階では，以下のような取り組みが有効である．

1) 「テーマ」の価値を確立するため，その焦点，意義，境界および他のテーマとの関連をはっきりさせる．
2) 「テーマ」に関する価値を提供できる機会を逃さない．あまり長い期間を空けずに，適宜価値を提供することができる仕組みを整える．
3) 安定段階に入った「コミュニティ」の境界をはっきりさせる．参加のルールや方法を規範化し明確にする．またさまざまなメンバーが参加するなかで，すべてのメンバーが共有する中核な「テーマ」は大きなずれがないようにする．
4) 組織全体を巻き込み，全体を意識した「活動」と個別の「活動」とのバランスをとる．
5) 「活動」を体系化し，役割や責任を明確にする．
6) 「コミュニティ」の価値を評価する．価値を実証し，説得力のある根拠を生み出し続ける．
7) マンネリに陥らない．つねに最も興味深い，刺激的な最先端を取り込む．
8) 定期的にコミュニティに「鼓動」を与える．イベントの開催，調査の実施など，日常の活動とは違う，できるだけ多くのメンバーを巻き込む参加型の企画が望ましい．
9) 得られた知識を利用しやすい形で体系化して蓄積する．
10) コミュニティ・コーディネーターの役割に対して，正式な意味付けをする．重要な役割として，コミュニティから高く評価される仕組みをつくる，など．

発　展

　発展段階には，さらに多くの「テーマ」を巻き込み，「コミュニティ」の拡大にともないメンバーが増加し，「活動」がより多様で複雑になる．そうした状況下においても，信頼感や関係性を維持し，おもしろいと思わせる刺激を失わないようにすること，助け合うための相互交流を図りながら実践を体系化することが鍵となる．

　発展期は大きな変動が起こる時期であるものの，「コミュニティ」は一貫して存在する点がメンバーにとっての心強い基盤となる．コミュニティはメンバーがキャリアを継続し続ける限り存在する「母船」なのである．それがメンバーに安心感を与え，信頼感をもとに飛躍への新しいアイディアを生み出す醸成器となる．

　「活動」には，新規なものや刺激的なものを取り入れる．コミュニティの周期に合わせて，アイディアやメンバー，活動を定期的に変化させることも一法である．

　発展段階では，以下のような取り組みが有効である．

1) 発展に向けて，「テーマ」をもう一度定義し直す．何のために，何に向かって発展するのか，どのような「テーマ」の拡大，変容が望まれ，あるいは許容可能なのか，メンバー間のコミュニケーションにより合意を得る．
2) 「コミュニティ」のメンバー間の関係について，多重的な構造に発展的に再構築する．これまでの強い結び付きのコミュニティをローカル・グループとし，それを包み込む緩い結び付きのグローバル・グループを築くなど．
3) リニューアル（新規）な「活動」を盛り込み，つねに発展していることをメンバーに意識付ける．
4) 新しいコーディネーターを養成し，新しい流れをつくる，など．

　これらをまとめると，**表4-3**のような形になる．実践場面においては，テーマ，コミュニティ，活動の3領域について，創造，適応，維持，発展の各段階の特徴をふまえた柔軟な対応が求められる．

第3節　機能別エンパワメント技術

目標・戦略エンパワメント技術：アセスメント，インプット

　コミュニティ・エンパワメントの開始には，まずメンバー間にパートナーシップを築くことが前提となる．そして共に問題と目標を見きわめ，対象とする範囲を定めて全体像をシステム構造分析（第2章1節，p.16参照）などにより把握する．戦略とは，目標を実現するための論理的な手順を定めることである．またインプットとは，日本語でいうと資源であり，プロジェクトに利用できる地域における人的資源，物的資源，経済的資源，情報資源をさす．

第1部 コミュニティ・エンパワメント 理論編

　ここでは論理的に目標設定と戦略設計を行うために,「エンパワメント技術モデルに基づく目標・戦略設計」を用いた整理の仕方を紹介する（**図4-3**）．

表4-3　領域別にみた各段階のエンパワメント技術

機能＼段階	創造 （創造・創発・変革技術など）	適応 （適応・調整・協調・伝達技術など）	維持 （維持・実施・追求・統制技術など）	発展 （展開・影響・統合技術など）
テーマ	・共有する価値のあるテーマ開発	・参加根拠の提示 ・共有価値の提示 ・科学的根拠の明示	・価値の確立 ・適宜価値の提供	・拡大に向けた再定義と合意
コミュニティ	・コア・メンバーの信頼関係の構築 ・メンバーの連結 ・コミュニティ・コーディネーターの設置	・信頼関係の強化 ・高頻度の交流機会の設定	・境界の明確化 ・個と全体のバランス化 ・価値評価 ・コミュニティ・コーディネーターの資格付与	・多重構造への発展 ・新しいコミュニティ・コーディネーターの養成
活動	・具体的な意味ある活動探索 ・目に見える活動提示	・具体的な活動設定 ・活動拠点の設置 ・秘訣の共有	・活動の体系化 ・役割と責任明確化 ・刺激的な最先端活動 ・鼓動的な活動 ・知識の体系化と蓄積	・新規活動と発展への動機付け

図4-3　エンパワメント技術モデルに基づく目標・戦略設計の枠組み

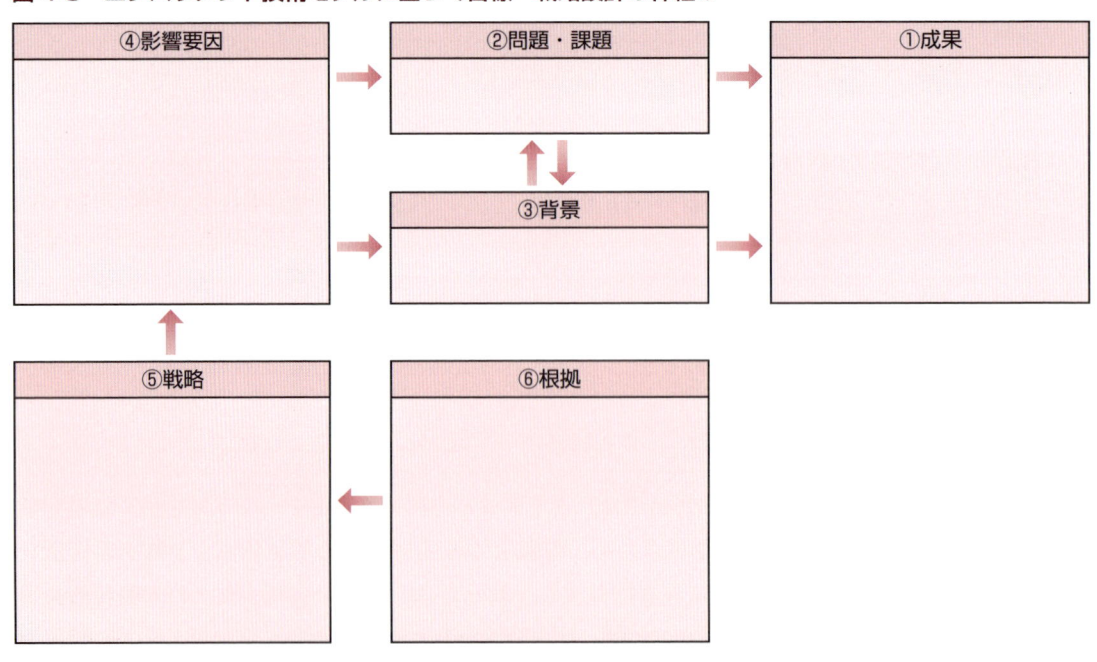

④影響要因　→　②問題・課題　→　①成果
　　　　　　　　　　↕
　　　　　　　　　③背景
⑤戦略　←　⑥根拠

これは，以下の6つのステップに沿って順に整理するものである．
　第1ステップ　もたらしたい成果
　第2ステップ　対象とする問題あるいは課題
　第3ステップ　問題や課題の背景
　第4ステップ　問題点や課題，コミュニティの背景要因に影響を与える要因
　第5ステップ　影響を与える要因を変化させる戦略
　第6ステップ　戦略の根拠

　論理的な流れに沿って目標と戦略を設計するために，まず，「目標，成果，影響要因が前もって十分に定義されているか」「目標が妥当で実現可能であるか」をコミュニティのメンバーで確認する．すなわち，その目標と戦略が効果を上げる根拠をはっきりさせておく．

　次いで，「問題」や「課題」を明らかにし，その「背景」となる要因を記述し，「成果」を結び付け，これらに「影響を与える事項」と「戦略」，その戦略の「根拠」となる事柄を論理的につなげる．

　これは，その目標と戦略がどのようにプロジェクトを成功させるのか，「筋道と根拠」を明示することになる．プロジェクトが成功するかどうかの可否（whether）に加えて，方法（how），根拠（why）を明確にする必要がある．

　例えば，健康長寿に関するコミュニティ・エンパワメントについて，エンパワメント技術モデルに基づいて，ステップをふみながら簡単な目標・戦略を設計してみよう（図4-4）．

(1) 成　果

　第1ステップとして，コミュニティが何を達成したいのか，期待する成果や将来の展望を明示する．多くの場合，これは②の問題や課題の裏返しであることが多い．しかし注意しなければならないのは，この「①成果」の部分には「アウトプット（生産物）」「アウトカム（成果）」「インパクト（影響）」（p.40参照）がすべて含まれることである．つまり，目前の「②問題と課題」への対処にとどまらず，長期的な視点で捉えたコミュニティの変化を成果に含めることが重要である．

　アウトプット，アウトカムにとどまらず，インパクトを成果に盛り込むことで，図4-2にあげた「目標・戦略」→「過程・組織」→「成果」→「目標・戦略」・・・のエンパワメント技術モデルのサイクルを何度か繰り返した場合にも，長期的な成果を見すえた対応が可能になる．ここではアウトカムとして「健康寿命の延長」「医療費の抑制」「住民の満足度の向上」，インパクトとして「コミュニティ健康度の上昇」「住民主体のコミュニティ・システムの促進」をあげた．

(2) 問題・課題

　第2ステップとして，コミュニティの問題や課題を明らかにする．ここでは特にこのコミュニティが課題として注目している「健康寿命が短い」「医療費が他自治体より高い」「住民のサービス満足度が低い」をあげた．

(3) 背　景

　第3ステップとして，その問題や課題を取り巻く背景について明らかにする．地理的な特性と

図4-4 エンパワメント技術モデルに基づく健康長寿コミュニティ・エンパワメント目標・戦略設計

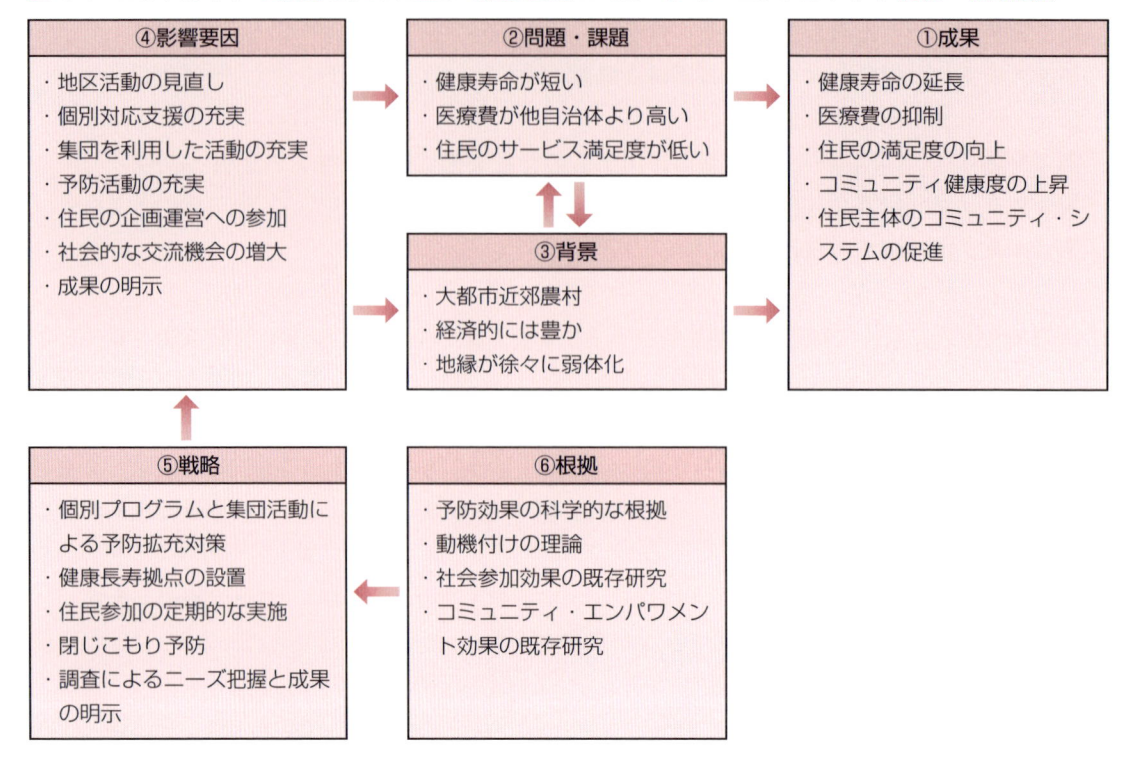

④影響要因
・地区活動の見直し
・個別対応支援の充実
・集団を利用した活動の充実
・予防活動の充実
・住民の企画運営への参加
・社会的な交流機会の増大
・成果の明示

②問題・課題
・健康寿命が短い
・医療費が他自治体より高い
・住民のサービス満足度が低い

①成果
・健康寿命の延長
・医療費の抑制
・住民の満足度の向上
・コミュニティ健康度の上昇
・住民主体のコミュニティ・システムの促進

③背景
・大都市近郊農村
・経済的には豊か
・地縁が徐々に弱体化

⑤戦略
・個別プログラムと集団活動による予防拡充対策
・健康長寿拠点の設置
・住民参加の定期的な実施
・閉じこもり予防
・調査によるニーズ把握と成果の明示

⑥根拠
・予防効果の科学的な根拠
・動機付けの理論
・社会参加効果の既存研究
・コミュニティ・エンパワメント効果の既存研究

しては「大都市近郊農村」であり,「経済的には豊か」であるものの,全国的な傾向と同様に「地縁の弱体化」が徐々に進行しつつある.

「①問題と課題」と「②背景」は連動して捉える必要がある.例えば本例の場合,①と②から地縁に完全に依存した従来のシステムは将来に向けては機能しにくい点,しかし農村的な特性が残り,経済的な余裕があることなどから,何らかの形で地縁を活用しながらの推進が有効な可能性が高い点,などを推し計ることができる.

(4) 影響要因

第4ステップとして,コミュニティの問題や課題,そしてコミュニティの背景に影響を与えている要因,あるいは影響を与えることが想定可能な要因を,できるだけ多く具体的にあげる.これは次の戦略に結び付く重要な情報の整理段階である.「①問題と課題」「②背景」「③成果」に加え,既存研究や国の制度などマクロシステム(コミュニティ・エンパワメントのシステムと6つの要素,p.16参照)までを視野に入れ,体系的に抽出する必要がある.

ここでは,これまで地区組織として育んできたものの古い体質をそのまま継続している「地区活動の見直し」,一人ひとりの心身の状態やニーズに見合った「個別対応支援の充実」,仲間と共に気軽に参加できる「集団を利用した活動の充実」,健康面や介護面の「予防活動の充実」,コミュニティへの帰属意識と誇りを育てる「住民の企画運営への参加」「社会的な交流機会の増大」,参加や努力したことの科学的な根拠に基づく「成果の明示」をあげた.

（5）戦　略

　第5ステップとして，影響を与えている要因に変化を与える戦略を立てる．そのうち，「変化させることが可能な要因」に焦点をあて，できるだけ数多くの戦略をあげる．また「変化させることが困難な要因」については，放置しておいていいのか，側面から別の方法で間接的な変化を起こす試みが望ましいのかなどを検討する．それらの「変化の可否」を見抜く深い洞察が求められる．

　ここでは，「個別プログラムと集団活動による予防拡充対策」「健康長寿拠点の設置」「住民参加の定期的な実施」「閉じこもり予防」，定期的な「調査によるニーズ把握と成果の明示」をあげた．

（6）根　拠

　第6ステップとして，戦略の根拠となる理論や既存研究をあげ，その戦略の妥当性が高いことを明示する．ここでは「予防効果の科学的な根拠」「動機付け理論」「社会参加効果の既存研究」「コミュニティ・エンパワメント効果の既存研究」をあげた．

　このようなステップをふむことで，妥当性の高い根拠に基づき影響要因を体系的に押さえながら，コミュニティの背景要因を加味しつつ，確実に問題や課題を解決し成果を得るコミュニティ・エンパワメントの目標・戦略設計が可能となる．

過程・組織エンパワメント技術：実施

　実施とは，イベント，技術，行動など，目に見える形での動きを起こすことで，目標・戦略で意図したコミュニティの変化や成果を生み出すことを目指すものである．どのような方法，手順でそれを実現すればいいのか過程を見きわめ，最も効率的に実施できるよう組織をつくり，介入して効果を明らかにする．過程の質を高めるためには，戦略に強い企画担当者に加えて，現場の最前線で活躍する有能な実践者の関与が有効である．実践者の能力の開発と，専門職としてのアイデンティティを高めることで，さらに質の高い過程を実現することができる．

図4-5　過程・組織エンパワメント技術の位置付け

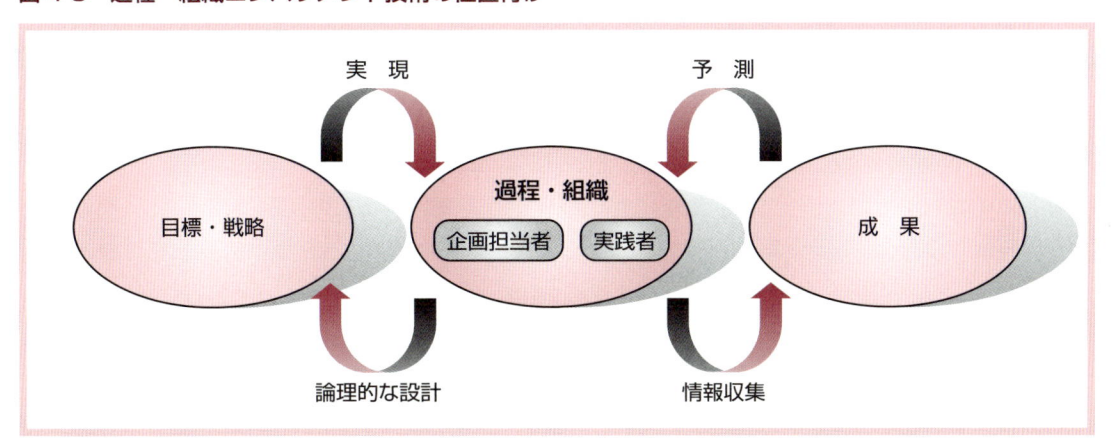

また，次の成果を明確にするために，適切で信頼でき，役に立つ情報を過程の進行に沿って入手しておくことが重要である．実施の段階から成果との関連につねに注目する姿勢が求められる（図4-5）．

成果エンパワメント技術：アウトプット，アウトカム，インパクト評価

プロセスをモニターするとともに，アウトプット（生産物），アウトカム（成果），インパクト（影響）を評価して，目標設定と戦略に反映させる．

アウトプットとは，プログラムにおける活動の直接の産物で，そのプロジェクトで提供するサービスの種類，レベル，および対象が含まれる．

アウトカムとは，プロジェクト参加者の行動，知識，技能，立場，および機能などの特定の変化をさす．短期で1～3年，長期で4～6年以内に達成できるようなものをアウトカムとすることが望ましい．

インパクトとは，プロジェクトの成果として7～10年以内ぐらいに起こるコミュニティの変化，そして根本的なものの予想外の変化などである．

評価は，エンパワメント技術モデルに基づき，図4-6のようなテンプレートを活用することができる．

これは，「目標・戦略→過程・組織→成果」の基本的なサイクルに，「背景」となるコミュニティの状況や問題・課題を前提としてマトリックスの形で流れを整理するものである．

特に「成果」の部分を「アウトプット」「アウトカム」「インパクト」に分けて記述することで，プロジェクトの意義を体系的に把握できる．これらを活用しつつ，評価の結果をどのように利用するのか，あらかじめコミュニティのメンバーで合意しておく必要がある．

以下に，健康長寿コミュニティ・エンパワメントを例にしてマトリックスのつくり方を概説しよう．

（1）目標・戦略と背景

まず，「目標・戦略」とその「背景」となるメンバーやコミュニティの状況を整理する．

下記の例では，「健康寿命が短い」「医療費が他自治体より高い」という背景から，エンパワメント技術モデルによる目標・戦略設計（図4-3参照）に基づき「個別プログラムと集団活動による予防拡充対策」「閉じこもり予防」を目標・戦略として設定した．

また，「住民のサービス満足度が低い」「サービスの一貫性に乏しい」「資源が散在している」に対しては，「健康長寿拠点の設置」「住民参加の定期的な実施」とした．

さらに「お上任せの体質」「不正確な情報に翻弄されやすい」などの住民特性から，「健康長寿拠点の設置」「住民参加の定期的な実施」とともに，「ニーズの把握と成果の明示」を目標・戦略に加えた．

（2）過程・組織

次いで，「目標・戦略」を実現するための具体的な対応方法や行動を「過程・組織」に列挙する．

「個別プログラムと集団活動による予防拡充対策」「閉じこもり予防」には，「ニーズに基づく

第4章 コミュニティ・エンパワメントの技術

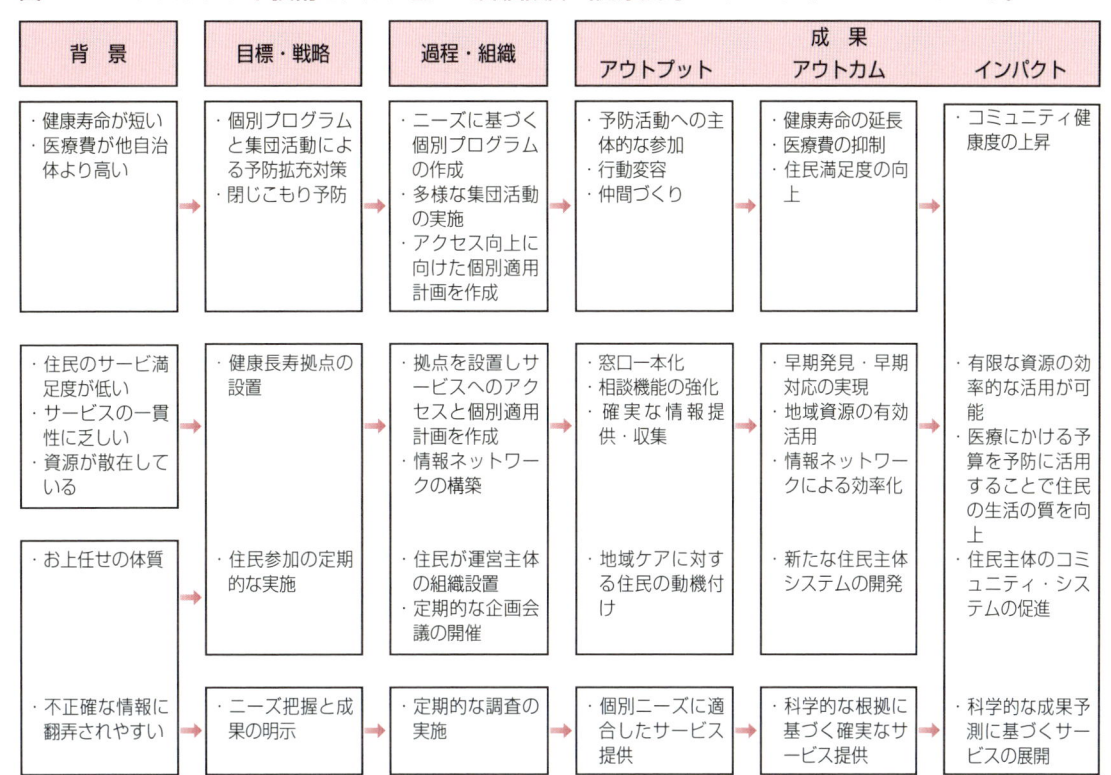

図4-6　エンパワメント技術モデルに基づく評価設計（健康長寿コミュニティ・エンパワメント）

背景	目標・戦略	過程・組織	成果 アウトプット	成果 アウトカム	成果 インパクト
・健康寿命が短い ・医療費が他自治体より高い	・個別プログラムと集団活動による予防拡充対策 ・閉じこもり予防	・ニーズに基づく個別プログラムの作成 ・多様な集団活動の実施 ・アクセス向上に向けた個別適用計画を作成	・予防活動への主体的な参加 ・行動変容 ・仲間づくり	・健康寿命の延長 ・医療費の抑制 ・住民満足度の向上	・コミュニティ健康度の上昇
・住民のサービス満足度が低い ・サービスの一貫性に乏しい ・資源が散在している	・健康長寿拠点の設置	・拠点を設置しサービスへのアクセスと個別適用計画を作成 ・情報ネットワークの構築	・窓口一本化 ・相談機能の強化 ・確実な情報提供・収集	・早期発見・早期対応の実現 ・地域資源の有効活用 ・情報ネットワークによる効率化	・有限な資源の効率的な活用が可能 ・医療にかける予算を予防に活用することで住民の生活の質を向上
・お上任せの体質	・住民参加の定期的な実施	・住民が運営主体の組織設置 ・定期的な企画会議の開催	・地域ケアに対する住民の動機付け	・新たな住民主体システムの開発	・住民主体のコミュニティ・システムの促進
・不正確な情報に翻弄されやすい	・ニーズ把握と成果の明示	・定期的な調査の実施	・個別ニーズに適合したサービス提供	・科学的な根拠に基づく確実なサービス提供	・科学的な成果予測に基づくサービスの展開

個別プログラムの作成」「多様な集団活動の実施」「アクセス向上に向けた個別適用計画を作成」とした．

「健康長寿拠点の設置」には「拠点を設置しサービスへのアクセスと個別適用計画を作成」「情報ネットワークの構築」を，「住民参加の定期的な実施」には「住民が運営主体の組織設置」「定期的な企画会議の開催」とした．この際，関連性の強い項目同士は，包括的に捉えて進めることが有効な場合が多い．

「ニーズの把握と成果の明示」については，「定期的な調査の実施」とした．

(3) 成 果

最後に，過程・組織活動により得られる結果について，「アウトプット」「アウトカム」「インパクト」の順に並べて整理する．

「ニーズに基づく個別プログラムの作成」「多様な集団活動の実施」「アクセス向上に向けた個別適用計画を作成」のアウトプットは「予防活動への主体的な参加」「行動変容」「仲間づくり」，アウトカムは「健康寿命の延長」「医療費の抑制」「住民の満足度の向上」をあげた．

「拠点を設置しサービスへのアクセスと個別適用計画を作成」「情報ネットワークの構築」「住民が運営主体の組織設置」「定期的な企画会議の開催」のアウトプットは「窓口一本化」「相談機能の強化」「確実な情報提供・収集」「地域ケアに対する住民の動機付け」，アウトカムは「早期発

見・早期対応の実現」「地域資源の有効活用」「情報ネットワークによる効率化」「新たな住民主体システムの開発」をあげた．

「定期的な調査の実施」のアウトプットは「個別ニーズに適合したサービス提供」，アウトカムは「科学的な根拠に基づく確実なサービス提供」をあげた．

インパクトはこれらすべての包括的な影響や状況の変化として，「コミュニティ健康度の上昇」「有限な資源の効率的な活用が可能」「医療にかける予算を予防に活用することで住民の生活の質を向上」「住民主体のコミュニティ・システムの促進」「科学的な成果予測に基づくサービスの展開」を記述した．

このような形で整理することにより，コミュニティのメンバーがテーマと活動を共有し，実現に向けた協働に取り組みやすくなる．

一方，実践場面においては，エンパワメント技術モデルの流れに沿った評価に加えて，システム構造分析からみた評価が有効な場合が多い．すなわち，当事者に焦点をあてた「個別評価」とミクロシステム，メゾシステム，エクソシステム，マクロシステムを構成するシステムに焦点をあてた「システム評価」であり，この両者の視点が重要である．

システム構造分析からみた評価においては，「方法」「環境」「成果」の側面から捉えるとわかりやすい（表4-4）．

個別評価においては，「方法」として，内容，頻度や実施時間，そして継続期間，個別的なかかわりか集団的なかかわりか，などを押さえる．具体的には，内容では当事者の特性に適合したプログラムであるか，方法が一貫しているか，当事者の状況に応じて柔軟に対応しているかなど，頻度・時間・継続期間については，1回あたりの時間，1月あたりの回数，半年単位など継続期間の単位などである．

「環境」としては，実施場所，家族や仲間とのかかわり，所属しているコミュニティの状況を把握する．実施場所は効果的な環境設定がなされているか，環境改善の可能性はあるか，当事者への教育や相談の場があるかを捉える．また家族，仲間，コミュニティについて，その協力度と教育や相談の可能性をみる．

「成果」としては，動機付けがどの程度できたか，健康増進，機能低下予防，機能回復，生活の質（QOL）の向上などを検討する．動機付けには，参加意欲，社会活動参加，社会貢献への自覚を含む．健康増進は疾患予防や自覚症状の軽減，機能低下予防はバランス能力や耐久性の向上，機能回復は日常生活動作（ADL）や手段的日常生活動作（IADL）の回復を包含する．

システム評価においては，「方法」として，内容，継続性，利用しやすさ，インフォーマルとフォーマルケアを含むチームワークとしてのかかわりの方法を押さえる．内容についてはミクロ評価の視点と同様，システムとしての特性に適合したプログラム化，方法の一貫性や状況の変化に対する柔軟性を把握する．継続性としては資源確保，地域との連携，利用しやすさとしてはアクセス，適時性，適質性，適量性，チームワークとしては当事者主体ケアチームができているかどう

表4-4 システム構造分析に基づくコミュニティ・エンパワメントの評価例

		方　法	環　境	成　果
個別評価		**内　容** ・特性に適合したプログラム ・方法の一貫性，柔軟性 **頻度・時間・継続期間** ・1回あたりの時間 ・1月あたりの回数 ・継続期間（半年など） **個別・集団** ・個別と集団のプログラムのバランス	**実施場所** ・効果的な環境設定 ・参加しやすい環境設定 ・環境改善の可能性検討 ・教育・相談 **家　族** ・協力度 ・相談 **仲　間** ・協力度 ・相談 **コミュニティ** ・協力度 ・相談	**生活の質の向上** ・満足度 ・充実感 **動機付け** ・参加意欲 ・社会活動参加 ・社会貢献への自覚 **健康増進** ・疾患予防 ・自覚症状軽減 **機能低下予防** ・耐久性 ・筋　力 ・バランス **機能回復** ・日常生活動作 ・手段的日常生活動作
システム評価		**内　容** ・特性に適合したプログラム ・方法の一貫性，柔軟性 **継続性** ・資源確保 ・連携 **利用しやすさ** ・アクセス ・適時性 ・適質性 ・適量性 **チームワーク** ・当事者主体ケアチーム	**状況設定** ・効果的な環境設定 ・参加しやすい環境設定 ・環境改善の可能性検討 ・教育・相談 **システム** ・インフォーマル・グループ ・専門職 ・施設機関 ・情報 ・制度 ・サービス	**臨床的な意義** ・満足度の上昇 ・充実感の上昇 **動機付け** ・機能低下予防 ・自覚症状 ・罹患率 ・死亡率 ・健康寿命 ・在宅生活継続 **経済的な効果** ・医療費削減 ・介護費用削減 ・費用便益効果 **社会的な価値** ・健康長寿への投資

かを検討する．

「環境」としては，どのような状況設定がなされているのか，かかわるシステムについて把握する．すなわち，効果的な環境設定や環境改善の可能性，教育や相談の方法を検討するとともに，システムとしてインフォーマル・グループ，専門職，施設機関，情報，制度，サービスの状態を捉える．

「成果」としては，臨床的な意義として満足度や充実感の上昇，動機付けの程度，機能低下予防，自覚症状，罹患率，死亡率，健康寿命，在宅生活継続など，経済的な効果として医療費や介護費用の削減，費用便益効果など，さらに健康長寿への投資など社会的な価値を検討する．

具体的な評価項目の例を，**表4-5**に示す．

表4-5 健康長寿に向けたコミュニティ・エンパワメントの評価項目例

領　域		内　容	評価項目の例
個別評価			
方法			
内　容		・特性に適合したプログラム	プログラムは，ニーズや特性に合っているか．
		・方法の一貫性，柔軟性	一貫した方法や柔軟な対応が確保されているか．
頻度・時間・継続期間		・1回あたりの時間	1回あたりの時間数は，ニーズや特性に合っているか．
		・1月あたりの回数	1月あたりの回数は，ニーズや特性に合っているか．
		・継続期間	継続期間は，ニーズや特性に合っているか．
個別・集団		・個別と集団のプログラムのバランス	個別プログラムと集団プログラムのバランスは，ニーズや特性に合っているか．
環境			
実施場所		・効果的な環境設定	目標を達成するのに効果的な環境か．
		・参加しやすい環境設定	改善が必要に応じて容易にできるよう，さまざまな手段があるか．
		・環境改善の可能性検討	改善が必要に応じて容易にできるよう，さまざまな手段があるか．
		・教育・相談	互いにメンバーをサポートしたり，相談にのったりする機会があるか．
家　族		・協力度	家族は協力してくれるか．
		・相談	家族は相談にのってくれるか．
仲　間		・協力度	仲間は協力してくれるか．
		・相談	仲間は相談にのってくれるか．
コミュニティ		・協力度	コミュニティは協力してくれるか．
		・相談	コミュニティは相談にのってくれるか．
成果			
生活の質の向上		・満足度	プロジェクトの成果に満足しているか．
		・充実感	プロジェクトにより自分の生活に充実感が得られたと感じているか．
動機付け		・参加意欲	今後どのようにすべきかについて，意見を持っているか．
		・社会活動参加	社会的な活動にどれだけ参加しているか．
		・社会貢献への自覚	社会に貢献することができると考えているか．
健康増進		・疾患予防	病気にかかりにくくなったり，症状が軽くなったりしたか．
		・自覚症状軽減	自覚症状はなくなったり，軽くなったりしたか．
機能低下予防		・耐久性	体力は衰えていないと感じるか．
		・筋力	筋力は衰えてはいないと感じるか．
		・バランス	バランスは悪くはないと感じるか．
機能回復		・日常生活動作	動作の不自由さが軽くなったか．
		・手段的日常生活動作	社会生活のための動作の不自由さが軽くなったか．
システム評価			
方法			
内　容		・特性に適合したプログラム	どのくらいの割合の人が，プログラムやニーズや特性に合っていると感じているか．
		・方法の一貫性，柔軟性	どのくらいの割合の人が，一貫した方法や柔軟な対応が確保されていると感じているか．
継続性		・資源確保	継続的に資源が確保できるか．
		・連携	継続的に連携が確保できるか．
利用しやすさ		・アクセス	専門職，施設機関，情報は利用しやすい状態にあるか．
		・適時性	必要なときに利用できる状態にあるか．
		・適質性	必要な質のサービスが利用できる状態にあるか．
		・適量性	必要な量のサービスが利用できる状態にあるか．
チームワーク		・当事者主体ケアチーム	どのくらいの割合の人が，プロジェクトの企画運営に参加しているのか．

（つづく）

領　域	内　容	評価項目の例
環　境		
状況設定	・効果的な環境設定	目標を達成するのに効果的な環境を用意しているか.
	・参加しやすい環境設定	すべてのメンバーが，参加や意見表明をしやすい環境を用意しているか.
	・環境改善の可能性検討	プロジェクトの改善が必要に応じて容易にできるよう，さまざまな手段を用意しているか.
	・教育・相談	どのくらいの割合の人が，互いにメンバーをサポートしたり，相談にのったりする機会があるか.
システム	・インフォーマル・グループ	どのようなインフォーマル・グループが，どのような役割をプロジェクトにおいて果たしているか.
	・専門職	どのような専門職が，どのような役割をプロジェクトにおいて果たしているか.
	・施設機関	どのような施設機関が，どのような役割をプロジェクトにおいて果たしているか.
	・情報	どのくらいの割合の人が，プロジェクトの内容を知っているか. どのくらいの割合の人が，プロジェクトの情報入手の方法を知っているか.
	・制度	プロジェクトを遂行する制度は整備されているか.
	・サービス	プロジェクトを遂行するサービスは整備されているか.
成　果		
臨床的な意義	・満足度の上昇	満足度の推移統計
	・充実感の上昇	充実感の推移統計
	・動機付け	プロジェクトやプログラム参加の推移統計
	・機能低下予防	要介護状況の推移統計
	・自覚症状	自覚症状の推移統計
	・罹患率	罹患率の推移統計
	・死亡率	死亡率の推移統計
	・健康寿命	健康寿命の推移統計
	・在宅生活継続	在宅生活の継続に関する推移統計
経済的な効果	・医療費削減	医療費の推移統計
	・介護費削減	介護費の推移統計
	・費用便益効果	医療費・介護費・健康増進費と効果
社会的な価値	・健康寿命への投資	どのくらいの割合の人が，健康長寿への投資を価値あることと考えているか

　これらの評価技術は，創造，適応，維持，発展の段階別に，より適切な時期に用いることで，さらに有効性を増すことができる（図4-7）.

　例えば，創造段階においては，表4-3のごとく，まず「共有する価値のあるテーマの開発」が主眼となる．したがってシステム評価としてはニーズ把握，個別評価としては個人の健康状態や生活状況を調査し，メンバーが共有したい，あるいは共有することでメリットが大きいと理解できるテーマを見つける取り組みが有効である.

　適応段階に入ると，テーマについては参加する意義について，確固とした裏づけとして「科学的な根拠」が求められる．したがってシステム評価としての総体的な評価と同時に，個別評価として個々のメンバーの評価を通じて満足度や日常生活動作などの参加による変化を明示する.

　維持段階では，コミュニティのメンバーやテーマの「独自性や境界を明確にする」ために，システム評価として経済的な効果として医療費，生命維持への価値として死亡率，また個別評価と

第1部 コミュニティ・エンパワメント 理論編

図4-7　有効性の高い評価の適用

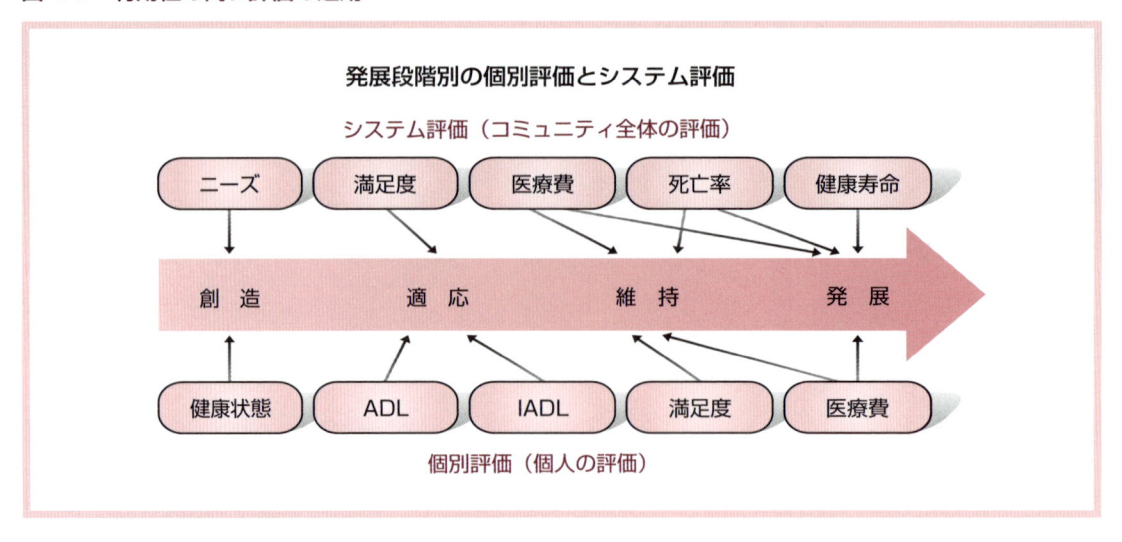

発展段階別の個別評価とシステム評価

システム評価（コミュニティ全体の評価）

ニーズ　満足度　医療費　死亡率　健康寿命

創造　　適応　　　維持　　　　発展

健康状態　ADL　IADL　満足度　医療費

個別評価（個人の評価）

して定常的なシステムに対する個人の満足度などを評価する．

　発展段階では，拡大にあたりテーマやメンバーの「再定義」が必要となる．したがってそもそも健康長寿プロジェクトという取り組みから始めた本質に立ち返り，長い目でみた健康寿命のシステム評価，個人の経済的な負担からみた医療費などの個別評価が有効である．

情報エンパワメント技術：ネットワーキング

　ネットワークとは，人と人，コミュニティとコミュニティが有機的につながることである．ただつながるのではなく，その関係性を活性化することをネットワーキングという．

　大きな変化が身近に求められる時代において，関係性を基盤としたネットワーキングに期待される役割は，ますます高まっている．それは，目標を実現するための方策が「構造や活動の変化」から「関係とプロセスの変化」へと，ネットワークを介して対応が可能なものに重点を移行しつつあるからである．つまり，よりよいコミュニティ・エンパワメントを実現する鍵は，構造や活動そのものの改善より，むしろネットワークを介した関係とプロセスの改善にあるという認識が一般的になりつつある．

　それと軌を一にして，「線形思考からシステム思考（p.9参照）」へ，「トップダウン式の意思伝達から意味の共有化」へ，さらには「競争から協力とパートナーシップ」へなど，ネットワークの活用を余儀なくする状況が進行している．

　情報を加工して利用しやすい形で資源として蓄積し，必要に応じていつでも利用できるようにする．これを情報に基づくネットワーキング，つまり情報エンパワメント技術と言い換えることができる．

第4章 コミュニティ・エンパワメントの技術

　新世代コミュニティの出現や，地方分権による地域自治の進展とともに，コミュニティ・エンパワメントにおいては小さな単位，すなわちローカルなコミュニティでの環境整備が課題となっている．特にローカル・コミュニティの計画においては，画一的なトップダウン型の環境整備の限界が明らかになり，コミュニティのメンバー，NPO，行政などとのパートナーシップに基づく参加型の方法が有効である．具体的な活動の展開は，当事者であるコミュニティのメンバーによるボトムアップ型へ，という流れが先進国，開発途上国を問わず共通している．

　ネットワーキングの目的は，コミュニティのメンバーが自らの問題を自らの力で解決することにある．

　コミュニティは，さまざまな課題を抱えている．ネットワークに参加することで，同様の問題を抱えるコミュニティが集まり，それぞれの問題をテーマとして共有化し，個々の草の根的な活動の規模を拡大することが可能となる．また，コミュニティのメンバーが自主的にネットワークを組織することで，社会的な信頼が増大し，よりグローバルなコミュニティとの連携を密にできる．

　ネットワーキングには，全体のマネジメントに携わる運営グループのほかに，プロジェクト別にワーキンググループを設置すると有効な場合が多い．ワーキンググループは，コミュニティを取り巻く環境により柔軟な形で組織し，そのときどきのコミュニティに必要なプロジェクトに基づいて形成する．例えば，新たに人材養成の拠点づくりのプロジェクトが立ち上げられれば，そのワーキンググループを結成する．ワーキンググループの活動は，現在利用できるすべての資源を有効に活用することを目的とし，情報の収集と発信の集積地としての役割を担う．複数のワーキンググループをネットワークでつなぐことで，共通の問題意識を持って自ら提言をしていくことのできる包括的な双方向コミュニティをつくり出すことができる．

　ネットワーキングの効果を要約すると，下記の4点となる（**図4-8**）．

1) **活動範囲と課題の広がり**：ネットワーキングを導入することにより，コミュニティ間の活動範囲と課題を包括した総合的なアプローチが可能となる．これは個々のコミュニティからネットワークへと拡大する「活動の範囲の広がり」と，他のコミュニティと共に適切な改善方法を模索していく「課題に力点を置いた活動の広がり」が，共通理解に基づく解決へと有効に働くためである．

2) **情報基盤の確立**：ネットワーキングは，情報を核とする仕組みである．ネットワークにおいては，コミュニティのメンバーが必要とするプロジェクトに対応したワーキンググループを形成し，ファシリテーターとしての役割を担う．ネットワーキングにより，複数のコミュニティにとって必要な情報の集積地ができ，個々のコミュニティ活動の「情報基盤」として活用できる．コミュニティ・エンパワメントは，ネットワーク内での情報の互換性と互助性を保ち，ダイナミックな活動を展開することにより促進する．

3) **包括的なプロジェクトへの発展**：コミュニティ・エンパワメントは，ネットワーキングにより，さらに増長する．すなわち，各コミュニティから始まった草の根的な活動の範囲が拡大し，他のコミュニティを含めた「包括的なプロジェクト」へと発展する．これは従来のトップダウン型の組織とは異なり，ネットワーキングによる活動が，他のコミュニティとの交流

を盛んに行うメンバー主体のものであるためである．それぞれ異なった環境や生活様式を持つコミュニティは，ネットワークで結び付き，活動や相互の情報交換により，お互いを支え合う機能を高めることができる．
4) **行政政策とメンバー活動のパイプ**：ネットワーキングにより，発信者としてメンバーの力を引き出す組織化や，ワーキンググループによるプロジェクト主体の活動は，トップダウン型の行政政策とボトムアップ型のメンバー活動を結び付ける「パイプ」としての役割を果たすことができる．

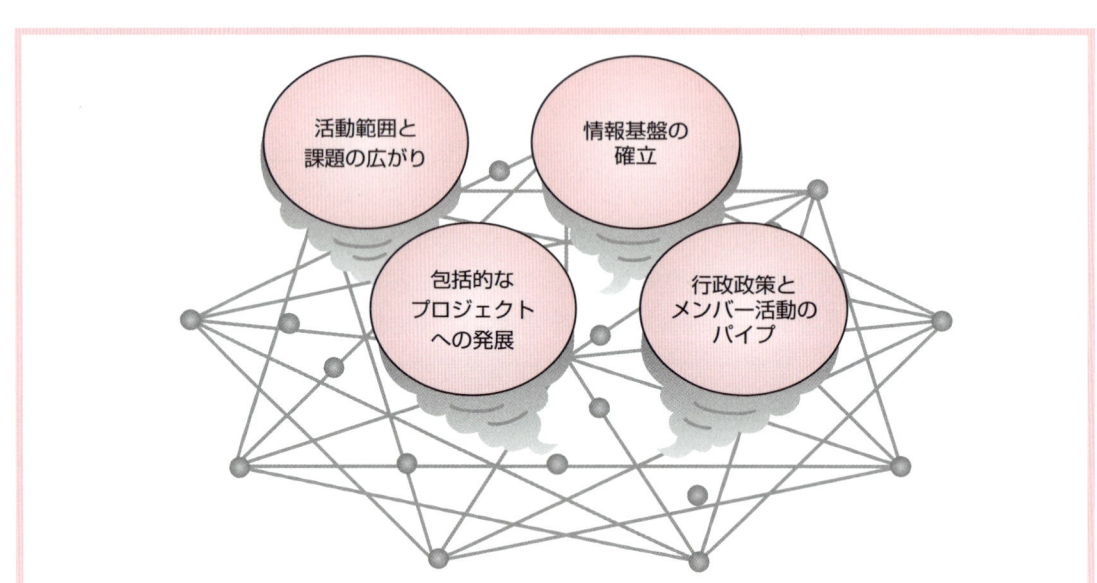

図4-8　情報エンパワメント技術：ネットワーキングの効果

効率エンパワメント技術：効率性，生産性

　限られた社会資源を有効に活用するため，できるだけ時間や費用を効率よく活用するための技術は，すべてのコミュニティにとってきわめて重要である．
　効率的に目標を実現し成果を得るためには，下記の点についてチェックするとよい（図4-9）．
1) **どのように実践に生かすか**：最も効果的な方法で成果をもたらすには，どのような形で実践に生かすのか，あらかじめ関係者間で討論し，実際にはどうだったのかを確認する必要がある．
2) **どのようにメンバーに還元するか**：成果を効果的な方法でメンバーに還元する方法を検討する．成果を共有し，より大きなメリットを感じさせることが，メンバーのコミュニティの帰属への強い動機付けにつながる．
3) **どのように情報や価値を活用するか**：関係者とともに，生み出された情報や価値の活用の方法を話し合い，できるだけ多くの側面からの活用を実現する．

4) **どのように成果をわかりやすく提示するか**：コミュニティのメンバーに加え，メンバー以外の者に成果を分かりやすく伝えるための方法にはどのようなものがあるか検討する．
5) **何が最重要テーマか**：複数のテーマのなかから，優先度の高い順にリストアップし，より優先度の高いものが確実に実現しているかチェックする．
6) **誰が関係者か**：各々のテーマごとに利益を受ける者，影響を受ける者，責任者，影響を与える者，関心を寄せる者，機会があれば提供が必要な者，情報提供だけを求める者などを列挙しておく．
7) **何が疑問点か**：つねに各々のテーマごとに，目標・戦略，過程・組織，成果について，論理的な整合性にかける点，解決できなかった課題などに注目し，疑問点として整理する．
8) **どのように連携を促進するか**：各々のテーマごとに，継続的に連携を促進する方法について検討する．

図4-9　効率エンパワメント技術のチェックリスト

> **効率エンパワメント技術のチェックリスト**
>
> 以下の点について，コミュニティのメンバーで内容を討論し，共有しているかどうかチェックする．
>
> 1. どのように実践に生かすか
> 2. どのようにメンバーに還元するか
> 3. どのように情報や価値を活用するか
> 4. どのように成果をわかりやすく提示するか
> 5. 何が最重要テーマか
> 6. 誰が関係者か
> 7. 何が疑問点か
> 8. どのように連携を促進するか
> 9. どのように能力を向上するか
> 10. どのように情報を加工し蓄積するか

9) どのように能力を向上するか：各々のテーマごとに，継続的に携わるスタッフとメンバーの能力を高める方法について検討する．
10) どのように情報を加工し蓄積するか：コミュニティ・エンパワメントの貴重なノウハウの詰まった情報を，他の機会にも応用できる形で加工し，蓄積する方法を検討する．

コラム

コミュニティ・エンパワメントと数字？

　本書で取り上げたコミュニティ・エンパワメントには，いくつかの数字が関係している．復習してみよう．

1貫性　コミュニティ・エンパワメントの，目標は一貫したもの（p.8参照）．

2側面　コミュニティ・エンパワメントの2つの側面（p.6参照）
　「①現実の関係性のつながり」と「②共感イメージのネットワーク」．

2リズム　コミュニティ・エンパワメントの2つのリズム（p.27参照）．
　コミュニティ・エンパワメントに生きた鼓動を与える「①変化のリズム」と「②秩序化のリズム」．

3領域　コミュニティ・エンパワメントの押さえる必要のある3領域（p.8参照）．
　「①テーマ」「②コミュニティ」「③活動」．

4段階　コミュニティ・エンパワメントの成長の4段階（p.29参照）．
　「①創造」「②適応」「③維持」「④発展」．

5次元　コミュニティ・エンパワメントのシステムを捉える5次元（p.16参照）．
　「①ミクロシステム」「②メゾシステム」「③エクソシステム」「④マクロシステム」「⑤クロノシステム」

6機能　コミュニティ・エンパワメントの6つの機能（p.29参照）．
　「①目標・戦略」から「②過程・組織」，そして「③成果」へ，それがまた「①目標・戦略」に戻るサイクルと，それを包みこむ「④情報」「⑤効率」「⑥共感」．

7要素　コミュニティ・エンパワメントのシステムを構成する7つの要素（p.16参照）．
　「①当事者」「②提供者」「③関係性」で形成されるミクロシステム，「④環境」のメゾシステム，「⑤利害関係者」のエクソシステム，「⑥社会背景」のマクロシステム，「⑦時間」のクロノシステムと5つの次元のシステムに及ぶ7つの要素．

7原則　コミュニティ・エンパワメントをうまく進めるための7つのコツ（p.23参照）．
　「①関係性を楽しむ」「②価値に焦点をあてる」「③つねに発展に向かう」「④柔軟な参加様式」「⑤親近感と刺激感」「⑥評価の視点」「⑦リズムをつくる」．

第2部

コミュニティ・エンパワメント
実践編

実践編の構成と枠組み

　第2部では，保健，医療，福祉，教育，街づくり，システム，国際支援におけるコミュニティ・エンパワメントの実践例を，具体的に紹介する．

「第5章　住民参加型ファミリー健康プランとアクションプラン―地域開発への活用」では，グループインタビューの実施と分析，量的な実態調査のプロセスを専門職，支援者，市民が共有することでエンパワメントする方法を論じた．

「第6章　科学的な根拠に基づく専門職研修システムづくり」では，質問紙による発達の追跡的な評価とグループインタビューによる指標抽出により研修システムを構築する方法を示した．

「第7章　ボランティア活用に向けた環境づくり―当事者のボランティア継続要因の把握とサポート」では，個別面接より得た当事者の意向を継続的にボランティア活動に反映する方法を提案した．

「第8章　専門職コミュニティのエンパワメント―虐待予防技術の向上に向けた指標開発」では，新たな指標づくりの際に，実際に携わっている当事者（ここでは多職種の専門職）の意見を引き出し，実践に適合した基準項目の抽出法と専門職コミュニティのエンパワメント法を解説した．

「第9章　障害児への地域ぐるみのサポートシステムの構築」では，地域ぐるみのサポートシステムの構築に向けて，当事者，地域，専門職が継続的に協働する方法を具体化した．

「第10章　子育て支援の質向上のためのシステムづくり」では，夜間に及ぶ長時間保育の質向上のための条件抽出と実践への活用の方法を説明した．

「第11章　地域ケアの連携促進」では，グループインタビューの成果を用いて，当事者，地域サポーター，専門職の連携を強化する方法をあげた．

「第12章　国際支援とコミュニティ・エンパワメント―開発途上国における障害者ケアと住民サポーターの活用」では，国際支援の展開の際に求められる「当事者主体の継続的な支援システム開発」の方法論を示した．

　各々の事例について，①背景，②コミュニティ・エンパワメントの方法，③成果，④ポイント，という同一の枠組みを用いて整理した．これは，具体的な背景から取り組みと成果，実施の際のポイントを明示し，全体像と比較しながら理解できるようにしたものである．

また，すべての章に共通して，「エンパワメント技術モデルに基づく目標・戦略設計」「評価設計」を提示し，体系的にコミュニティ・エンパワメントの技術が活用できるよう工夫した．
　これらの事例では，適用範囲の広さを示すため，ヒューマン・サービスの多様な領域にわたり，さまざまな段階のコミュニティを対象とした典型例を示した．
　エンパワメント技術モデルに基づき整理すると，下記のようになる（表）．

表　エンパワメント技術モデルに基づく事例の枠組み

機能＼段階	創　造 （創造・創発・変革 技術など）	適　応 （適応・調整・協調・ 伝達技術など）	維　持 （維持・実施・追求・ 統制技術など）	発　展 （展開・影響・ 統合技術など）
目標・戦略	目標・戦略創造技術 第5章，第6章	目標・戦略調整技術 第7章，第8章	目標・戦略遂行技術 第9章，第10章	目標・戦略展開技術 第11章，第12章
過程・組織	過程・組織創造技術 第5章，第6章	過程・組織調整技術 第7章，第8章	過程・組織遂行技術 第9章，第10章	過程・組織展開技術 第11章，第12章
成　果	成果創造技術 第5章，第6章	成果調整技術 第7章，第8章	成果追求技術 第9章，第10章	成果統合技術 第11章，第12章
情　報	情報創造技術 第5章，第6章	情報調整技術 第7章，第8章	情報追求技術 第9章，第10章	情報統合技術 第11章，第12章
効　率	効率創造技術 第6章	効率調整技術 第8章	効率調整技術 第10章	効率統合技術 第11章，第12章

第5章

住民参加型ファミリー健康プランとアクションプラン
―地域開発への活用

> I have never met a man so ignorant that I couldn't learn something from him.
>
> *Galileo Galilei*

第1節 背　景

　近年，各自治体では「健康日本21」「健やか親子21」など，住民の健康づくりに関したさまざまな計画が立案され，実施されている．これらは，ヘルスプロモーションを推進していくための基盤として位置付けられ，行政主体ではなく住民参加のもとで地域の特性を反映した計画づくりが求められている．

　本章では，自治体の健康づくりを目指したファミリー健康プラン策定の一例を紹介する．このプラン策定の取り組みは，当初より住民参加を重視し，プラン立案後の住民主体の行動化すなわちエンパワメントを促すことを意図して展開した．プランは，住民，行政，関係者が協働して立案し，プラン実施のためのアクションプラン（行動計画）にも住民が主体的に参加するなどエンパワメント効果が示された．この取り組みは，さらに計画に参画した住民の家族や周囲へと波及し，コミュニティ・エンパワメントに影響する可能性が示された．

　そこで，このプラン策定のプロセスを通して明らかにされた住民，行政，関係者のエンパワメントに有効な手法について，以下に述べる．

　U町では，健康を住民一人ひとりが豊かな人生を送るための大切な資源と捉え，個人，家族，地域，行政および関係機関が連携し，共通の目標に向かって取り組むための「ファミリー健康プラン（以下，プラン）」を策定した．プランは2003年から2012年度までの10年計画で，「健康日本21」と「健やか親子21」を統括した全世代を対象とした．

　本自治体の特徴は，山岳地帯を含め豊かな自然と温泉に恵まれた観光地であり，高速交通網の発展により，首都圏からの利便性が高い．一方，人口は年々減少傾向にあり，高齢者世帯の増加とともに，がんや呼吸器疾患による死亡率の上昇が懸念されている．

第5章 住民参加型ファミリー健康プランとアクションプラン ―地域開発への活用

　これまでにさまざまな計画が立案されてきたが，これらの多くが行政と一部の関係者の理解にとどまる傾向があった．そこで，今回のプランはできるだけ多くの住民と行政および関係者がその策定に関与し，合意形成を図りながらプランを作成すること，プラン策定を通じて委員の健康に関する意識の向上，政策への主体的参加の意欲向上を図ること，さらに委員のエンパワメントからコミュニティ・エンパワメントの波及効果を期待し，プラン策定委員会を設置した．

　プランは住民のニーズに適した内容となるものを立案し，プランを実施するためのアクションプランの立案と実施につないでいくことを目指した．そして，委員の主体的な行動化を促し，プランを実践していくために，委員一人ひとりがエンパワメントする必要があると考えた．そこで，プラン策定の企画から実施，アクションプランの展開のすべてのプロセスをエンパワメントの有効な機会と捉えて展開した．

第2節　コミュニティ・エンパワメントの方法

　コミュニティ・エンパワメントを展開するには，そのための戦略が必要である．今回はプラン策定委員会の取り組みを通じて参加した委員（住民と行政，関係者）をターゲットとしてエンパワメントし，この委員のエンパワメントがさらにコミュニティ・エンパワメントに波及することをねらいとした．取り組みの概要を「エンパワメント技術モデルに基づく目標・戦略設計」の枠組みに示すと図5-1のとおりである．

具体的な展開

1．パートナーシップを築くための要因

　プラン策定委員会は住民代表による検討委員12名（以下，住民委員），関係機関9名，事務局8名，研究者1名を構成員とし，委員長および副委員長は住民から選出した．エンパワメントの開始には，パートナーシップを築くことが必要となる．プラン策定においても，その基盤となるパートナー（委員）の選定は重要な要素といえる（影響要因）．そこで策定委員の選定には，十分に注意を払った．具体的な選定方法は，委員が属する分野や地域，生活背景に偏りができないよう配慮して事務局が人選案を検討し，内諾を得て，全体委員会で最終的な合意をとった．構成の内訳は，図5-2のとおりである．なお，進行上，必要に応じて委員を追加することに柔軟性を持たせるよう合意を得た．

2．目標と戦略設計

　策定委員および関係者が主体的にプラン策定と実施に参画できるように運営の基本方針（表5-1）を検討し，設定した（影響要因，戦略，根拠）．

（1）委員会運営の基本方針

1) 委員会では目的や達成目標（ゴール）を共有できるように，グループおよび全体討議形式で十分に時間をかけて合意できるまで討議した．
2) 討議で出しにくい意見は「ご意見箱」を用意して無記名で意見が出せるようにし，委員一人ひとりの思いを反映できるようにした．
3) 各委員が主体的に参加できるように委員会前後で運営方法を確認し合った．
4) 委員が欠席した場合に継続参加が促せるように，各委員会の事後には「委員会便り」を配布して，討議内容や次回の課題がわかるように配慮し，必要時には事務局が補足した．

図5-1　エンパワメント技術モデルに基づく住民参加型ファミリー健康プラン策定の目標・戦略設計

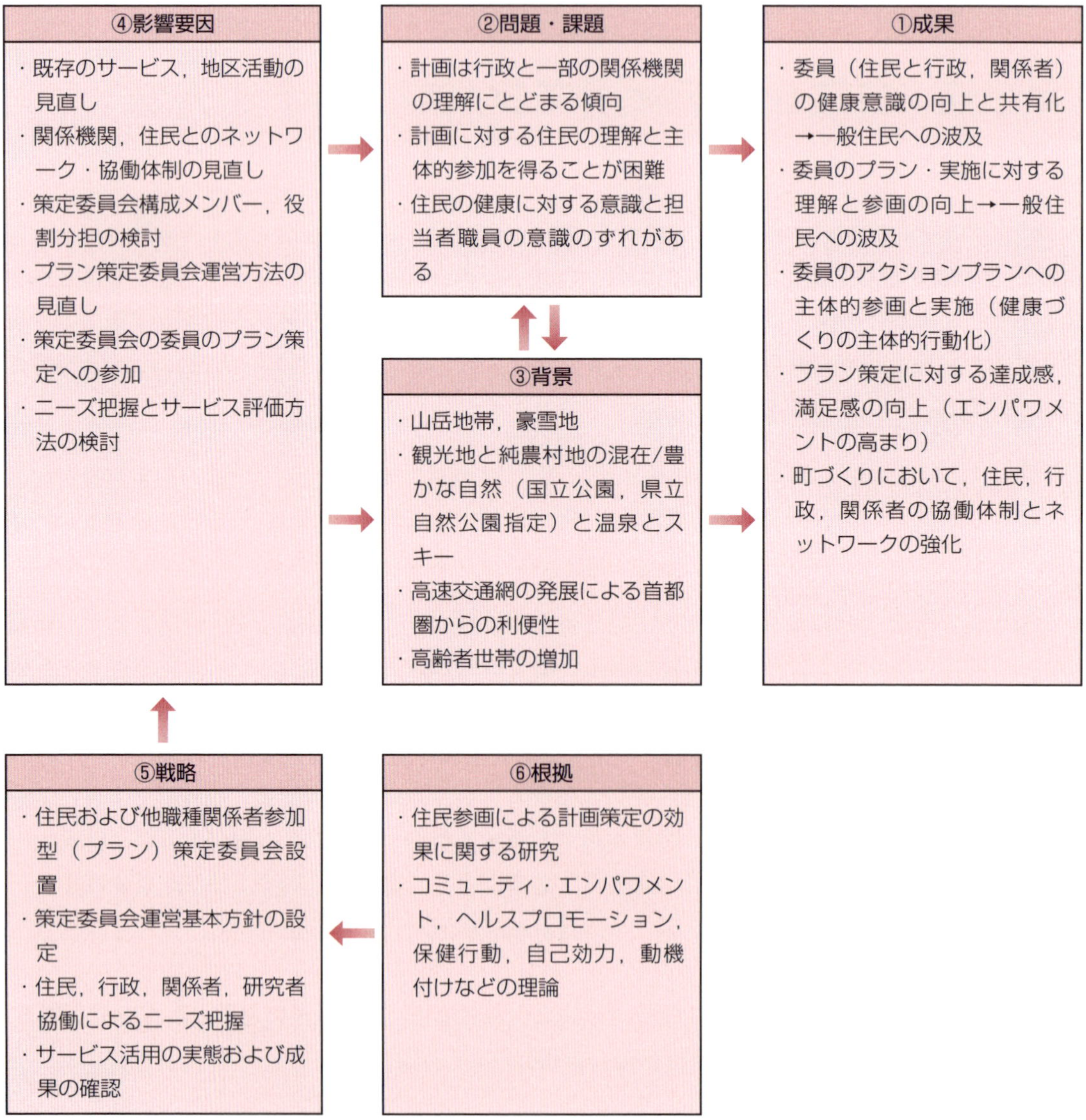

④影響要因
- 既存のサービス，地区活動の見直し
- 関係機関，住民とのネットワーク・協働体制の見直し
- 策定委員会構成メンバー，役割分担の検討
- プラン策定委員会運営方法の見直し
- 策定委員会の委員のプラン策定への参加
- ニーズ把握とサービス評価方法の検討

②問題・課題
- 計画は行政と一部の関係機関の理解にとどまる傾向
- 計画に対する住民の理解と主体的参加を得ることが困難
- 住民の健康に対する意識と担当者職員の意識のずれがある

①成果
- 委員（住民と行政，関係者）の健康意識の向上と共有化→一般住民への波及
- 委員のプラン・実施に対する理解と参画の向上→一般住民への波及
- 委員のアクションプランへの主体的参画と実施（健康づくりの主体的行動化）
- プラン策定に対する達成感，満足感の向上（エンパワメントの高まり）
- 町づくりにおいて，住民，行政，関係者の協働体制とネットワークの強化

③背景
- 山岳地帯，豪雪地
- 観光地と純農村地の混在/豊かな自然（国立公園，県立自然公園指定）と温泉とスキー
- 高速交通網の発展による首都圏からの利便性
- 高齢者世帯の増加

⑤戦略
- 住民および他職種関係者参加型（プラン）策定委員会設置
- 策定委員会運営基本方針の設定
- 住民，行政，関係者，研究者協働によるニーズ把握
- サービス活用の実態および成果の確認

⑥根拠
- 住民参画による計画策定の効果に関する研究
- コミュニティ・エンパワメント，ヘルスプロモーション，保健行動，自己効力，動機付けなどの理論

5) 限られた時間のなかで，効果的かつ効率的に目標達成を可能にするため，各世代の具体的な行動目標については委員会のなかでワーキンググループを設置し，各グループで作業したものを全体で討議し合意形成を行う手法をとった．
6) コミュニティの問題や課題を明らかにするために，根拠となるデータや理論に基づいて目標・戦略を吟味した．

これまで本自治体では，さまざまなプランを策定し展開してきた．しかし，行政職員は行政や専門職側と住民の意向がはたして同じであるのか，ずれがあるのではないか不安があり確認する必要があると考え，住民のニーズをふまえたプラン策定と展開を目指したいと考えた（問題・課題）．

図5-2　策定委員会設置と構成

★工夫した点→住民メンバーを多く構成した（12名/計30名中）
　　委員長は住民代表者

住民検討委員（12名）
・母子保健推進協議会　　　　　1
・食生活改善推進協議会　　　　1
・PTA　　　　　　　　　　　　1
・体育指導委員　　　　　　　　1
・子育てサークル　　　　　　　1
・精神障害者サロンボランティア　1
・FGI代表　　　　　　　　　　2
・商工会　　　　　　　　　　　1
・老人クラブ　　　　　　　　　1
・民生委員協議会　　　　　　　1
・元気な高齢者づくりアシスタント　1

調整チーム委員
〈○関係課・■関係機関　9名〉
○住民課（保育係，子育て支援センター）
○社会教育課（社会教育係・青少年育成センター）
○学校教育課
■健康福祉環境事務所
■保健医療センター
■学校養護教諭
〈事務局（福祉保健課保健係）8名〉
資料収集，準備，計画原案作成，会議などの設定
〈研究者　1名〉
FGIおよび調査票による調査の集計分析案作成
計画策定全体の助言と指導

表5-1　住民参加を重視した策定委員会の運営基本方針

- 委員会で合意できるまで討論する
- 委員会資料を事前配布し委員の主体的参加を図る
- 委員会前後に運営方法の検討をする
- 欠席した委員も含めて委員の継続参加を促すために「委員会便り」を配布し，議事録と次回の内容を周知する
- 委員一人ひとりの思いをくみ取るため「ご意見箱」（匿名）を設置する
- 各世代ごとの行動目標の検討は，ワーキンググループを活用して検討し，全体で討論して共有化を図る方法をとる

問題や課題を取り巻くコミュニティの背景には，「観光地と純農村地の混在」「交通の利便性」があげられた（コミュニティ背景）．背景をふまえながら，策定委員らが何を目指し達成したいと考えるのかを話し合った．また，期待する成果として，次のことがあげられた．

各委員とその委員が属する地域の特性や職域の意向をできるだけ反映し，共有しながらプランを作成すること，加えて，プラン策定がゴールにとどまらず，策定プロセスそのものが街づくりにつながっていることを絶えず意識して活動に参加する．さらに，得られた情報を委員会から近隣や地域へ波及し，地域から委員会へとフィードバックさせる役割があること，プランがアクションプランに連動していくことを重視して取り組み，各委員がよりエンパワーすることを期待した（成果）．

(2) プラン策定の根拠となる情報把握の方法

プランを検討するために，既存のデータの検討に加えて，①住民や関係者を対象としたグループインタビュー（以下，インタビュー）調査，②住民を対象としたアンケート調査を企画し実施した．得られた情報は，委員および関係者の意見を含めて検討し，自治体（町）のプランを作成する根拠として活用した．

特に留意した点は，住民や専門職，関係者らが協働で調査の企画，実施，分析，共有化に取り組み，プランを策定したことにある．

委員会では，初回にプラン策定の目的と目標について合意形成を図り，委員の動機付けを図った．そして，プラン策定に関連した既存のデータや意見とともに住民のニーズを把握するため，グループインタビューおよびアンケートによる実態調査を企画し，実施した．

調査の企画，実施，分析，評価の過程では，委員ができるだけ参画し，検討していく体制をとった．具体的な進め方は次のとおりである．（　）内にはそのポイントを示す．

1) FGI調査および実態調査の企画と調査票の作成は，事務局職員だけでなく住民委員も参画する（調査企画に関与）．
2) 実施は研究者の支援を受けながら研修を受けた保健センター職員が担当する（職員のスキルアップと主体的行動）．
3) 調査対象は，子育て中の母親，思春期の子の親，小学生，働き盛り世代，糖尿病罹患者，障害者，高齢者，子育て支援関係者，歯科保健対策関係者，母子保健推進員・食生活改善推進員の代表者から構成した10グループに委員会で追加提案されたPTA父親を加えた計11グループとした（委員の意見を反映し対象を拡大）．
4) FGI調査の分析は，事務局と研究者が逐語録からカテゴリー抽出案を作成し，委員会において委員全員で結果の共有と妥当性を検討した（分析過程に住民と関係者参加）．
5) 各グループの調査結果とともに，最終的に11グループの結果を統合して，各世代や対象別の特性，共通性などを整理した（情報の整理も協働で実施）．
6) インタビュー調査結果の共有化には時間をかけて討議し，既存のデータや関係者らの情報と照らし合わせながら内容や自治体の課題を明確にしていった（根拠に基づいて自治体の課題を明確化）．

（3）インタビュー分析からアンケート調査票作成

　グループインタビュー調査結果と既存のデータを基に，アンケート調査項目を委員会で検討し調査票を作成した．具体的な展開は次のとおりである．

1) アンケート項目作成後に，何のために設定する質問項目なのかを再度確認し合った（項目の妥当性の検討）．
2) プレテストは住民委員が主体的になって，他の住民に協力を求め実施した（プレテスト実施に参画）．
3) 本調査では，住民委員が調査票配布に関与した（本調査実施に参画）．
4) アンケート調査は，小学校6年生から中高生の18歳までは全数，19歳以上については住民台帳よりランダムサンプリングによって対象を選定し調査票を計2,473名に配布し，郵送あるいはアンケート回収ボックスにより計1,647名（66.6%）回収した（回収ボックス活用による回収率向上，費用の削減）．
5) アンケート調査について，結果の信頼性・妥当性に関して委員会で検討した（結果の確認と妥当性の検討）．

■3．インタビューおよびアンケート調査からプランを作成する方法

　委員会において，「インタビュー調査」「アンケート調査」および「保健活動で把握している情報」を統合しながら行動計画の目標値の設定を行った．具体的な展開は次のとおりである．

1) インタビューとアンケート調査結果，既存データ，関係者意見をもとに委員が分かれて世代別ワーキンググループをつくり，プラン案を作成した（ワーキンググループの活用）．
2) 委員会では調査結果の共有に時間をかけ，保健活動で把握している情報を統合しながらプランの目標値の設定を行った（プラン・目標値の設定）．
3) プランと指標の選定，優先性について検討し，世代別と自治体の全体のプランを策定した（世代別，自治体全体の指標と優先性の検討）．
4) 事務局担当者は，各委員の思いや考えが計画に反映できるよう自由な雰囲気づくりに留意しながら会の運営に努めた（自由な討論を引き出す場づくり）．
5) プランは，その後の具体的なアクションプランの目標につながり，評価の指標とも関連する．そこで，設定した各プランやその指標が何を根拠に立てられたのか明確にして，委員以外の者でも共有化できるように努めた（指標の根拠の明確化）．

　委員会の経過と参加者の変化は，図5-3策定委員会の経過に示した．

第2部 コミュニティ・エンパワメント 実際編

図5-3 策定委員会の経過

回数（日程）	内容			
1回目（5/30）	計画設定の目的と合意形成 策定委員としての意識付けと動機付け	実現できる計画ができる期待とどうかかわればいいのかという不安	→	養護教諭を委員に加えよう	
2回目（6/30）	子・親世代のFGI結果の妥当性を検討	父親の子育て観を入れないと計画が偏る．	→	父親男性のFGIをしよう	
3回目（7/11）	青・壮年期高齢期FGI結果の妥当性を検討	家族にFGI調査結果を伝え，家族や職場で意見をもらい参加	→ 委員会の焦点が定まってきた	和やかな雰囲気	3時間を超える白熱した討議
4回目（7/30）	FGI結果全体の検討 FGI結果と保健活動で把握した結果を基にしたアンケート案の提示	愛着のあるアンケートにしたい	→	住民主体の試みのアンケートでうれしかった（アンケート自由記載より）	委員からアンケート内容や結果について問い合わせあり．来庁時，事務局へ立ち寄るようになる
5回目（10/28）	アンケート結果報告と結果について検討	子どもたちの飲酒と喫煙経験に一同驚き	→	休日にもかかわらず，「禁煙セミナー」に参加	
6回目（11/13）	ワーキンググループ（世代ごと）に分かれて目標の設定および自分・家族・地域・行政ができることを検討	子・親世代グループは追加ワーキング	→	各グループが休憩を忘れるほど真剣に討議，全員が話している	
7回目（12/18）	全世代の目標と各自ができることのすり合わせ　健康づくり推進協議会（計画の諮問機関）へ経過報告を兼ね参加を依頼	→	当初は計画が本当にできあがるか心配だった．今後は行政と協働で計画を育てていきたい		
8回目（1/26）	各世代の計画内容について最終検討 各世代の現状値・目標値の検討 3年間の重点項目の決定	完成に笑顔がいっぱい！	報告時の自信たっぷりで満足そうな表情（成果と報告できる達成感と満足感）		

第3節　コミュニティ・エンパワメントの成果

　取り組みの成果の概要は，エンパワメント技術モデルに基づく評価設計例（図5-4）に示した．
成果はアウトプット，アウトカム，インパクトの枠組みで捉え，具体的な評価内容として次の事項が示された．

図5-4　エンパワメント技術モデルに基づく住民参加型ファミリー健康プラン策定の評価設計

背景	目標・戦略	過程・組織	成果 アウトプット	成果 アウトカム	インパクト
・人口の低下 ・死亡率の上昇（がん・呼吸器疾患） ・喫煙率，飲酒率が高い ・健康に関する生活の実態が不明瞭 ・高齢者世帯の増加	・予防的な健康行動の推進 ・罹患率，死亡率低下の抑制（がん・呼吸器疾患）	・課題解決のための世代別具体的なプランの検討・実施	・住民の健康に関する意識・態度・行動の変化 ・家族単位および地域単位での健康づくり活動の必要性の認知 ・主体的な予防活動への参加	・疾病罹患率および死亡率低下	・コミュニティの健康度（がん・呼吸疾患低下）向上 ・予防的活動を重視した健康づくり活動・政策の推進が可能
・住民の健康に関するニーズにサービスが適切かあいまい ・住民と行政担当者の間で健康に関する意識や認識にずれがある	・地域の健康ニーズおよび課題の明確化 ・健康ニーズと課題の共有，および課題解決を図る	・委員会での健康に関する既存のデータの検討および質的，量的調査の主体的な参画，実施と結果の共有 ・根拠に基づいたプランの検討，共有化	・地域を単位とした健康づくりに対する動機付け ・住民ニーズに応じたサービスの検討 ・アクションプランを住民・関係者が協働で展開し，根拠に基づいてプランの評価を実施	・住民の健康意識の実態と課題の明確化・共有化 ・アクションプラン実施による課題解決	・自然を大事に人にやさしい触れ合いのある元気な街づくり ・有効な情報とサービスの効果的な提供方法が明確化 ・コミュニティ・エンパワメントが高まる
・健康づくり計画に対する住民の理解と参加が困難 ・過去の健康づくり計画は，一部の関係者の参画によるところが大きい	・できるだけ多くの住民と関係者がプランに参画するための委員会設置 ・住民および関係者が主体的・継続的にプラン策定に参画し，行動化を促進するための運営基本方針の設定	・委員の継続参加の促進・支援 ・自由な発言を促すための仕組み（ご意見箱設置） ・効果効率性を目指した全体討論とワーキンググループの活用 ・計画実施のための住民，関係者の役割の明確化と役割分担	・計画立案参加への意欲の向上 ・計画に参画する満足感・達成感 ・委員間の相互理解と協働の意識向上	・プラン策定展開上の住民・行政・関係者間での役割の明確化と協働 ・アクションプラン実施のための分野を超えた関係者・行政および住民の協働体制，主体的行動化	・分野を超えた効果的な健康教育の企画実践の仕組みと協働によるネットワークができる ・予算の効果的運用ができる（分野を超えて）

住民委員の変化

1. プラン策定について

　プラン策定のプロセスにおいて，住民委員がどのように取り組み，主体的にかかわるように変化したか経緯を図5-5に示した．

　住民委員より，「プラン策定後も実施状況を確認したい．一緒にアクションプラン（行動計画）を実施したい」と実践への意欲的な発言が聞かれた．さらに，「このプランを自分の周りから，そして自治体全体へと広げていけるように頑張ります」など，各住民委員の変化は各々の関係する周囲の住民へも広がっていった．

　プランは，詳細を記したプラン冊子と各戸配布する家庭配布用冊子の2タイプ，および資料編を作成した．委員は自ら冊子を持ち歩いて周囲の人々にPRしていきたいと述べていた．

　委員会終了後の委員へのアンケート結果では，「自分や家族の健康意識の高まり」「自治体の健康づくりへの関心の高まり」はほとんど全員が，「健康づくりネットワークの広がり」については半数以上に成果があったと肯定的な回答が得られた．

2. アクションプランについて

　プランの課題の1つである「喫煙対策」について，住民委員がアクションプラン検討会に参画し，これまで介入が困難であった学校を拠点として健康教育を展開することが可能となった．そして，学童とその親をターゲットにした禁煙教育を企画し，実施することができた．

　このアクションプランの実施には，学校側の合意形成を図るために住民委員が行政担当者とともに校長会と教育委員会への働きかけを行った．また，住民委員が各学校を訪問し説明会にも同行して協力を依頼したこと，予算は保健センターの事業計画を学校とタイアップして展開する位置付けをとり運用して実施することができたことが背景にある．

　「禁煙対策」のアクションプランが短期間で企画から実施へと展開できたのは，住民委員の主体的かつ意欲的な活動，行政職員の柔軟的対応，両者の協働体制の成果といえる．

　アクションプラン（行動計画）の評価は，事前の子どもと親の喫煙に関する実態調査を実施し，参加後にも同様の調査を実施し評価を行うことで成果を確認するようにした．

　これらの成果を行政，関係者および住民委員が共有することにより，次の新たな活動に発展していった．

行政担当者と関係者の変化

　関係機関や事務局の意識は当初より活性化した．計画諮問機関や議会では，プラン策定にかかわった職員について，「職員が生き生きしている．他課も同じスタイルで仕事に取り組んでほしい」という評価を得た．

第5章 住民参加型ファミリー健康プランとアクションプラン —地域開発への活用

図5-5　住民と共に歩むファミリー健康プラン策定〜実践〜評価　住民と行政，専門職の協働の展開

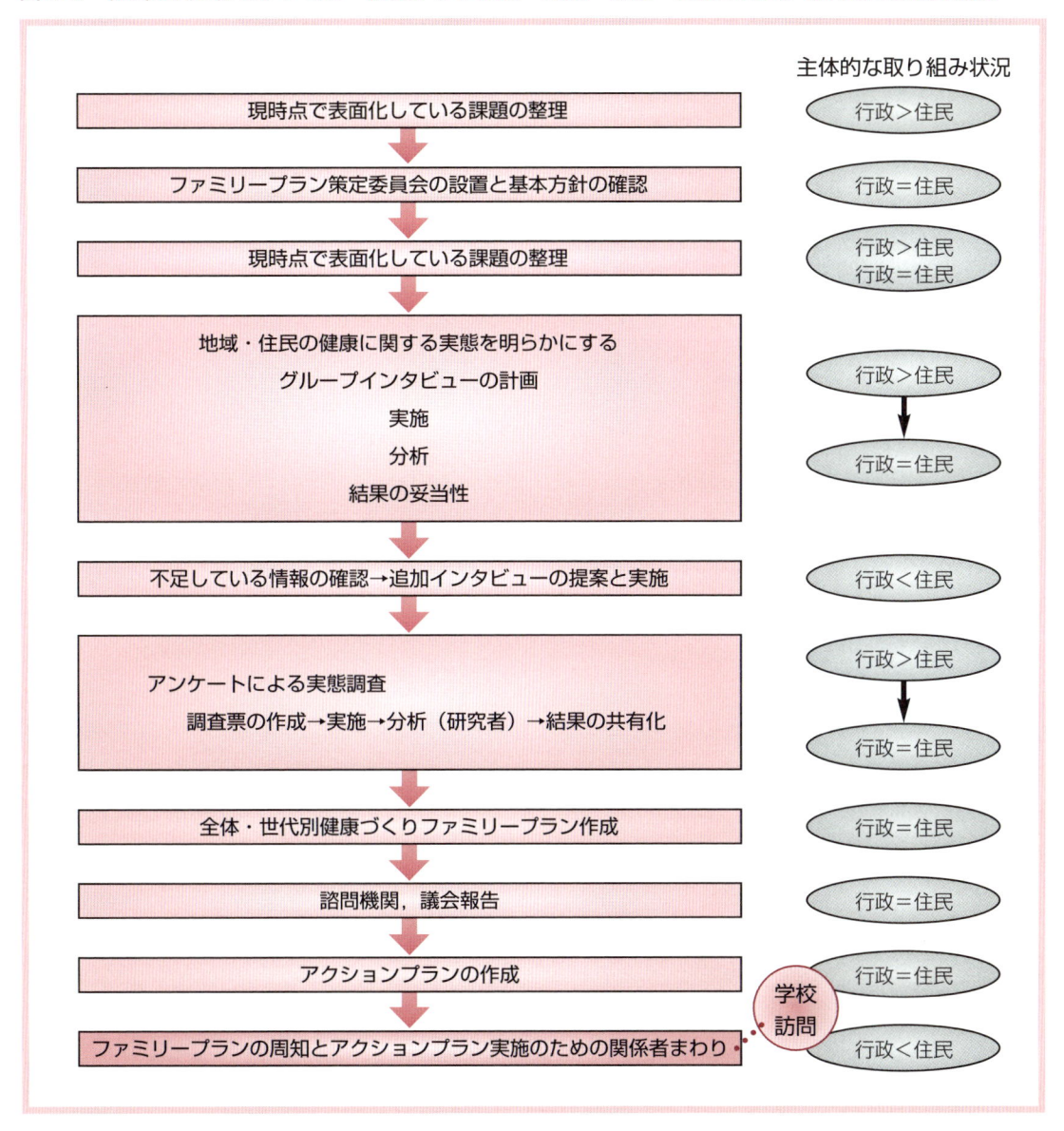

フロー	主体的な取り組み状況
現時点で表面化している課題の整理	行政＞住民
ファミリープラン策定委員会の設置と基本方針の確認	行政＝住民
現時点で表面化している課題の整理	行政＞住民／行政＝住民
地域・住民の健康に関する実態を明らかにする　グループインタビューの計画／実施／分析／結果の妥当性	行政＞住民 → 行政＝住民
不足している情報の確認→追加インタビューの提案と実施	行政＜住民
アンケートによる実態調査　調査票の作成→実施→分析（研究者）→結果の共有化	行政＞住民 → 行政＝住民
全体・世代別健康づくりファミリープラン作成	行政＝住民
諮問機関，議会報告	行政＝住民
アクションプランの作成	行政＝住民
ファミリープランの周知とアクションプラン実施のための関係者まわり（学校訪問）	行政＜住民

　事務局の職員らは，住民委員や研究者の支援を得ながらこれらの取り組みと成果についてまとめ，関連する学会に発表するなどの姿勢もみられるようになった．このように，職員の主体性が向上し，住民との協働により，仕事への志気向上，連携・協力体制強化などの成果が確認された．

第4節　コミュニティ・エンパワメントのポイント

　プラン策定において，住民の参加を重視した調査の企画・実施・分析・結果の共有，そして既存データの確認からプランの目的と目標値設定に至る展開は，住民や職員，関係者自身の主体的行動化につながる有効な手法であると考える．すなわち，これらのプロセスはエンパワメントを促す重要な要素ともいえる．

　今回の展開プロセスにより個人，家族，集団，コミュニティへとエンパワメントが波及する可能性が示された．その成果につながる展開のポイントをまとめると次のとおりである．

1) 住民と行政，関係者が可能な限り一貫してプロセスに参画する
2) 住民と行政，関係者は同じ目線で討議し，同じ目的を共有できるよう努める
3) 委員会の運営基本方針の設定と合意形成，実施，振り返りにより，各委員の動機付けの向上を図る
4) エンパワメント技術モデルに基づく評価設計に示す背景，目標と戦略，プロセスとともに目指すべき成果のイメージを住民とともに共有することに重点を置く
5) グループダイナミクスを活用した討議による主体的な意欲の向上，行動化を図る

　住民と行政，関係者が同じ目標に向かって歩むための根拠，目的・目標・方針の共有，協働体制による実施，評価から新たな展開へとどのようなプロセスで展開していくかがエンパワメントに大きく影響する．今回のプロセスで示された，エンパワメントを促すために重要な要素を図5-6に示した．

　すなわち，当事者（住民と行政，関係者）が共に情報（課題・目標など）を共有し，お互いの価値観を認め合い，立場を尊重し，安心感のもとで自身を振り返り意識を向上させ，これらの要素が育まれるなかで主体的な発言が引き出され，実施への期待感が高まる．さらに，結果と評価を確認し合うことで達成感や満足感が向上し，新たな目標が明確化するプロセスが，エンパワメントに有効な要素であるといえる．

　これらの要素を重視した取り組みが，個人と集団のエンパワメント，さらにコミュニティ・エンパワメントへの波及につながる．

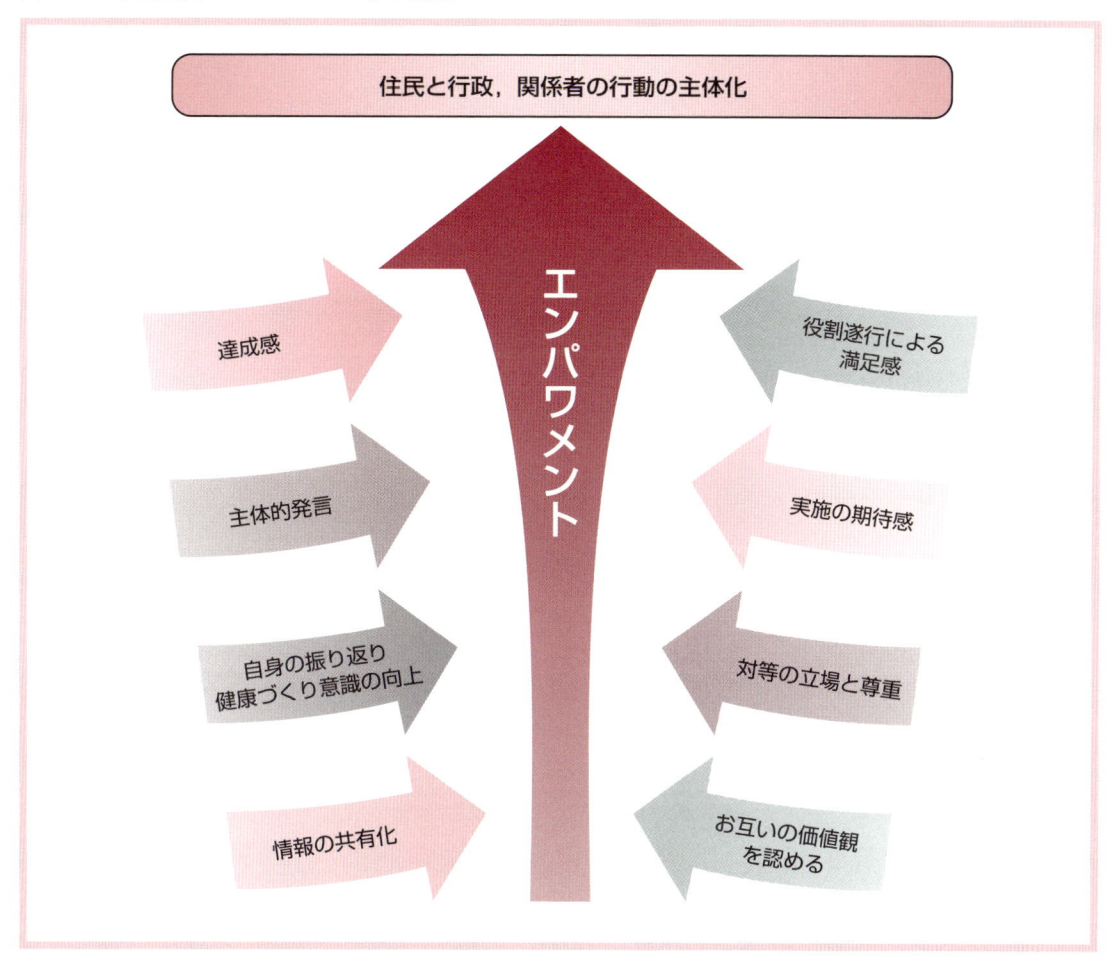

第5章 住民参加型ファミリー健康プランとアクションプラン ―地域開発への活用

図5-6 策定委員のエンパワメントの要素

住民と行政，関係者の行動の主体化

エンパワメント

- 達成感
- 主体的発言
- 自身の振り返り 健康づくり意識の向上
- 情報の共有化
- 役割遂行による満足感
- 実施の期待感
- 対等の立場と尊重
- お互いの価値観を認める

• 文　献 •
1) 湯沢町ファミリー健康プラン冊子・資料編．新潟県湯沢町福祉保健課，2004年3月．

第6章
科学的な根拠に基づく専門職研修システムづくり

The illiterate of the twenty first century will not be those who cannot read and write, but those who cannot learn, unlearn, and relearn.

Alvin Toffler

第1節 背 景

　昨今の社会，経済，文化環境の変動は，家庭養育環境，母子保健環境，社会的子育て環境を著しく変容させている．なかでも，近年の子育てと仕事の両立への課題，専業主婦に多い子育て不安や孤立感への対応，また，児童期，思春期，青年期にみられる自立へのつまずきや問題行動への対応は，喫緊の課題である．

　このような現状のなかで，健やかで生き生きとした子どもの発達や成長を支えるさまざまな環境を保護者とともに支える専門機関として，保育園への期待が高まっている．地域の子育て支援力の脆弱化が進むなか，保育園は，子育てのプロが常駐する拠点として位置付けられ，さまざまな問題の発生予防から早期発見，早期対応，また悪化予防まで，きわめて重要な役割を果たす．従来からの保育機能に加えて，地域支援，虐待予防，卒園後の継続支援，保護者への専門相談，支援の連携コーディネーターなど，多様なニーズに対応できる高い専門性が求められている．地域の施設機関や他の専門職，インフォーマルなサポート団体，住民などと連携をとりながら，チームとして活動する機会も少なくない．日々のかかわりのなかで対応できる強みを活かし，支援の質に関する説明責任を果たしながらプロとしての専門技術の向上が必須となる[1]．そして専門技術とは，「勘」や「さじ加減」「経験的な実践」に頼らず，的確に事実を明らかにし，客観化できるデータを収集し分析した科学的な根拠に基づく技術であり，これを実践してこそ専門職のかかわりの質の向上と保障につながる．

　拡大するニーズに対応した質の高い技術を身に付け，保護者や子ども自身，地域の子育て家庭にかかわることにより，子どもが健やかに育つ環境が保障される．

　そのためには，科学的な根拠を持った実践を図る専門職の研修システムの開発が強く求められる．

第2節 コミュニティ・エンパワメントの方法

コミュニティ・エンパワメントを展開するには,発展エンパワメント戦略[2]が有効である.科学的な根拠に基づいた研修システムを開発し,専門職の質の向上を図ることで,保護者,子育て支援全般のエンパワメントに波及することをねらいとした.

つまり,専門職の力量を向上することで,かかわる保護者の育児意識や育児能力の向上,積極的な育児参加を促し,育児に対する満足度の上昇と,「子育てにゆとりを持って楽しむことができる」状況をもたらす.また,社会から高い評価を受けることにより,サービスが向上し,「子どもの健やかに育つ環境の保障」に波及する(図6-1).

具体的なエンパワメント技術に基づく目標・戦略設計を図6-2に示した.

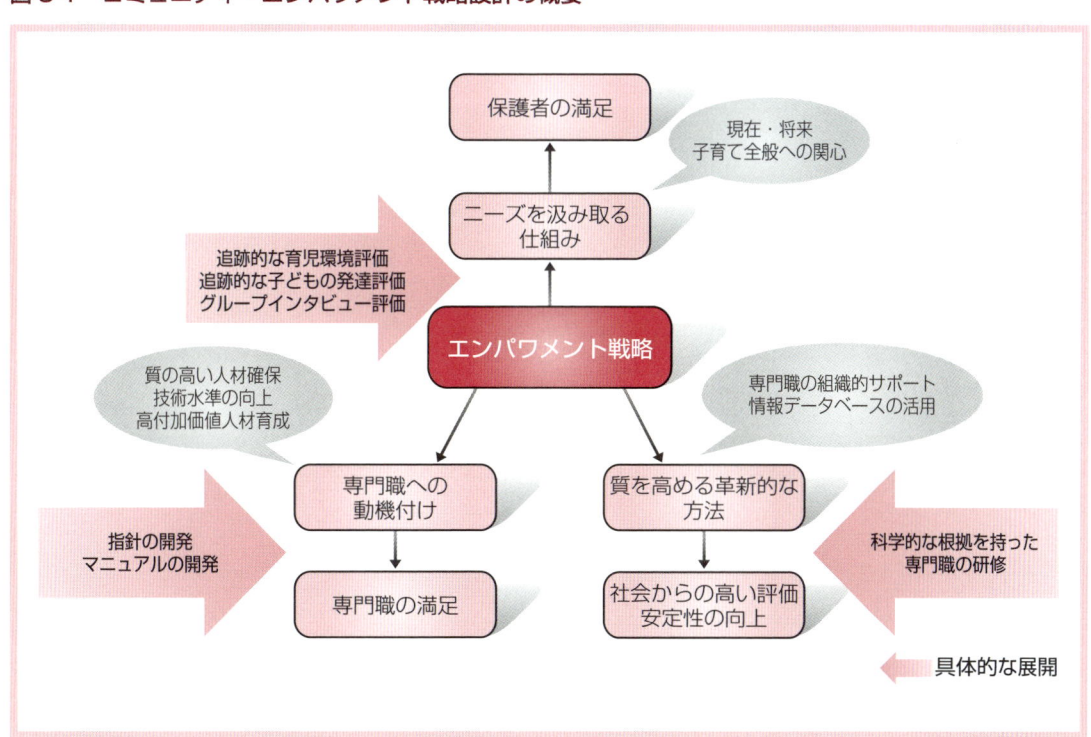

図6-1 コミュニティ・エンパワメント戦略設計の概要

第2部 コミュニティ・エンパワメント 実際編

図6-2 エンパワメント技術モデルに基づく当事者（保護者と専門職）コミュニティ・エンパワメント目標・戦略設計

④影響要因
- 育児負担の軽減
- 結婚，出産に夢が持てる施策
- 子育て期間中の働き方の改革
- 保護者に対するサポートの実施
- 地域における支援システムの構築
- 子育ちを支援する社会システムの構築
- 仕事と子育ての両立を可能とする支援の提供
- 地域（在家族）における支援
- 育児疲れの解消（レスパイトケア）
- 親育ち支援
- 地域の同年齢，異年齢の子どもがともに育ち合う機会の保障
- 子育ち環境の充実
- 多様なニーズへの体制の整備
- 専門職のかかわりの質

②問題・課題
- 保護者の育児意識の低下
- 保護者の育児能力の低下
- 保護者の育児依存指向
- 仕事と子育ての両立不安
- 支援の質の向上
- 専門職の専門性の向上

①成果
- 保護者の育児意識の向上
- 保護者の育児能力の向上
- 保護者の積極的な養育
- すべての子どもの育ちと家庭の子育ての保障
- 子育てをゆとりを持って楽しむ
- 専門職のレベルアップ
- 子どもの健やかに育つ環境の保障
- 住民主体のコミュニティシステムの促進

③背景
- 仕事と子育てとの両立負担の増大
- 子育ての孤立化
- 育児ストレス，育児不安の増大
- 子育ての伝承の欠如
- 子ども自身が多くの大人とのかかわりのなかで育つ体験の欠如
- 少子化・きょうだい数の減少
- 核家族化，地域関係の希薄化
- 女性の社会進出，厳しい就業環境
- 待機児童解消
- 待機児童解消における多様なサービスの要望
- 急速な特別保育の実施と推進
- 保育所入所児童数の増加
- 認可外保育施設の質の問題
- 専門職の役割増大
- 保育所と幼稚園の一元化

⑤戦略
- 子育て家庭の視点に立った，利用しやすい施設と支援の提供
- 地域の自主性を尊重した柔軟な制度設計
- 専門職のための研修システムの促進
- 専門職間の連携
- サーベイヤーの育成
- 科学的な根拠を持った実践
- 説明責任が果たせる専門職の育成
- 専門職の意識の変革

⑥根拠
- 追跡的な育児環境評価研究
- 追跡的な子どもの発達評価研究
- 指針の開発
- マニュアルの開発
- 専門職研修のシステム開発
- 支援内容の科学的な根拠
- コミュニティ・エンパワメント効果の既存研究

第1ステップとしては，保護者の期待する成果は，アウトカムとして「育児意識の向上」「育児能力の向上」「積極的な育児」，インパクトとして「すべての子どもの育ちと家庭の子育ての保障」「子育てをゆとりを持って楽しむ」をあげた．

また，専門職が達成したいものとしては，アウトカムとして「専門職のレベルアップ」，インパクトとして「子どもの健やかに育つ環境の保障」「住民主体のコミュニティ・システムの促進」があげられる．

第2ステップとして，保護者に対しては，「保護者の育児意識の低下」「保護者の育児能力の低下」「保護者の育児依存指向」「仕事と子育ての両立不安」「支援の質の向上」，専門職に対しては，「専門職の専門性の向上」をあげ，コミュニティの問題や課題を明らかにした．

第3ステップとして，その問題や課題を取り巻くコミュニティの背景について明らかにする．保護者自身の背景として，「仕事と子育ての両立負担の増大」「子育ての孤立化」「育児ストレス，育児不安の増大」があげられ，社会的背景として，「子育ての伝承の欠如」「子ども自身が多くの大人とのかかわりのなかで育つ体験の欠如」「少子化・きょうだい数の減少」「核家族化，地域関係の希薄化」「女性の社会進出，厳しい就業環境」があげられる．また，専門職を取り巻く背景としては，「待機児童解消」「待機児童解消における多様なサービスの要望」「急速な特別保育の実施と推進」「保育所入所児童数の増加」「認可外保育施設の質の問題」「専門職の役割増大」「保育所と幼稚園の一元化」などがあげられる．

第4ステップとしては，保護者自身を取り巻く環境への影響要因として，「保護者に対する支援システムの構築」「仕事と育児の両立を可能とする支援の提供」をあげた．また，専門職に対しては，「子育ち環境の充実」「専門職のかかわりの質の向上」などをあげた．

第5ステップとして，保護者に対しては，「子育て家庭の視点に立った，利用しやすい施設と支援の提供」「地域の自主性を尊重した柔軟な制度設計」をあげ，専門職に対する戦略としては，「専門職のための研修システムの促進」「専門職間の連携」「サーベイヤーの育成」「科学的な根拠を持った実践」「説明責任が果たせる専門職の育成」「専門職の意識の変革」をあげた．

第6ステップとしては，戦略の妥当性が高いことを明示するため，「追跡的な育児環境評価研究」「追跡的な子どもの発達評価研究」「指針の開発」「マニュアルの開発」「コミュニティ・エンパワメント効果の既存研究」などをあげた．

■1．経年的な育児環境評価と子どもの発達評価

長時間保育の子どもの発達と社会適応への影響について，子どもの発達に対する保育時間，育児環境，保護者の育児意識，子どもの属性などの複合的な関連に焦点をあてて，子どもの運動発達（粗大運動・微細運動），社会性発達（生活技術・対人技術），言語発達（コミュニケーション・理解）への影響について5年間の追跡調査をした．

分析の結果，下記の2点が明らかになった．

1) 子どもの発達に関連する要因につき，以下の要因について，発達リスクが高くなった．
　〈粗大運動〉「家族と一緒に食事をする機会が乏しい」「同年齢宅への訪問の機会が乏しい」
　〈微細運動〉「育児相談者がいない」「育児支援者がいない」

〈生活技術〉「育児相談者がいない」
〈対人技術〉「家族で一緒に食事をする機会が乏しい」
〈コミュニケーション〉「一緒に買い物につれていく機会が乏しい」
〈理解〉「家族で一緒に食事をする機会が乏しい」「育児支援者がいない」

2）質の高い支援を提供すれば，時間帯や時間の長さに関係なく，心身の発達には悪影響を及ぼさないことが示された．

これらより，子どもの発達保障として，「子育ち環境の充実」「子どもに対するかかわりの質の向上」「保護者に対する精神的サポートの実施」「地域における支援システムの構築」「子育ちを支援する社会システム」の重要性が示された[3]．

■2．グループインタビュー調査

長時間保育の課題を明らかにするため，保護者，専門職，施設長に対する調査を行った．調査は面接法，グループダイナミクスを利用したグループインタビューを用いて調査分析を行った．

この調査結果をふまえ，「子どもの育ちを支援する社会システムの構築」「子育ち環境の充実」「保護者に対する精神的なサポートの実施」「多様なニーズへの体制の整備」「支援の質のさらなる向上」「地域における育児支援システムの整備」が最重要であるという分析結果が示された[4]．

■3．指針の開発

前項の結果をふまえ，子どもの発達と健康状態の変化との総合的な評価を根拠とした指針を開発した．

この指針の特徴は，従来の保育園の第三者評価において必ずしも十分に評価されてこなかった「夜間に及ぶ長時間保育」の特徴を，体系的に指針項目に取り込んだ点にある．

その特徴としては以下の5点である．

1）夜間に及ぶ園児の生活の保障
2）安全性の確保
3）1日の生活リズムへの配慮
4）夜間に対応した保育プログラムの実施
5）夜間に及ぶ就労に携わる保護者への配慮，など．

指針は4つの領域に分けて整理した．

1）子どもの全体像を捉える
2）家族の全体像を捉える
3）子どもを取り巻く望ましい環境を整備する
4）関係機関との連携を強化する

これらの特徴的な項目を体系的に取り入れることにより，これまで必ずしも明確でなかった「夜間に及ぶ長時間保育の質保障」のための対策と方向性を明らかにしたものである[5]．

第6章 科学的な根拠に基づく専門職研修システムづくり

■4. 指針の具体化に向けてのマニュアルの開発

前項の指針を具体化するため，マニュアルを開発した．

このマニュアルは，保育士，看護師，栄養士，施設長など，専門職の生の声を反映する形でセミナーでの検討を重ね，訪問調査で確認するという過程を経て作成し体系的にまとめた．まさに実践の現場から発信したツールである．専門職が日々実践しながらも成果がみえにくい「支援の質」を，マニュアルを生かすことで明らかにするよう工夫されている[6]．

これを活用することにより，①情報の共有，②専門職（子育て支援にかかわるすべての人）の視点の統一化，③内容の客観的な共有化，④評価される対象自身の啓発を図るという意義について共通理解を持つことができた．その一部を図6-3に示す．

図6-3 夜間に及ぶ長時間保育マニュアル

Ⅰ．子どもの全体像を捉える

大	小	チェック項目	チェック項目の説明	確認欄	マニュアル内容
観察所見		身体状態を把握している．	登園時に，身体状態，疾病，感染症，顔色，外傷，血体温などの情報収集と視診を行っている．		登園時に保護者から直接子どもの健康状態（食欲，睡眠，便，外傷など）の情報を収集している．
					登園時に子どもの身体に直接触れたり，顔貌を観察する．
					登園時，乳児に関しては親に検温をしてもらう．
					観察は登園時に限ることなく1日を通じて異常の有無を個別に確認できるような形式を作成し，観察時間と記録者が分かるようにしている．
					受け入れが事務的な観察チェックの場にならないように気を付け，気持ちのよい受け入れを日々心がけている．
					登園時に保護者に多くの説明を求めたり，待たせたりすることがないよう記録の取り方を工夫している．
					専門職の観察眼を養える機会を設けている．
					登園時異常を発見した場合，その対処基準を嘱託医または看護師の指導により，設定している．
					登園時異常を発見し保育する場合，その保育方法を嘱託医・看護師の指導により設定している．
					上記のとき夜間保育・長時間保育を視野に入れたものになっている．

（つづく）

図6-3 つづき

Ⅱ．家族の全体像を考える

大	小	チェック項目	チェック項目の説明	確認欄	マニュアル内容
面接相談		家族の全体像を捉えるときの基本的な面接技法を知り，相談を実施している．	受容，共感，傾聴，非審判的態度に配慮している．		保育園への入所説明は，事前に面接日を設定し対応している．子育て相談面接を行うときには，早急に対応している．
					夜間に電話で相談がある場合も，担当者不在時は，相手先の了解を得て相手先の連絡先を確認している．
					相談を受けたことは必ず記録に残す．
					利用者のサポートに努める姿勢で面接をする．
					面接では，保護者の不安を軽減する努力をしている．
					面接時に支援内容を説明（支援内容の説明，保育時間，基本方針の提示，保育料）する．
					保護者の自己決定を尊重している．
					非審判的態度で接し，家族のこれまでの努力を最大限評価（コーピング）している．
					守秘義務を徹底することを保護者に明らかにし，知りえた情報の漏洩を防止している．

Ⅲ．子どもを取り巻く望ましい環境

大	小	チェック項目	チェック項目の説明	確認欄	マニュアル内容
保育環境	物的環境	適切な保育空間を確保している．	子どもの動き・生活を考えた保育室・園庭を工夫している．		子どもの動き（屋内の移動・園庭への移動・園外へ出るときの移動の仕方など）を考慮して園舎を整備している．
					目指す保育が実現する保育空間となるように努力する．
			子どもの目線に配慮した家具の配置をしている．		個人のものを置く場所（個人のロッカー・衣類かご・タオルかけ・くつ箱など）は個人で管理ができる（他の子の持ちものと混ざらない）ようになっている．
					子どもが自分のものは自分で取り出せるようにしている．
					おもちゃなど共用で使用するものは，保管場所を決めている．
					危険なもの（大人の使う刃物・薬など）は手の届かないところに管理している．
			トイレ，水周り（手洗い場），食卓には子どもに必要な補助具の用意がされている．		トイレ・手洗い場・食卓を異年齢児が共用するとき，幼児も乳児も使いやすいように，台や高さの調整できる椅子を使う．
			室温・湿度などの快適性への配慮がされている．		極度の空調をしないようにする．
			居住空間が定期的に清掃された衛生的に保たれている．		居住空間が定期的に清掃された衛生的に保たれている．

図6-3 つづき

Ⅳ. 関係機関との連携を強化する

大	小	チェック項目	チェック項目の説明	確認欄	マニュアル内容
ネットワークづくり	機関連携	専門性に応じた機能分担をしている.	他機関他業種の現状を尊重している.		保健・医療・福祉を主に,教育・法律・司法などの支援内容,具体的な利用の仕方を把握している.受付時間・窓口・必要手続きなどの情報を収集している.
					地域の関係機関の役割,連絡先,受付時間などを一覧にして,職員が目に付くところに貼り,情報を共有している.
					夜間緊急時（急病,事故,事件,火災,地震など）の協力可能な他機関,特に医療機関,消防署,警察に関する窓口,対応範囲の確認を行い,一覧にして貼り出し,利用ができる園内の体制がある.
					夜間の安全確保のため,警備会社,地域の警察署（交番）と連携関係にある.定期的な巡回,有事の際の支援の受け方の把握をしている.
					連携する専門職同士がお互いに尊敬を払った言動を心がける.相手の立場を理解し,連携を行う.
					連携先の専門職に対して夜間保育の実態（子ども,保護者,職員）,サービス内容（保育時間,宿泊保育,緊急保育,一時保育,病児・病後児保育など）,入所児童（年齢,人数など）,利用者（保護者）について説明を行っている.

■5. 専門職パワーアップ研修の開催

　これらの科学的な根拠に基づき,研修システムのモデルを開発した.全日程6日間,受講専門職34名,研修内容は以下のとおりである.

　① 特徴と体系（意義と全体像）
　② 展開演習「保護者とのかかわり」
　③ 展開演習「実践と科学的な根拠」
　④ 展開演習「保育環境」
　⑤ 展開演習「実践と専門性」
　⑥ 科学的な評価の仕方（データの見方と活用法）
　⑦ 事例検討計画と発表
　⑧ 展開のポイント

　この研修プログラムに参加した専門職の感想などをアンケート方式で記入してもらった.その結果の概要を図6-4で示した.

図6-4　専門職の研修に関するアンケート結果

n=34

研修への満足度	非常に有益であった	12	研修の理解度	研修前	完全に理解していた	1
	有益であった	22			少し理解していた	6
	その他	0			どちらともいえない	8
研修の全体の難易度	非常に難しかった	6			あまり理解できていない	10
	難しかった	25			ほとんど理解していない	9
	どちらともいえない	3		研修後	完全に理解した	0
研修後の専門理念への変化	かなりあった	4			少し理解した	23
	あった	22			どちらともいえない	11
	どちらともいえない	6			あまり理解できなかった	0
	あまりない	1			まったく理解できなかった	0

　研修への満足度は，非常に有益であった12名，有益であった22名と全研修参加者が研修内容に満足を得ていた．このことは，科学的な根拠を持った実践が必要であると専門職が感じた結果であると考えられる．しかし，難易度については，非常に難しかった6名，難しかった25名であり，91％以上の参加者が難しいと回答していた．研修後の保育観への変化には，かなりあった4名，あった22名である．理解度については，研修前後では研修後がアップしている．全体的にいえば，科学的な根拠を持つ実践の必要性は，自分の専門理念を変えるほど大いに感じたが，慣れ親しんでいない科学的な手法の修得には時間がかかるといえる．今後，この手法を修得する機会を多く持つことと継続的な実施の必要がある．

第3節　コミュニティ・エンパワメントの成果

　専門職が「最高の質」の支援を子どもと保護者に提供するのが，「プロ」の仕事である．子どもの立場に立った支援とは，何よりもまず，目の前にいる子どもと保護者への支援の質が十分に満たされる状態を実現することである．その次に就労や地域社会のあり方を含め，どんな「社会の仕組み」が子どもと保護者に最も望ましいのか，プロの視点で提案しつくり上げていくことである．そのつくり上げていく手順として，「目標・戦略→過程・組織→成果」の基本的なサイクルに「背景」となるコミュニティの状況や問題・過程を前提としてマトリックスの形で流れを整理し，体系的に把握する必要がある．

　以下，当事者（保護者と専門職）コミュニティ・エンパワメントの評価設計を紹介する．「保護者」「行政」「専門職」「地域」のカテゴリーに分けて整理した（図6-5）．

第6章 科学的な根拠に基づく専門職研修システムづくり

図6-5 エンパワメント技術モデルに基づく評価設計（当事者（保護者と専門職）エンパワメント）

	背景	目標・戦略	過程・組織	成果 アウトプット	成果 アウトカム	成果 インパクト
保護者	・保護者の育児意識の低下 ・保護者の育児能力の低下 ・保護者の育児依存指向 ・仕事と子育ての両立不安	・子育て家庭の視点に立った，利用しやすい施設とサービスの提供 ・社会やコミュニティのサポート ・職場のサポート ・子どもとの質の高いかかわりへのサポート ・育児相談の充実 ・すべての子育て家庭へのサポート ・社会的子育て支援意識の定着 ・子育ち環境の整備	・育児負担の軽減 ・結婚や出産に夢が持てる施策の推進 ・地域における子育て支援の拠点を設置し，支援計画の作成 ・情報ネットワークの構築 ・子育ち環境（公園，安全な地域環境，健全育成環境など）の充実 ・地域の資源整備と活用計画の作成 ・保護者に対する精神的なサポートの実施 ・子育て期間中の働き方の改革	・支援機関における子どもとの質の高いかかわりへのサポート強化 ・サークルによる仲間づくり ・育児相談体制の強化 ・相談窓口の一本化 ・確実な情報提供と収集 ・就労機会の選択化の実施 ・専門職との連携	・保護者の育児意識の向上 ・保護者の育児能力の向上 ・保護者の積極的な育児 ・保護者の満足度の向上 ・すべての子どもの育ちと家庭の子育ての保障 ・育児不安や相談に対して，早期発見，早期対応の実現 ・資源の有効活用 ・情報ネットワークによる効率化 ・子育てしながら仕事ができる環境の確立	・子育てをゆとりを持って楽しむ ・コミュニティの育児力の上昇 ・有限な資源の効率的な活用が可能
行政	・実践の質の向上	・良質な環境整備 ・支援の質の確保 ・柔軟な支援の提供 ・子育て家庭の視点に立った，利用しやすい施設とサービスの提供	・仕事と子育ての両立を可能とする支援の提供			・子どもの健やかに育つ環境の保障 ・仕事と子育ての両立の保障
専門職	・専門職の専門性の向上 ・実践者らの経験や勘による支援	・専門職のための研修システムの促進 ・専門職間の連携 ・保育サーベイヤーの育成 ・説明責任が果たせる専門職の育成 ・専門職の意識の変革 ・豊かな子どもへのかかわり ・子どもの安全，健康，発達，養育への配慮 ・科学的な根拠を持った実践	・質の高い支援に対するインセンティブ（専門性評価，機関評価）の実施 ・専門職のための研修システムの開発 ・専門職間の連携の促進 ・定期的な調査の実施	・指針の開発 ・マニュアルの開発 ・科学的な評価の修得 ・専門職のための研修の実践 ・専門職間の連携強化 ・ニーズに適合した支援提供	・専門職のスキルアップ ・サーベイヤーの擁立 ・マンパワーの確保 ・科学的な根拠に基づく確実な支援提供	・子どもが健やかに育つ環境の保障 ・支援における専門職としての確立 ・科学的な成果予測に基づく支援の展開
地域	・地域の子育ての支援力の脆弱化	・地域の自主性を尊重した柔軟な制度設計	・住民が運営主体の組織設置 ・定期的な企画会議の開催	・地域ケアに対する住民の動機付け	・新たな住民主体システムの開発	・住民主体のコミュニティ・システムの促進

「保護者の育児意識の低下」「育児能力の低下」「育児依存指向」「仕事と子育ての両立不安」という背景には，エンパワメント技術モデルによる目標・戦略設計に基づき，「子育て家庭の視点に立った，利用しやすい施設とサービスの提供」「社会やコミュニティのサポート」「職場のサポート」「子どもとの質の高いかかわりへのサポート」「育児相談の充実」「すべての子育て家庭へのサポート」「子育て支援意識の定着」「子育ち環境の整備」を目的・戦略として設定した．また，「実践の質の向上」に対しては，「良質な環境整備」「支援の質の確保」「柔軟な支援の提供」「子育て家庭の視点に立った利用しやすい施設とサービスの提供」を設定した．

次いで，「目標・戦略」を実現させるための具体的な対応や行動についての「過程・組織」は，保護者については，「育児負担の軽減」「結婚や出産に夢が持てる施策の推進」「地域における子育て支援の拠点を設置し，支援計画の作成」「情報ネットワークの構築」「子育ち環境（公園，安全な地域環境，健全育成環境など）の充実」「地域の資源整備と活用計画の作成」「保護者に対する精神的なサポートの実施」「子育て期間中の働き方の改革」とした．また，行政では，「仕事と子育ての両立を可能とする支援の提供」とした．

最後に，過程・組織活動により得られる結果について整理すると，保護者のアウトプットとして「支援機関における子どもの質の高いかかわりへのサポート強化」「サークルによる仲間づくり」「育児相談体制の強化」「相談窓口の一本化」「相談機能の強化」「確実な情報提供と収集」「就労機会の選択化の実施」「保育専門職との連携」，アウトカムとして「保護者の育児意識の向上」「保護者の育児能力の向上」「保護者の積極的な育児」「保護者の満足度の向上」「すべての子どもの育ちと家庭の子育ての保障」「育児不安や相談に対して，早期発見，早期対応の実現」「資源の有効活用」「情報ネットワークによる効率化」「子育てしながら仕事ができる環境の確立」をあげた．インパクトとして「子育てをゆとりを持って楽しむ」「コミュニティの育児力の上昇」「有限な資源の効率的な活用が可能」「子どもの健やかに育つ環境の保障」「仕事と子育ての両立の保障」などをあげた（「行政」「専門職」「地域」は図6-5参照）．

第4節　コミュニティ・エンパワメントのポイント

具体的な展開を実施し効果をまとめてみると（図6-6），育児環境評価と子どもの発達評価においては，「時間の長さや時間帯ではなく，専門職のかかわりの質」が重要になる．グループインタビュー調査では，「子ども・保護者・専門職に対する環境の充実」が最重要とされた．指針の開発では，「質の保障のための対策と方向性」が示され，マニュアルの開発では，「実践の標準化と普遍化の展開」となった．そして，それらをふまえた専門職のパワーアップ研修の開催では，「科学的な根拠を持った実践の必要性」が示された．

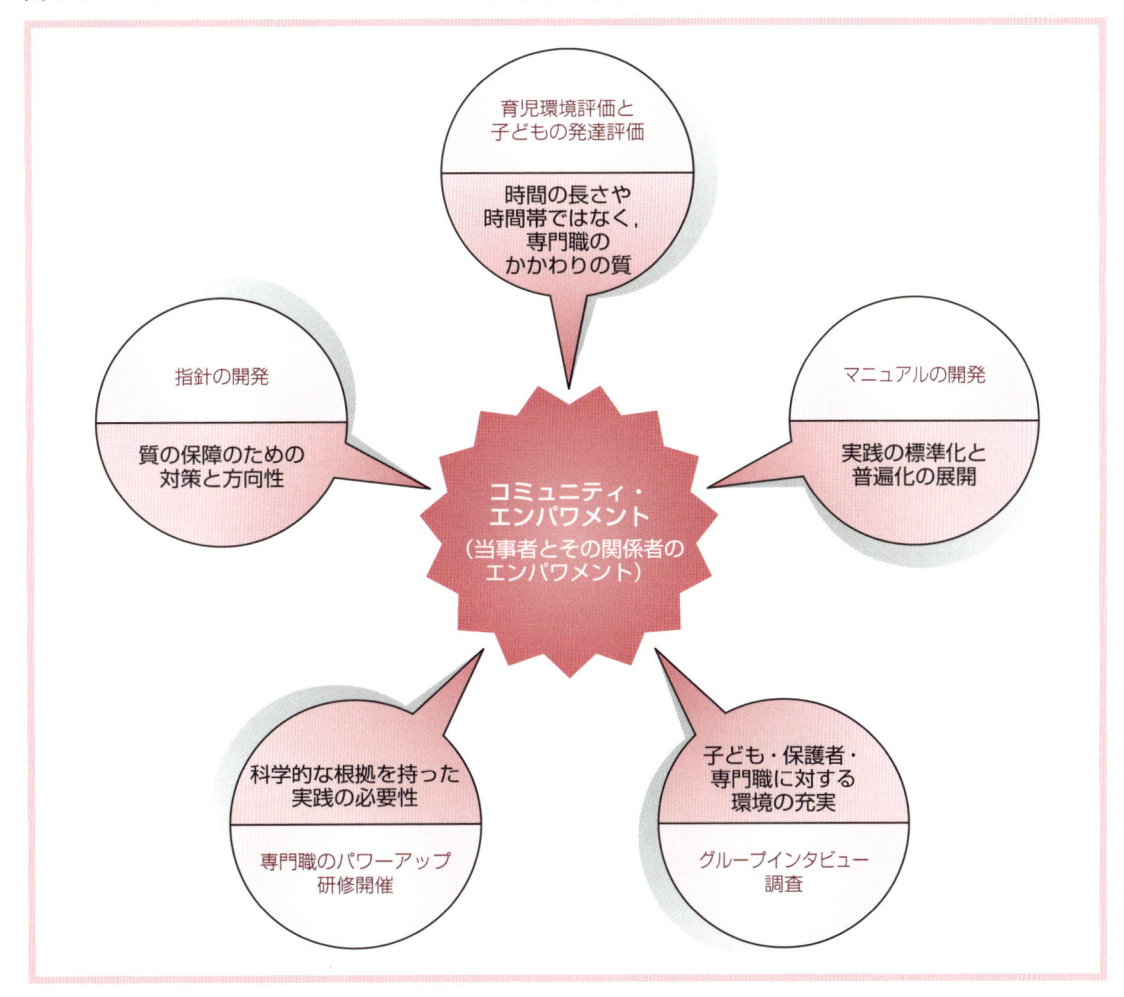

図6-6 コミュニティ・エンパワメントへの多角的な展開

```
            育児環境評価と
            子どもの発達評価
         ┌─────────────────┐
         │ 時間の長さや     │
         │ 時間帯ではなく,  │
         │ 専門職の         │
         │ かかわりの質     │
         └─────────────────┘

  指針の開発                          マニュアルの開発
 ┌──────────┐                       ┌──────────┐
 │質の保障のための│   コミュニティ・    │実践の標準化と│
 │対策と方向性   │   エンパワメント    │普遍化の展開 │
 └──────────┘   （当事者とその関係者の └──────────┘
                   エンパワメント）

  科学的な根拠を持った              子ども・保護者・
  実践の必要性                      専門職に対する
 ┌──────────┐                      環境の充実
 │専門職のパワーアップ│             ┌──────────┐
 │研修開催          │             │グループインタビュー│
 └──────────┘                      │調査              │
                                   └──────────┘
```

　このように科学的な根拠に基づいた専門職研修システムは，専門職パワーアップ研修での参加者の受講後のアンケートにもうかがえるとおり，専門職が個人レベルで「満足」「自己成長」「現実に立ち向かう意欲」「能力の開花」「自己決定」「自己発達」「問題解決能力の向上」「自分で状況判断・計画・実施・評価を行えるようになる」「問題を解決しようとする」「態度が変わる」「積極的に他者に働きかける」ができるようになり，対人関係レベルでは，「コミュニケーションの増加」「リーダーシップ技能の向上」「責任感の増強」，地域システムのレベルでは，「地域への参加」「選択肢の増加」「双方向的な支援の拡充」「他の専門職との交流の増加」[2]などが獲得できるとしていた．これはまさに専門職のエンパワメントが子ども，保護者，他の専門職や社会全般に波及する成果といえよう．

　今後さらにこれらの多角的な取り組みの継続的な展開を大いに期待するものである（図6-7）．

第2部 コミュニティ・エンパワメント 実際編

図6-7 当事者（保護者と専門職）のエンパワメント経過

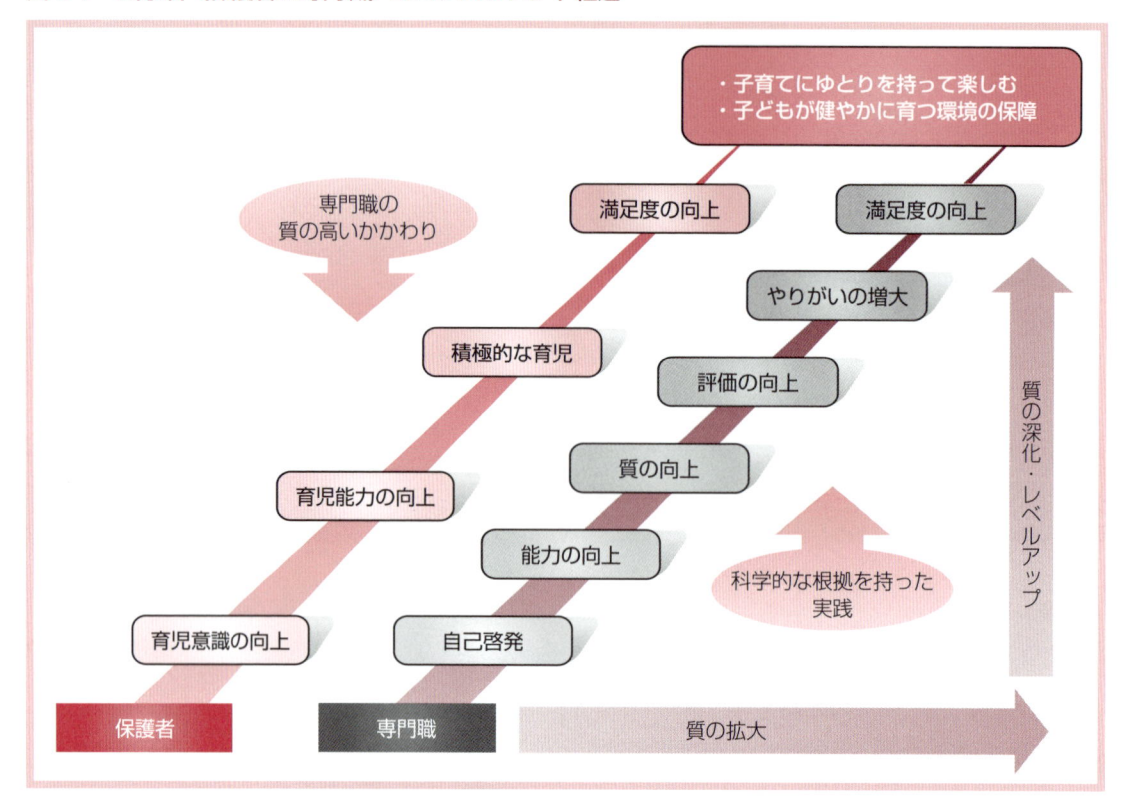

●文　献●
1）安梅勅江：子育ち環境と子育て支援．pp.118〜119，勁草書房，2004．
2）安梅勅江：エンパワメントのケア科学．pp.13〜71，医歯薬出版，2004．
3）全国夜間保育園連盟：良質な夜間保育サービスの拡充に向けて．福祉医療機構報告書，2004．
4）全国夜間保育園連盟：夜間保育の子どもの発達への影響．三菱財団報告書，2001．
5）全国夜間保育園連盟：夜間保育サービス指針．福祉医療機構報告書，2003．

第7章

ボランティア活用に向けた環境づくり
―当事者のボランティア継続要因の把握とサポート

Kind words can be short and easy to speak, but their echoes are truly endless.

Mother Teresa

第1節 背 景

　日本は，世界最高水準の平均寿命となり，年々人口の高齢化が進んでいる．65歳以上人口の総人口に占める割合は，2010（平成22）年には22.5%，2050（平成62）年には35.7%に達すると推計されている[1]．このように，急速な高齢社会を迎え，老人医療費の増大，要介護認定者の増加が社会問題となっている．

　平成12年には「ゴールドプラン21」が策定された．これは，住民に最も身近な地域において，介護サービス基盤の整備に加え，介護予防，生活支援などを推進することにより，高齢者の尊厳の確保と自立支援を図り，できる限り多くの高齢者が，健康で生きがいを持って社会参加ができる社会をつくっていこうとするものである．この具体的な目標のなかで，地域において高齢者に対する支援体制が整備されるよう，住民相互に支え合う地域づくりを進めることがあがっている[2]．このような状況から，「いかに自立して健康に暮らせるか」という生活の質が重視され，地域においての高齢者の健康づくり，介護予防，生活支援などが必要となっている．

　また，近年，地域社会とのかかわりが希薄化している．その一方で，社会参加の1つとして，ボランティア活動への関心が高まっている．特に平成7年1月の阪神・淡路大震災では全国から多くのボランティアが駆けつけ活躍した．ボランティア活動団体および人の数は1980（昭和55）年の約16,000団体，160万人から，2000（平成12）年には約96,000団体，712万人へと大きく増加している[3]．余暇活動のうち団体やグループの参加による活動状況については「ボランティア活動や地域活動を行う団体・グループ」が7.8%であるが，将来参加したいと答えた者は20.7%であった[4]．ボランティア活動参加者の意識では，活動をしてよかったことでは「新たな友人や仲間ができた」（65.2%），「自分自身の生きがいを得ることができた」（53.3%），「活動自体が楽しかった」

(49.0％) などが多くなっている．活動そのものを楽しむだけではなく，新たな人とのつながりを得ることに満足感を得ている[5]．このように，ボランティア活動は単なる奉仕活動ではなく，生きがいとして主体的に参加する活動へと変化している．ボランティアの受け手として高齢者を位置付けているのではなく，社会に参加，貢献したいというニーズにより高齢者自身がボランティア活動の主体となってきている．また，ボランティア活動は，生活満足度，セルフ・エフィカシー，主観的幸福感，自尊感情，自己効力感，主観的健康感との関連が報告されている[6〜13]．こうした生活満足度やセルフ・エフィカシー，主観的幸福感などは活動余命や自立度と関連していることも明らかにされている[14〜15]．

　こうした背景から，保健福祉の向上のために，住民の健康維持，介護予防の保健活動にボランティアを有効に活用することで，住民の健康維持，介護予防が図られること，また相互扶助が形成され，さらに力量の向上が望まれる．

　そのために，ボランティアが保健福祉に関する活動を継続できるよう，インフォーマルなサポートを含めたサポートシステムの構築への支援が求められる．

第2節　コミュニティ・エンパワメントの方法

　エンパワメント技術に基づく，ボランティア活用の環境づくりの目標・戦略設計を以下のように設定した（図7-1）．

　今回は，戦略の1つとしてボランティア活動の継続に焦点をあて，活動しているボランティアを対象に，ボランティア活動の継続への思いの語りから，ボランティア活動の継続要因の把握を行った．

　調査の対象者は，H市A地区で活動しているボランティア16名である．A地区のボランティアは，A地区社協に所属している．活動内容は，高齢者を対象に，閉じこもり予防を目的に集う会（サロン）を立ち上げ自主運営を行うことや，衰退しつつあった老人クラブへの運営協力やレクリエーションの実施を行うことである．今回の対象者は50〜70歳代の女性で，民生委員あるいはヘルスボランティアのどちらか，または両方の経験がある．ボランティア活動の経験は3〜15年であった．ヘルスボランティアとは，H市で地域健康ネットワークづくり事業のヘルスボランティア育成事業で募集し，組織化して育成した健康づくりにかかわるボランティアである．A地区では平成8年度からヘルスボランティア育成事業が始まった．

　調査の方法は，個別インタビュー方法を選択した．今後のボランティア同士の関係を考慮し，インタビュー内容が個人的な内容を含むためである．インタビュー時間は一人45〜120分であった．インタビュー依頼時と実施前に，調査目的と倫理的な配慮について説明し，口頭で同意を得た．面接場所は，対象者の自宅，地域の自治会館や公民館で，室内は対象者と面接者の二人のみであった．インタビュー内容は，対象者に承諾を得たうえで，テープに録音した．後に，逐語記

図7-1 エンパワメント技術モデルに基づくボランティア活用に向けた環境づくりの目標・戦略設計

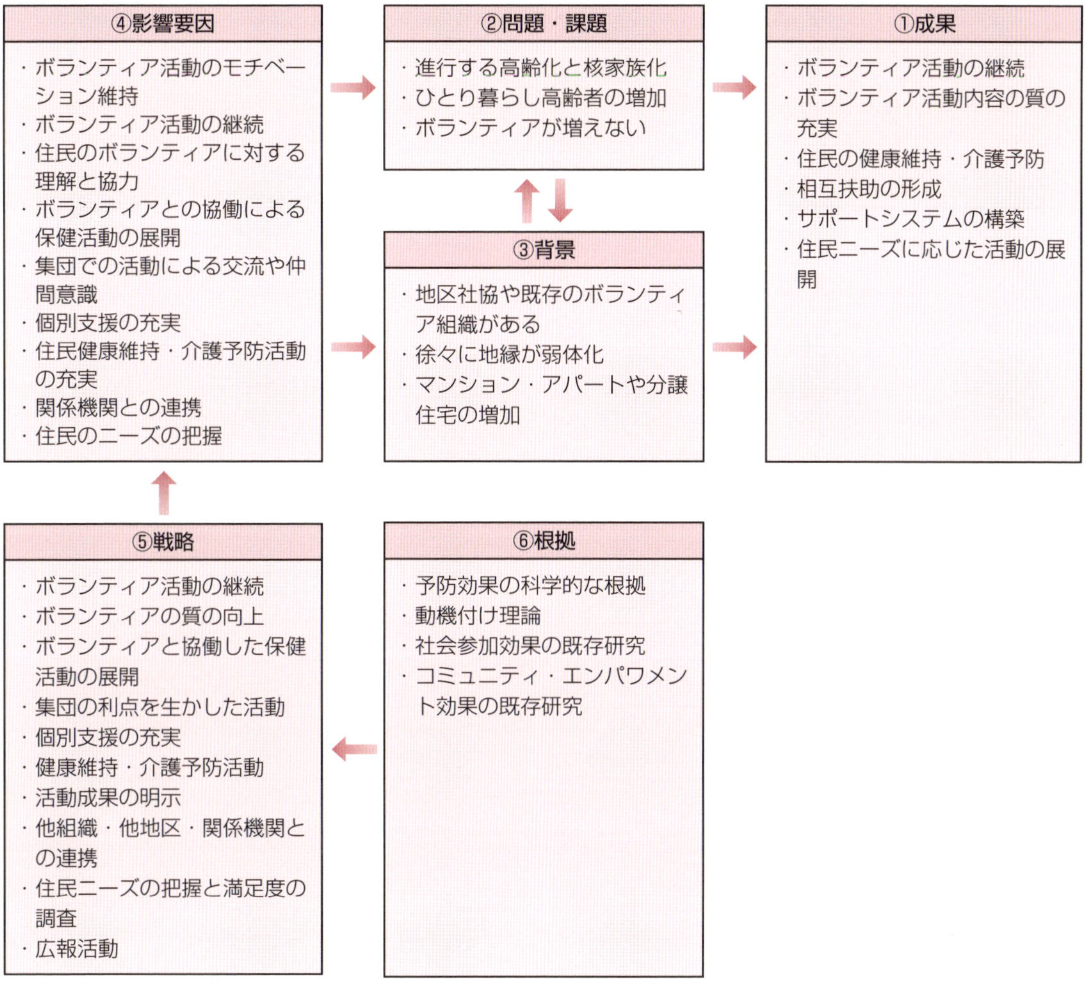

④影響要因
・ボランティア活動のモチベーション維持
・ボランティア活動の継続
・住民のボランティアに対する理解と協力
・ボランティアとの協働による保健活動の展開
・集団での活動による交流や仲間意識
・個別支援の充実
・住民健康維持・介護予防活動の充実
・関係機関との連携
・住民のニーズの把握

②問題・課題
・進行する高齢化と核家族化
・ひとり暮らし高齢者の増加
・ボランティアが増えない

①成果
・ボランティア活動の継続
・ボランティア活動内容の質の充実
・住民の健康維持・介護予防
・相互扶助の形成
・サポートシステムの構築
・住民ニーズに応じた活動の展開

③背景
・地区社協や既存のボランティア組織がある
・徐々に地縁が弱体化
・マンション・アパートや分譲住宅の増加

⑤戦略
・ボランティア活動の継続
・ボランティアの質の向上
・ボランティアと協働した保健活動の展開
・集団の利点を生かした活動
・個別支援の充実
・健康維持・介護予防活動
・活動成果の明示
・他組織・他地区・関係機関との連携
・住民ニーズの把握と満足度の調査
・広報活動

⑥根拠
・予防効果の科学的な根拠
・動機付け理論
・社会参加効果の既存研究
・コミュニティ・エンパワメント効果の既存研究

録を作成した．

インタビュー内容は，①ボランティア活動を始めた動機（「ボランティアを始めたきっかけは何ですか」），②ボランティア活動を継続する要因（「ボランティア活動を続けている原動力は何ですか」），③ボランティア活動の継続を困難にする要因（「ボランティア活動を続けていて困ったことや活動の妨げになったことは何ですか」）の3点であった．

インタビュー内容の分析方法はグラウンデッド・セオリー・アプローチを用いた[16,17]．逐語記録より，ボランティア活動の開始，継続，継続困難の要因についての内容を文章で引き出し，コード化した．そして，その意味内容を検討し，類似例と対極例について比較し，概念別に分類した．概念を分類する際には，分析ワークシートを作成した（図7-2）．データの解釈が偏らないように，オープン・コーディングを4回行った．次に，概念の性質により関連性を検討し，分類，抽

図7-2 分析の実際（例）

(1) 逐語記録の作成

「やっぱり喜んでもらうっていうことが，やっぱり力かな．それしかないかなあ．喜んでもらってるっていうのだけが支えかな．もう，わかるもんでね．表情で．あの，やってやろうっていう気持ちだとだめだと思うもんだから．みんなと一緒に楽しんで，ああこれで喜んでくれたんだったら，それでいいやって．それだけだねえ．それでなかったらねえ，やっぱりちょっとできないかもしれない．みんな喜んでくれているっていうのがわからなかったら．」

(2) 重要アイテムの拾い出し（下線部）

「やっぱり<u>喜んでもらう</u>っていうことが，やっぱり力かな．それしかないかなあ．<u>喜んでもらってるっていうのだけが支え</u>かな．もう，わかるもんでね．表情で．あの，やってやろうっていう気持ちだとだめだと思うもんだから．みんなと<u>一緒に楽しんで，ああこれで喜んでくれたんだったら，それでいいやって</u>．それだけだねえ．それでなかったらねえ，やっぱりちょっとできないかもしれない．みんな喜んでくれているっていうのがわからなかったら．」

(3) 分析ワークシートの作成

概念名	高齢者からの反応により得るボランティア活動継続への前向きな感情
定義	反応がある，喜んでいる，楽しんでいる，元気な姿，感謝の言葉があることがボランティア活動を継続させている力
アイテム	「喜んでもらう」「支えになっている」「一緒に楽しむことが大事」「元気な姿をみるとがんばろうと思う」「ありがとう，楽しかったよという言葉がとてもうれしい」

象化し，カテゴリーを抽出した．さらに，カテゴリー同士の関連について検討し，結果図を作成した．概念の分類や関連性について，分析者の主観により解釈が恣意的になることを防ぐため，スーパーバイザーの助言を受け，客観性を保つように努めた．個別インタビュー調査と概念抽出は同時進行で行う継続的比較分析により分析を進めていき，データから新たに重要な概念が生成されなくなり，概念ごとの分析ワークシート完成においてその概念の理論的飽和化の判断をした後，分析結果全体の理論的飽和化に達したと判断し，調査を終了した．

個別インタビュー調査の結果得られたカテゴリーとサブカテゴリーを図7-3に示す．

ボランティア活動の開始要因では個人の領域のみ抽出されたが，すべての対象者がボランティア活動に対する価値観を語り，活動の開始に至っては，何らかの思いを抱えていたことが明確となった．

ボランティア活動の継続要因では，個人・対人関係・組織・地域の領域に分類された．ここでは，すべての対象者が活動により得た満足感や達成感・喜びについて語った．また，ボランティア活動を継続していくことで，徐々に地域に貢献しているという自尊感情も抱くようになっていくようであった．今回の対象者は全員が組織に属しているため，組織の領域が抽出されている．ボランティア仲間がいることが，大きな支えになっているようであった．

図7-3 抽出されたカテゴリー一覧

要因	領域	カテゴリー	サブカテゴリー
1. ボランティア活動の開始要因	個人	パーソナリティ	ボランティア活動に対する価値観
			個人的な体験
		社会貢献	技術や経験を生かす
			自分ができることを社会に返す
		自己実現	友だちづくり
			自己実現の欲求
		余暇活動	時間の余裕
			友人などからの誘い
			ヘルスボランティア講座に応募
2. ボランティア活動の継続要因	個人	価値観	ボランティア活動に対する考え方
		健康維持	自分・家族の健康
		余暇活動	精神的なゆとり
			身近な場所での活動
		自己実現	自分自身のため
			他の活動への応用
			継続研修
		社会貢献	地域に貢献している思い
		満足感	高齢者の反応から得る感情
		達成感	活動を成し遂げたという感情
		帰属	組織に属していること
	対人関係	信頼関係の形成	家族の理解や応援がある
			ボランティアとの関係
			高齢者との関係
			高齢者の家族や地域住民との関係
	組織	凝集性	ボランティアの人数と団結力
			リーダーの特性
		継続性	方向性が明確
			活動の方法が明確
			継続の方法が明確
			人材育成ができる
			広報の方法がある
			活動記録の作成
		活性化	活動規模の広がり
	地域	活動の効果	高齢者の閉じこもり予防ができる
			参加する高齢者が増える
		ニーズに応える	地域のニーズがある
		波及効果	他の町への活動の広がり
		信頼関係の形成	地域の理解と協力
		ネットワーク形成	地域のネットワークができる
			他組織・関係機関との連携

要因	領域	カテゴリー	サブカテゴリー
3. ボランティア活動継続の困難要因	個人	健康・介護問題	自分・家族の健康・介護問題
		ストレス源	時間の制約
			負担感
	対人関係	信頼関係の形成の困難	活動に対して非協力的, 無理解
			高齢者との関係
			組織のなかの人間関係
	組織	活動の停滞	代表者の不変
			参加者の人数
			人材育成
			活動内容
	地域	信頼関係の形成の困難	住民の無関心・無理解
		ニーズに応えることの困難	ニーズや時代に合った活動の展開
		ネットワーク形成の困難	ネットワークの形成
			他の組織との関係の形成
			世代間交流の必要性

　ボランティア活動の継続の困難要因では，個人・対人関係・組織・地域の領域に分類された．組織のなかでボランティア活動を行っているからこそ，人間関係の信頼関係の形成には困難さを感じることが多いようであった．また，ボランティア活動の対象者が高齢者であるため，接し方の困難さや突発的な事故への対応について不安を感じる対象者もいた．特に，活動年数の長い対象者は自身や家族の健康・介護問題をあげ，また，ボランティアの後継者についても言及していた．

　次に，インタビューから抽出されたボランティアのニーズを図7-4に示す．ボランティアは地区内に居住しているため，その地域の住民の声を反映しているともいえる．また，健康づくりのための活動を行っているため，健康管理や介護予防の意識が高いことが特徴である．内容としては，活動内容の助言や相談役がほしい，地域の健康問題やレクリエーションなどの情報提供や高齢者との接し方やボランティアとしての心構えなどの研修などの支援，住民に向けてのボランティア活動のPR，他組織や関係機関との連携（例えば地域にある介護保険施設などとの関係づくり），サロン参加高齢者や新しくボランティアになる人の募集，保健師からみたニーズについての情報提供やボランティア自身の感じるニーズの把握と共有，地域内のサポート側のネットワークの形成，サロン参加高齢者やボランティア自身と家族の健康管理と介護予防支援についてあがった．

図7-4　インタビューから抽出されたボランティアのニーズ

- 活動内容の助言や相談役
- 情報提供や研修の支援
- 地域への活動の情報提供
- 他組織や関係機関との連携
- 新規参加者の募集
- ニーズの把握
- 地域内のネットワークの形成
- 高齢者やボランティアへの健康管理と介護予防支援

第3節　コミュニティ・エンパワメントの成果

　インタビュー内容から抽出されたボランティア活動の継続要因について，エンパワメントの視点で図式化した（図7-5～8）．

　個人レベルでは，セルフ・エンパワメントができていた（図7-5）．「やる気の輪」[18]として，動機付けでは，ボランティア活動の開始時にはすべての人がボランティア活動に対して何らかの思いを持っていた．次に，ボランティア活動を行うことで，喜びや満足感，達成感を感じる．そして，「もっと高齢者の喜ぶ姿や元気な姿がみたい」「みんなと親しくなりたい」という思いが生じること，ボランティア活動の効果を感じることで，ボランティア活動の継続への意味付けができる．その結果，ボランティア活動の満足感を感じ，自分自身のためにもなっているという自己実現の感情や地域へ貢献しているという自尊的な感情が生じる．そのことが再び，ボランティア活動への動機付けとなり，ボランティア活動の継続につながっている．

　ボランティア活動の継続要因の対人関係レベルでは，ピア・エンパワメントが行われている（図7-6）．このカテゴリーについては，すべての対象者が語った．ボランティア同士では，仲間がいるから続けられる，仲間から教えてもらうことも多い，仲間がいるから心強い，尊敬できる先輩がいる，一緒にがんばることが楽しいなど「仲間の重要さ」について語られた．サロン参加高齢者から得るエンパワメントとしては「楽しかったよ」「たくさん笑って元気になったよ」「また来るね」という感謝の言葉，高齢者から昔ながらの生活の知恵を聞くことができること，高齢者の元気な姿をみると「私もまだまだがんばろうと思う」などという「高齢者からの反応から得る前向きな感情」であった．

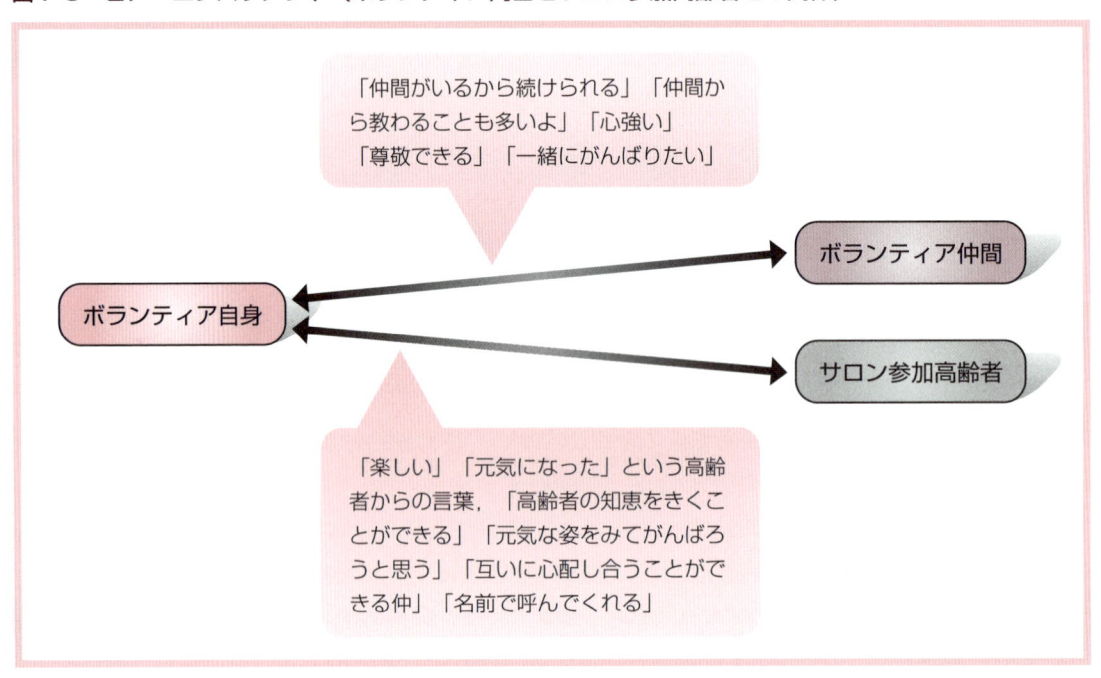

第2部 コミュニティ・エンパワメント 実際編

図7-5 ボランティアのセルフ・エンパワメント

動機付け	ボランティア活動の開始＝ボランティア活動に対する思い （価値観，個人的な体験，地域へ貢献したい・・・など）
生活の質と生産性の向上	ボランティア活動の実施＝ボランティア活動により得た感情 （満足感，達成感，喜び，楽しみ・・・など）
生活での意味付け	ボランティア活動の意味付け＝ボランティア活動の効果 （信頼関係の形成，自分自身のためになっている・・・など）
満　足	ボランティア活動の継続＝ボランティア活動継続への意欲 （満足感，達成感，地域へ貢献している思い・・・など）

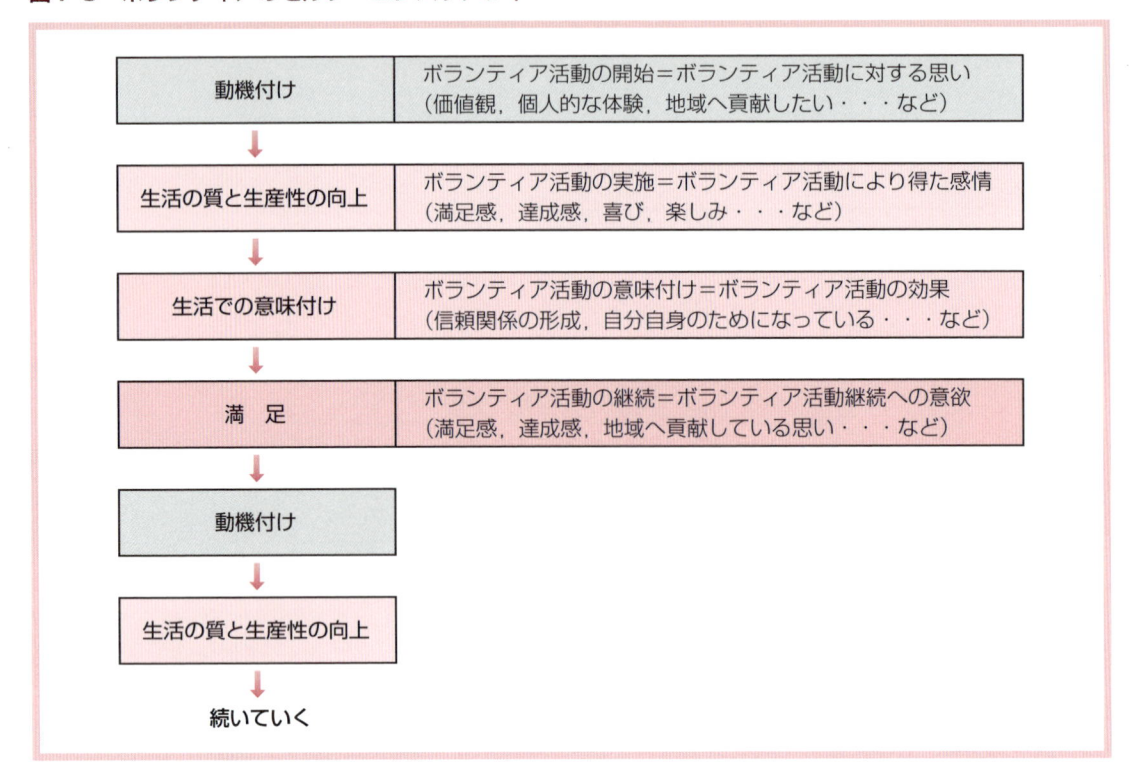

↓
動機付け
↓
生活の質と生産性の向上
↓
続いていく

図7-6 ピア・エンパワメント（ボランティア同士とサロン参加高齢者との関係）

「仲間がいるから続けられる」「仲間から教わることも多いよ」「心強い」「尊敬できる」「一緒にがんばりたい」

ボランティア自身 → ボランティア仲間
ボランティア自身 → サロン参加高齢者

「楽しい」「元気になった」という高齢者からの言葉，「高齢者の知恵をきくことができる」「元気な姿をみてがんばろうと思う」「互いに心配し合うことができる仲」「名前で呼んでくれる」

図7-7　コミュニティ・エンパワメント

現実の関係性のつながり	・住民からの理解と協力，信頼 ・波及効果（他地域への活動の広がり） ・ネットワークづくり（他組織・他地域との関係づくり）
共感イメージのネットワーク	・ボランティアが生き生きと活動している姿 ・ボランティアが楽しく活動している姿 ・サロン参加高齢者が元気で生きがいのある姿 ・ボランティア同士の信頼がある姿 ・ボランティアとサロン参加高齢者の信頼関係ができている姿

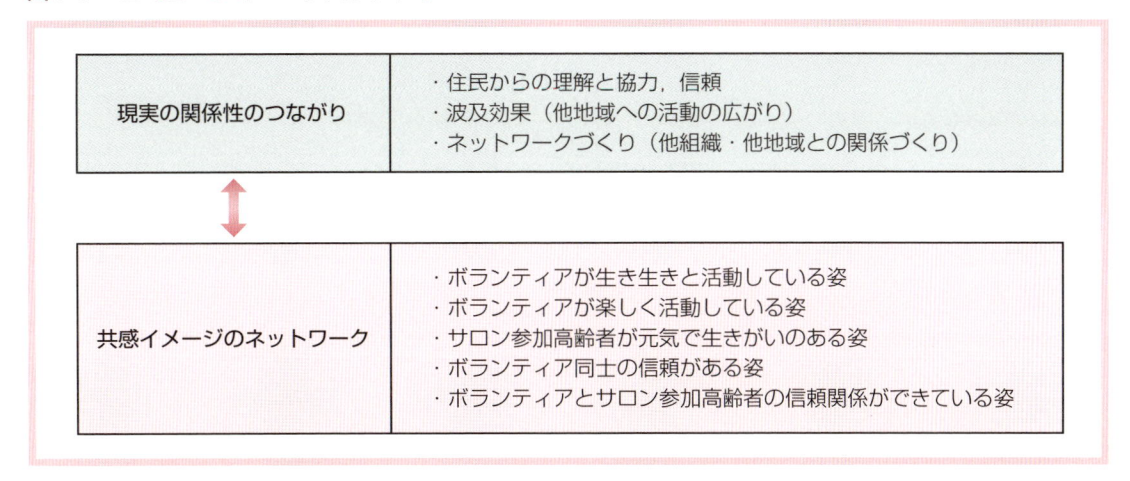

図7-8　エンパワメントの効果

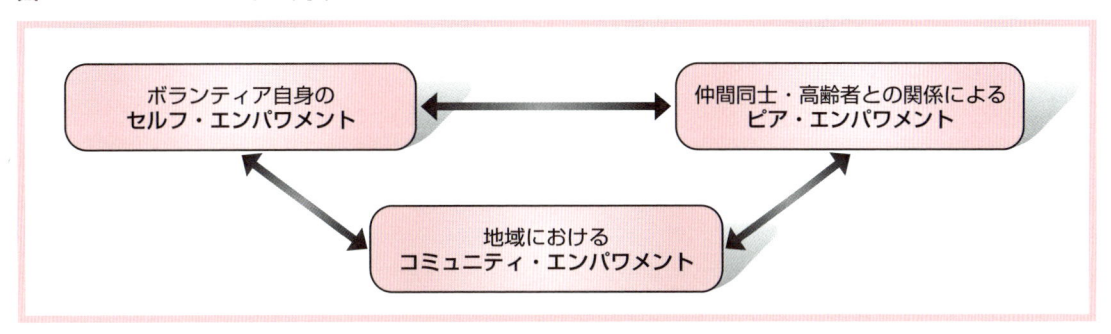

ボランティア自身のセルフ・エンパワメント ↔ 仲間同士・高齢者との関係によるピア・エンパワメント ↔ 地域におけるコミュニティ・エンパワメント

　コミュニティ・エンパワメントでは，ボランティア活動の継続に向け，ボランティア個人と組織の全体が活性化されていた（図7-7）．「現実の関係性のつながり」として，住民からの信頼，他地域へのボランティア活動の広がり，他組織や他地域との信頼関係の形成ができることがあげられた．また，「共感イメージのネットワーク」では，住民から「がんばってやってるね」「うちのおばあちゃんはサロンに行くことが支えになっているよ」「ボランティアさんがいるから安心しておばあさんを外に出せる」など声をかけられたというように，ボランティアが生き生きと楽しく活動している姿，サロンに参加している高齢者の元気で生きがいを持って生活している姿がコミュニティに共感イメージとして広がっていることが，ボランティアのエンパワメントにつながっている．この現実とイメージの二側面が両輪のようにエンパワメントを推進している[18]．

　エンパワメントの効果として，ボランティア自身のセルフ・エンパワメント，ボランティア同士や高齢者との関係によるピア・エンパワメント，地域のコミュニティ・エンパワメントが互いに関連し合い，ボランティア活動の継続につながっている．さらに，ボランティアの活動内容の質的な面での充実につながっていく（図7-8）．

　逆に，それぞれが弱まると，ボランティア活動の継続が困難になる状況となる．

第4節　コミュニティ・エンパワメントのポイント

　地域のサポートシステムの構築に向けて，セルフ，ピア，コミュニティ・エンパワメントをそれぞれ高めるようなかかわりが大切となる．

　セルフ・エンパワメントを高めていくポイントは，「意味付け」である．今回の調査では，すべての対象者が「ボランティア活動に対する価値観」を持っていた．ボランティア自身がボランティア活動を通して感じる満足感などについて話し合い，また，「参加した高齢者がとても楽しそうにしていた」「あなたの活動は大変意義のあることだ」などと伝え，満足感や意味付けを深めるかかわりが大切となる．また，ボランティアのニーズの1つに，「情報提供や研修の支援」があがった．そのため，ボランティア活動の質の向上を目指し，ボランティア活動に対して自信を持つことを意図した研修の機会を設定することが，セルフ・エンパワメントを高める方法である．

　ピア・エンパワメントでは，信頼関係の形成と維持がエンパワメントのポイントである．現状と課題の検討，ボランティア活動の目標と方法を明確にし，共有することが必要である．仲間の重要さや仲間の尊重が大切となるため，ボランティア同士が活動について意見交換をする場を設け，個々の意見を尊重し調整することで，自分自身が仲間として認められていると感じ，さらに仲間との関係づくりが深まる．

　コミュニティ・エンパワメントは，コミュニティの構成メンバーが問題解決の目標や方法をつくり，その実施を目標とする．「ボランティア組織」にとどまらず，活動している「地域」の力を引き出すことが大切である．

　エンパワメント技術モデルに基づく評価設計を図7-9のように設定した．今回，明らかになったボランティアの継続要因やニーズをボランティア同士で共有し解決策などを共に考えていくことで，ボランティア活動の継続や意味付けが深まり，エンパワメントにつながる．また，今後，地域の状況や健康課題をボランティアや関係機関などと共有し，共に活動を行うことで，より効果的な活動が展開できる．また，定期的に住民ニーズの把握を行い，ボランティア活動やネットワークの質の向上を図る．そして，地域におけるサポートネットワークの形成への一助となることが望まれる．

第7章 ボランティア活用に向けた環境づくり ―当事者のボランティア継続要因の把握とサポート

図7-9 エンパワメント技術モデルに基づく評価設計（ボランティア活用の環境づくり）

背景	目標・戦略	過程・組織	成果：アウトプット	成果：アウトカム	成果：インパクト
・進行する高齢化と核家族化 ・ひとり暮らし高齢者の増加 ・地縁の弱体化	・ボランティアと協働し，住民の健康維持・介護予防の保健活動の展開	・健康管理支援 ・介護予防 ・閉じこもり予防 ・ボランティアとの連携・情報の共有	・自身での健康管理 ・介護予防，閉じこもり予防活動への主体的な参加 ・住民同士の交流 ・仲間づくり ・ボランティアとの信頼関係づくり	・健康寿命の延伸 ・要介護者の減少 ・住民の生活満足度の上昇	・住民の健康度の上昇
・地区社協と既存のボランティア組織がある ・ボランティアが増えない	・ボランティア活動が継続でき，ボランティアの質の向上が図られる ・ボランティアが増える	・ボランティア活動の内容などに対する支援 ・ボランティア活動による成果の明示	・ボランティア活動の継続 ・ボランティア活動の質の充実 ・ボランティアの増加	・質の高いボランティア活動の提供 ・住民同士の相互扶助の形成 ・住民主体の活動の展開	・住民の生活の質の向上 ・安心して生活できる地域 ・住民のエンパワメントが高まる
・地域の理解・協力・信頼が不十分 ・住民のニーズが不明確 ・地域のサポートネットワークの構築が不十分	・住民のニーズを把握し，ニーズに合った活動を展開し，地域の理解・協力・信頼を得る ・地域のサポートネットワークの構築	・住民のニーズや健康課題などの調査と情報提供 ・広報活動 ・他地域や関係機関との情報交換，連携	・住民のニーズの把握ができる ・住民へのボランティア活動の周知ができる ・他地域や関係機関との連携方法の確立	・システム的なサポートネットワークの確立	・住民主体のサポートネットワークの構築

●文献●

1) 厚生統計協会：国民衛生の動向，50（9）：36，2003.
2) 厚生統計協会：国民衛生の動向，50（9）：110，2003.
3) 厚生労働省：平成13年版厚生労働白書．p.92，ぎょうせい，2001.
4) 厚生労働省：平成13年版厚生労働白書．p.88，ぎょうせい，2001.
5) 厚生労働省：平成13年版厚生労働白書．pp.92〜95，ぎょうせい，2001.
6) 出村慎一，野田政弘，南 雅樹・他：在宅高齢者に関する生活満足度に関する要因．日本公衆衛生雑誌，48（5）：356〜366，2001.
7) 金 恵京，杉澤秀博，岡林秀樹・他：高齢者のソーシャル・サポートと生活満足度に関する縦断研究．日本公衆衛生雑誌，46（7）：532〜541，1999.
8) 金 恵京，甲斐一郎，久田 満・他：農村在宅高齢者におけるソーシャルサポート授受と主観的幸福感．老年社会科学，22（3）：395〜403，2000.
9) 横川吉晴，甲斐一郎，中島民江：地域高齢者の健康管理に対するセルフエフィカシー尺度の作成．日本公衆衛生雑誌，46（2）：103〜112，1999.
10) 須貝孝一，安村誠司，藤田雅美・他：地域高齢者の生活全体に対する満足度とその関連要因．日本公衆衛生雑誌，43（5）：374〜389，1998.
11) 中村好一，金子 勇，河村優子・他：在宅高齢者の主観的健康感と関連する因子．日本公衆衛生雑誌，49（5）：409〜416，2002.

12）日下菜穂子，篠置昭男：中高年者のボランティア活動参加の意義．老年社会科学，19（2）：151〜159，1998．
13）星野明子，桂　敏樹，松谷さおり・他：地方都市における地域組織活動の効果に関する研究—自尊感情・自己効力感・自己実現的価値尺度を用いた検討．日本農村医学会雑誌，49（1）：21〜29，2000．
14）藺牟田洋美，安村誠司，阿彦忠之・他：自立および準寝たきり高齢者の自立度の変化に影響する予測因子の解明—身体・心理・社会的要因から．日本公衆衛生雑誌，49（6）：483〜496，2002．
15）福田寿夫，木田和幸，木村有子・他：地方都市における65歳以上住民の主観的幸福感と抑うつ状態について．日本公衆衛生雑誌，49（2）：97〜104，2002．
16）木下康仁：グラウンデッド・セオリー・アプローチの実践．弘文堂，2003．
17）樋口康子，稲岡文昭監訳：グラウンデッド・セオリー—看護の質的研究のために．医学書院，1995．
18）安梅勅江：エンパワメントのケア科学—当事者主体のチームワーク・ケアの技法．医歯薬出版，2004．

第8章

専門職コミュニティの エンパワメント
―虐待予防技術の向上に向けた指標開発

Do not go where the path may lead.
Go instead where there is no path and leave a trail.
Ralph Waldo Emerson

第1節 背 景

　日本における子どもの虐待の件数は，児童相談所が相談を受けた虐待の件数でみると，1990年の1,101件から2003年の約26,000件と約26倍に増加している[4,5]．厚生労働科学研究で福祉，司法，警察，民間の全国関係機関，約40種類11万機関を対象として統一方法による児童虐待全国実態調査が初めて実施され[6,7]，家庭内児童虐待とその疑いならびに類する行為の事例として約14％の重複事例を含めて24,744例が2000（平成12）年度に新たに把握された．この件数は同年度の児童相談所の虐待処理件数の約2倍であり，社会的介入を要する虐待発生数は35,000件，0～7歳児の1,000人中1.54人が虐待を受けていると推定されている．被虐待児の約6割は乳幼児，8割は治療やケアを要し，虐待者の1割は両親，6割は実母で，全体の7割は虐待相談後虐待者の在宅養育が継続されていた．

　2000年11月に施行された児童虐待防止法では，早期発見は専門職が努めることとされた．同時期（2000年11月）に改訂された児童相談所運営指針[11]および子ども虐待対応の手引き[1]では，多くの専門職との連携があげられ，「健やか親子21」においても柱の1つは「子どもの心の安らかな発達の促進と育児不安の軽減」であり，多分野における虐待への取り組みが明確に位置付けられた．2003年5月健康増進法の施行と併せて地域保健法の基本指針が改正され，今後取り組むべき対策の1つとして，児童虐待発生予防などの組織的な推進があげられた．さらに，2004年の虐待防止法改正を受け[12,13]，ますます専門職の虐待予防活動に対するニーズが高まっている．

　しかしながら，多くの報道で明らかになったように，関係機関の専門家がその問題を把握していたにもかかわらず，初動が遅れてしまったり，虐待と判断されなかったり，関係機関との連携が不十分であったり，担当者の判断に任され組織内の対応システムが未整備であったりと，専門

職が虐待対策に取り組むためには多くの課題が推測される．

本章では，専門職が虐待予防活動を行うために必要な条件を明らかにし，課題を明確にし今後の展開への一助とすることを目的とするなかで，専門職のエンパワメントにとどまらず，社会全体のコミュニティ・エンパワメントの必要性が強調された経過を紹介する．

第2節　コミュニティ・エンパワメントの方法

今回は，戦略の1つとして専門職の虐待予防活動に焦点をあて，地域で虐待に対する取り組む第一人者を対象に，虐待予防活動を実施するために必要な条件をグループインタビュー法を用いて明らかにした．

インタビューの参加者は，T県の子ども虐待問題に精通している下記の各種専門職8名であり，すべて書面による参加の同意を得た．

内訳は医師（T県虐待防止ネットワークの第一人者），養護施設の施設長（被虐待児のケアに明るい専門職），臨床心理士（児童相談所などで虐待者の心理面接に明るい実践者），家庭婦人相談員（婦人の問題全般の相談活動に明るく，虐待事例を多数経験している者），看護師（小児科の虐待問題に明るい師長クラス以上の者），助産師（未熟児医療に詳しく，虐待事例を経験している大学病院の看護部長），保健師（地域の虐待問題に詳しい保健所の課長クラス以上の者），保育士（虐待の事例を経験している主任クラス以上の者），各1名とした．

インタビューの内容は，①専門職の虐待予防活動の実践において子どもに対応するときに必要な条件，②専門職の虐待予防活動の実践において家族に対応するときに必要な条件，③専門職の虐待予防活動の実践において子どもや家族を取り巻く環境をみるときに必要な条件についての3点であった．

エンパワメント技術モデルに基づく，専門職コミュニティのエンパワメントの目標・戦略設計を以下のように設定した（図8-1）．

「①成果」として，「虐待発生数の低下」「虐待予防活動の充実」「コミュニティ健康度の上昇」「社会全体の虐待予防を含めたコミュニティ・システムの促進」をあげた．

次いで，「②コミュニティの問題や課題」は，「家族病理の虐待・精神病理の虐待数の増加」「専門職の虐待予防活動に関する知識・技術・意欲の促進」をあげた．「③問題を取り巻くコミュニティの背景」については，「核家族化」「少子化」「虐待報道の増加」とした．

乳幼児を持つ全国の母親約6,000人を対象とした調査の結果，8～9割の母親が育児のつらさを訴え，「子どもが可愛く思えない」と思うことがあると回答している[8]．このような育児に困難を覚え，虐待との境が付きにくい言動をとる母親の急増は，単に母性喪失と捉えるのは正しい理解とはいいがたく，現在の社会全体の歪みを映す鏡として考える視点が必要である[9]．効率性や合理性を優先する社会のなかで，子育てなど手間暇かかることを避ける社会状況，母親のみに過

重にかかる育児の負担，準備も羅針盤も用意されていない孤独な子育て，子育てと就労の両立，社会参画の両立困難，子連れお断りなど子育てに対する社会の目の冷たさ，子育てに対する社会的な支援の少なさなど，子ども虐待は背景がさまざまに異なる．これらの要因が複合して子育てに対する負担感が増加し，子ども虐待を招くと指摘[10]されている．

「④影響因子」としては，「社会全体の虐待に対する関心の高まり」により，「児童虐待防止法の施行」「児童相談所運営指針および子ども虐待対応の手引きの明示」「地域保健法の改正」などの各種法制度の改正や施行があり，そのことによってますます「専門職の虐待予防活動に対するニーズの高まり」があると考えた．

「⑤影響を与えている要因に変化を与える戦略」としては，「各種虐待の早期発見や対応マニュアルの整備」「虐待防止ネットワークなど虐待対策の拠点の設立」「調査による実態把握とリスク因子などの分析」「個別支援プログラムとグループ支援プログラムによる支援対策」などの専門職などに対して行われている戦略と社会全体に投げかけられている「社会的な啓発活動」「育児支援対策の充実」などの戦略があげられた．

図8-1　エンパワメント技術モデルに基づく専門職コミュニティーのエンパワメントの目標・戦略設計

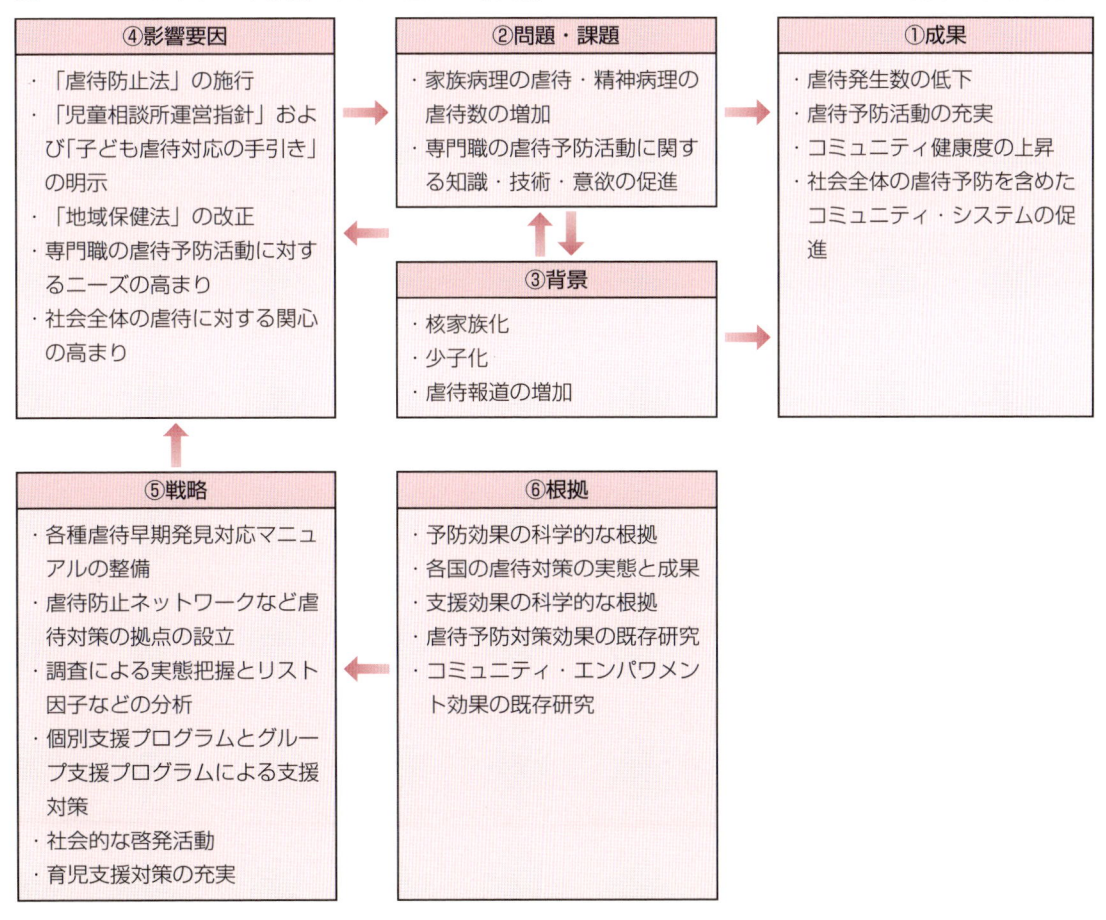

④影響要因
- 「虐待防止法」の施行
- 「児童相談所運営指針」および「子ども虐待対応の手引き」の明示
- 「地域保健法」の改正
- 専門職の虐待予防活動に対するニーズの高まり
- 社会全体の虐待に対する関心の高まり

②問題・課題
- 家族病理の虐待・精神病理の虐待数の増加
- 専門職の虐待予防活動に関する知識・技術・意欲の促進

①成果
- 虐待発生数の低下
- 虐待予防活動の充実
- コミュニティ健康度の上昇
- 社会全体の虐待予防を含めたコミュニティ・システムの促進

③背景
- 核家族化
- 少子化
- 虐待報道の増加

⑤戦略
- 各種虐待早期発見対応マニュアルの整備
- 虐待防止ネットワークなど虐待対策の拠点の設立
- 調査による実態把握とリスト因子などの分析
- 個別支援プログラムとグループ支援プログラムによる支援対策
- 社会的な啓発活動
- 育児支援対策の充実

⑥根拠
- 予防効果の科学的な根拠
- 各国の虐待対策の実態と成果
- 支援効果の科学的な根拠
- 虐待予防対策効果の既存研究
- コミュニティ・エンパワメント効果の既存研究

また，これまでの研究成果をみると，支援対象とする虐待は種類としてはネグレクト，年齢は3歳以下が多く，虐待のレベルも疑いから重症まで幅広いことが特徴といわれている[15]．また，虐待に関する各地域の実態調査，ハイリスク因子に関する研究，育児不安の要因に関する研究も多く見受けられた．保健師の役割として，個別のケアに関するもの，グループ指導に関するもの，ネットワークや連携に関するもの，各機関での取り組み報告，保健所や保健師の機能に関する研究，虐待の早期発見に関するリスクアセスメント指標開発などの研究が多く，虐待の認識に関する研究，また虐待対応の先進国の調査研究も行われている．

　以上のことから，「⑥根拠」としては，「予防効果の科学的な根拠」「各国の虐待対策の実態と成果」「支援効果の科学的な根拠」「虐待予防対策効果の既存研究」「コミュニティ・エンパワメントの既存研究」とした．

第3節　コミュニティ・エンパワメントの成果

　エンパワメント技術に基づく，専門職コミュニティのエンパワメントの評価設計を以下のように設定した（図8-2）．

　専門職を対象としたグループインタビューの結果では，専門職が虐待予防活動を行うために必要な条件として，虐待予防や早期発見のためのスクリーニングなどの目標や戦略にとどまらず，コミュニティ・エンパワメントの重要性が指摘された．

■1．子どもと家族のエンパワメント

　インタビューでは，「虐待行為そのものは好ましくない行為であるが，対象者にとっては何か意味や理由が内在している場合が多く，予防レベルの活動では，単に悪い行為を認めさせることを目標にせず，親の思いを理解して，行為の方向性転換していくことが有効である」「虐待は誰にでも起こりうる行為であって，行為は好ましくないことであるが，対象者が持っているいいところを話のなかから拾い上げていって，強化することが効果的である」「リスクとともに，ポジティブな関係性とか，親子の関係とか，家族の肯定面を見つけ出せるような発想が必要である．さらに，ポジティブ部分から入っていかないと，支援関係も構築できない」とした意見が得られた．

　これらを整理し，背景として「家族病理，精神病理の虐待が増加」，戦略として「育児支援対策の充実」，過程・組織として「子育て支援事業の実施」「子育てサークルなどのグループの育成」をあげた．

　成果のアウトプットとして「相談体制の整備」「仲間づくり，孤立化防止」，アウトカムとして「子どもや各家族個人の健康度の上昇」「対人関係能力の上昇」，インパクトとして「家族の健康度の上昇」と整理した．

第8章 専門職コミュニティのエンパワメント —虐待予防技術の向上に向けた指標開発

図8-2 エンパワメント技術モデルに基づく評価設計（専門職コミュニティ・エンパワメント）

	背景	目標・戦略	過程・組織	成果 アウトプット	成果 アウトカム	成果 インパクト
子ども・家族	・家族病理の虐待，精神病理の虐待数の増加	・育児支援対策の充実	・子育て支援事業の実施 ・子育てグループなどのグループ育成	・相談体制の整備 ・仲間づくり，孤立化防止	・子どもや各家族個人の健康度の上昇 ・対人関係能力の上昇	・家族の健康度の上昇
専門職	・専門職の虐待予防活動に関する知識・技術・意欲の促進	・各種虐待早期発見対応マニュアルの整備 ・個別支援プログラムとピアカウンセリングによる支援 ・虐待防止ネットワークなど拠点の設立	・専門職別に早期発見・対応についてのマニュアルを作成し，配布 ・研修会の開催 ・拠点を設置し，ネットワークを構築 ・連携支援アクセス体制の確立 ・個別支援について検討会の開催 ・定期的な会議の開催 ・活動の情報公開	・虐待についての知識・技術の普及 ・支援者が対応に自信が持てる ・窓口の一本化 ・確実な情報の提供・収集 ・個別の状況に応じた支援の提供 ・事例や問題を支援者が一人で抱え込まない ・虐待予防システムの普及・確立	・積極的な虐待予防活動の提供 ・早期発見・早期対応の実現 ・情報ネットワークの効率化 ・組織的な対応システムの活用	・虐待対応に有効な対策の実践とシステムの確立 ・重症化防止による社会的な問題の軽減 ・関係機関のコミュニティ・システムの確立 ・組織内の虐待対応システムの構築
地域社会		・調査による実態把握とリスク因子などの分析 ・社会的な啓発活動	・早期発見に関するリスクアセスメント指標の開発 ・虐待に関する講演会開催 ・ポスター・リーフレット配布	・早期に発見し，重症化防止 ・虐待に関する住民の理解	・虐待発生数の減少 ・地域全体で子育てを行う体制の開発	・コミュニティ健康度の上昇 ・住民主体のコミュニティ・システムの促進

■2. 専門職のエンパワメント

インタビューでは，「虐待の発見についてはハイリスク因子だけをチェックするのではなく，子どもの状態を優先しつつ，目に見えない関係性や潜在しているニーズや問題点に着眼する必要性」「発見の方法だけでなく対応や介入の方法についても十分に獲得しておく必要性」「自身の介入によって虐待が悪化するのではないかなどの不安がないことが必要」と対応の知識と技術の必要性が示唆された．

さらに，「職場の理解は不可欠であり，ケースを一人で抱え込まない体制の整備が必要不可欠である」と担当者を理解し，支援する職場の体制整備の必要性が指摘された．

このように，支援者である専門職自身をエンパワメントしていく重要性が指摘された．背景として「専門職の虐待予防に関する知識・技術・意欲の促進」，戦略として「各種虐待早期発見対応マニュアルの整備」「個別支援プログラムとピアカウンセリングによる支援」「虐待防止ネットワークなど拠点の設立」，過程・組織として「専門職別に早期発見・対応についてのマニュアル作成し，配布」「研修会の開催」「拠点を設置しネットワークを構築」「連携支援アクセス体制の確立」「個別支援について検討会の開催」「定期的な会議の開催」「情報活動の公開」をあげた．

そして，成果のアウトプットとして「虐待についての知識・技術の普及」「支援者が対応に自信が持てる」「窓口の一本化」「確実な情報の提供・収集」「個別の状況に応じた支援の提供」「事例や問題を支援者が一人で抱え込まない」「虐待対応システムの普及・確立」，アウトカムとして「積極的な虐待予防活動の提供」「早期発見・対応の実現」「情報ネットワークの効率化」「組織的な対応システムの活用」，インパクトとして「虐待対応に有効な対策の実践とシステムの確立」「重症化防止による社会的な問題の軽減」「関係機関のコミュニティ・システムの確立」「組織内の虐待対応システムの構築」となった．

■3．地域社会のエンパワメント

インタビューでは，「子どもや保護者は，周囲の人に認めてもらったりして，自己を肯定する感情がつくられていくので地域ぐるみの支援は重要である」「関係機関が，虐待について正しい知識を持って対応する必要がある」「保護者は，自分の親とも非常に対立的，疎遠であり，保護者自身も虐待を受けてきた可能性が高い．したがって地域社会で理解・支援し，孤立させない支援が必要である」とした意見が得られた．

背景として「家族病理，精神病理の虐待が増加」，戦略として「調査による実態把握とリスク因子分析」「社会的な啓発活動」，過程・組織として「早期発見に関するリスクアセスメント指標の開発」「虐待に関する講演会開催」「ポスター・リーフレットの配布」をあげた．

成果のアウトプットとして「早期に発見して重症化を防止」「虐待に関する住民の理解」，アウトカムとして「虐待発生数の減少」「地域全体で子育てを行う体制の開発」，インパクトとして「コミュニティの健康度の上昇」「住民主体のコミュニティ・システムの促進」と整理した．

第4節 コミュニティ・エンパワメントのポイント

　コミュニティ・エンパワメントとして，子どもや保護者自身のエンパワメント，専門職のエンパワメント，地域社会のエンパワメントの必要性が明らかになった．

　人間はつねに自ら回復する力を持っており，子どもや家族がその回復力を身に付けるように支援すること，また，支援者自身が知識や技術を身に付け自信を持って対応し，職場などの支援体制を確保することで，強制的ではなく主体的に，この問題に取り組むことが有効である．

　従来の虐待対策では，虐待の早期発見，早期対応が多くを占めていたが，なかなか効果をあげられなかった．また，子どもやその家族の虐待などの問題リスクに着眼した対応では，根幹的な解決への発展は困難であった（図8-3）．

図8-3　問題リスクに着眼した対応

　エンパワメント技術に基づく目標・戦略設計，評価設計に従って整理してみると，「目標・戦略」→「過程・組織」→「成果」の基本的なサイクルに「背景」となるコミュニティの状況や課題を前提として「本質的な解決」への論理的な流れが明確になった．さらに成果をアウトプット，アウトカムにとどまらず，インパクトとして7〜10年先のコミュニティの変化まで視野に入れたことで，虐待に対する長期的な成果を見すえた対応が可能となった．

　具体的には，1点目として，子どもと家族のエンパワメントでは，子どもや家族のより健全な部分を専門職が発見し，支援することで，成果を達成できることが示された（図8-4）．

　次に，専門職がエンパワメントするためには，専門家自身の知識や技術の向上が不可欠であり，職場の理解や支援を得て，自らに自信を持って支援できることが明確に整理された（図8-5）．

第2部 コミュニティ・エンパワメント 実際編

　そして，当事者である子どもや家族，そして専門職がエンパワメントするためには，地域社会の虐待に対する正しい理解と支援が必須であることも浮き彫りにされた（図8-4,5）．

　このように，コミュニティ・エンパワメントには，子どもと家族がエンパワメントすること，専門職自身がエンパワメントすること，地域社会全体がそのことに対して正しく理解して前向きに取り組むようにエンパワメントすることの3つを連動させる必要がある．これらが相互に影響し合うことで循環し，スパイラルな向上を起こすことが重要である（図8-6）．

図8-4　子どもと家族のエンパワメント

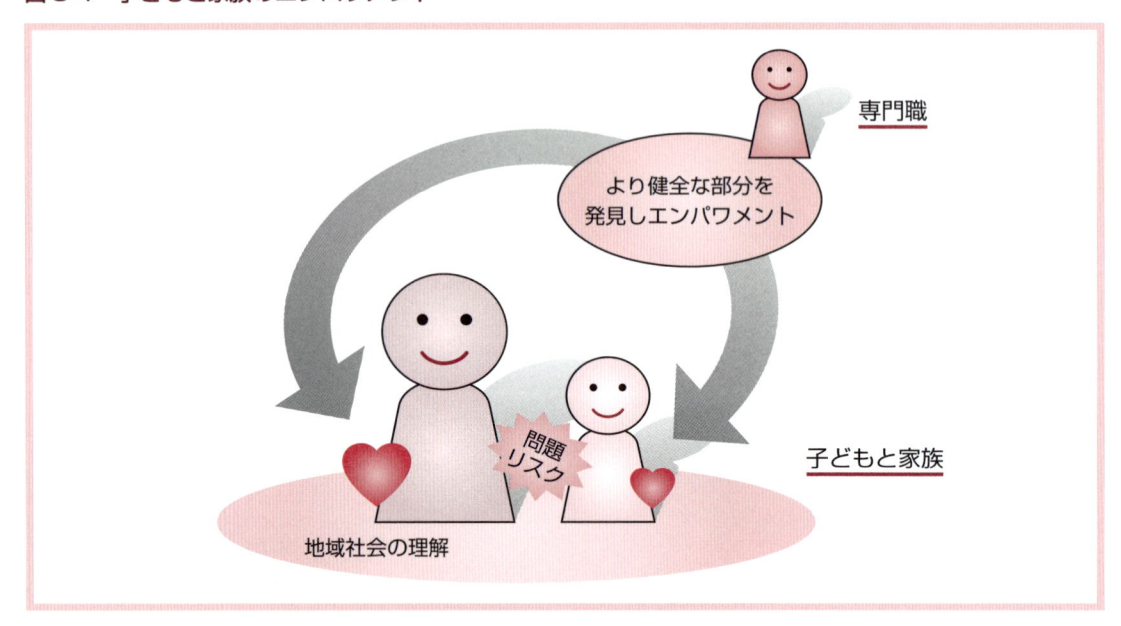

図8-5　専門職のエンパワメント

図8-6 コミュニティ・エンパワメントの効果

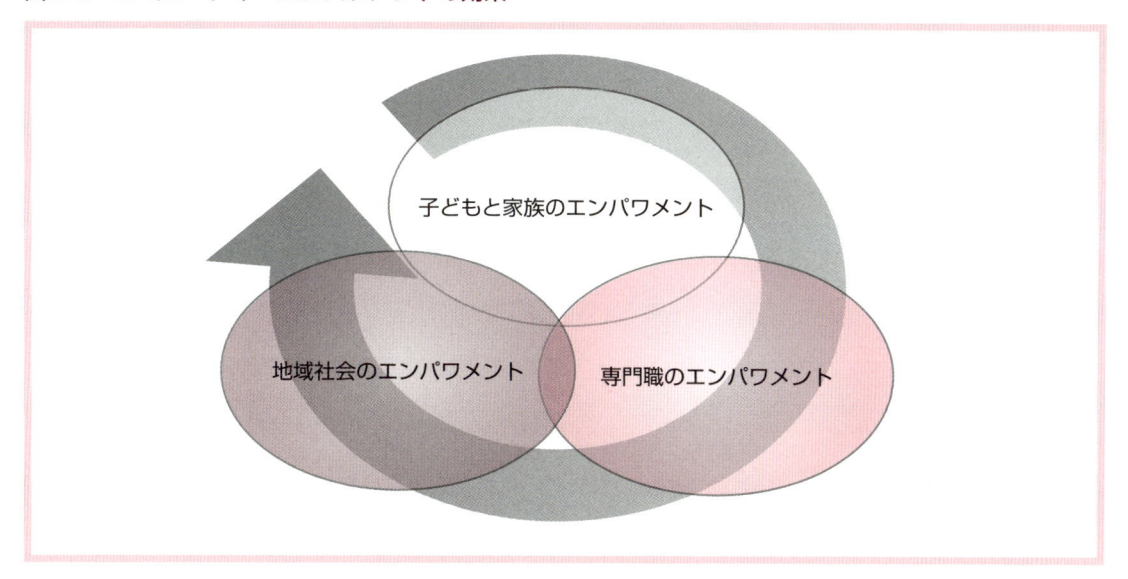

子どもと家族のエンパワメント

地域社会のエンパワメント　専門職のエンパワメント

●参考文献●

1) 社会福祉法人恩賜財団母子愛育会日本子ども家庭総合研究所：厚生省 子ども虐待対応の手引き（平成12年11月改定版）．有斐閣，2001．
2) 児童虐待の防止に関する法律（2000.5.24 法律第82号）
3) 児童虐待の防止に関する法律の施行について（2000.11.20 児発第875号），厚生省児童家庭局長通知．
4) 厚生労働省：社会福祉行政業務報告書，児童相談所における児童虐待相談処理件数．2004.11．
5) 厚生労働省：児童相談所における児童虐待相談等の状況報告．2001.6．
6) 小林　登：児童虐待および対策の実態把握に関する研究．平成12年厚生科学研究費補助金総括研究報告書，2000．
7) 谷村雅子：わが国の児童虐待の実態と関係機関の取り組みの工夫．日本子どもの虐待防止研究会第9回学術集会抄録集，p.22，2003．
8) 大日向雅美：最近の子どもを愛せない母親の研究からみえてくるもの―主として心理学における母性研究の立場から．家族研究年報，20：20～31，1999．
9) 大日向雅美：子育ての背景．別冊発達26 子ども虐待へのとりくみ，pp.118～126，2001．
10) 柏女霊峰：子ども虐待の到達点と相談援助の課題．別冊発達26 子ども虐待へのとりくみ，pp.2～13，2001．
11) 才村　純 監修：厚生労働省 児童相談所運営指針（平成12年11月改定版），（財）日本児童福祉協会，2001．
12) 社会保険審議会児童部会報告書：児童虐待への対応などの要保護児童および要支援家庭に対する支援のあり方に関する当面の見直しの方向性について．2003.11．
13) 社会保険審議会児童部会報告書：社会的養護のあり方に関する専門部委員会．2003.10．
14) 佐藤拓代：子ども虐待予防のための保健師活動マニュアル―子どもに関わるすべての活動を虐待予防の視点に．平成13年度厚生科学研究補助金「子ども家庭総合研究事業」地域保健における子ども虐待の予防・早期発見・援助に係る研究報告書，2002.6．
15) 山田和子・他：保健所保健師が支援した子ども虐待事例に関する研究―全国の保健所を対象とした調査より．小児保健研究，61（4）：568～576，2000．

第9章 障害児の地域ぐるみのサポートシステムの構築

> I am of the opinion that life belongs to the community … and as long as I live … it is my privilege to do for it whatever I can.
>
> *George Barnard Shaw*

第1節 背景

　障害を持った人が，人として暮らせる社会とは一体どのようなものなのだろう．

　これまで障害を持った多くの人は，障害があるがゆえに，幼いときから地域社会から隔離された障害者施設での生活を中心に行われてきた．これは一定の成果を上げたことは確かであるが，より質の高い生活の実現に向けて，施設から地域への動きも活発化してきている．

　しかし，地域社会が障害児（者）に対して理解や整備がされないまま，生活の拠点を地域に置いたとしても，地域住民とのトラブル発生や障害児（者）自身，またその家族のQOL向上ができるわけではない．障害を持った人が，地域社会でよりよい生活を送るためには，乳幼児のときから障害児やその家族を支援できる地域社会の体制が必要である．

　障害児を取り巻く家族の場合，一般の子育てとは違い，つねに高い緊張のうえに成り立っているだけでなく，障害の程度とは関係なくさまざまな社会的・心理的な負担を強いられることは想像に難くない．家族にとって障害児を持つことは，ほとんどの場合予期しないことであるために，子どもの障害はもとより，その存在さえ受容することができない場合もある．その心理的プロセスは，①衝撃（予期しない出来事へのショック），②自責（障害を持った子どもを産んだことと子どもに対する罪悪感），③否認（子どもの障害を認めたくない），④絶望（子どもにも自分にも将来の夢や希望を失う），⑤怒り（なぜ，わが子が，自分だけがというやり場のない気持ち），⑥恥辱（障害のある子どもへの差別や偏見を受けとめきれず隠す），⑦羨望（他家の子どもとの比較や劣等感）などの否定的な感情を持つことが指摘されている[4]．

　また，1981（昭和56）年，国際障害者年の「国際障害者年行動計画」において，「完全参加と

平等」が明記され，ノーマライゼーションの理念が世界中に広まった結果，国内の障害児（者）を取り巻く家族の自立概念も，施設入所ケアから在宅ケアに比重が移り，在宅サービスへのニーズが増すとともに，障害児およびその家族の「全体としての家族（family as a whole）」の自律と生活の質（Quality of Life）を保障するための条件整備に向けたトータルな援助のあり方が求められるようになってきた[5]．

その1つの表れとして，地域の保育所において，障害児を受容する動きが大きくなってきた．障害児保育は，国の特別保育事業の一環として1974（昭和49）年以来，保育所における集団的保育が可能な中程度までの障害児を保育所に受け入れ，健常児との集団保育が適切に行われるように，保育士配備の補助を行ってきた．さらに1999（平成11）年には，実施園の拡大を図るために，体制整備の補助を創設した．2002（平成14）年度，全国の障害児保育実施園は，公立・私立園で6,722カ園（対象児人数10,188名）であったが[6]，地域格差があり，希望どおり障害児が保育所に入所できないケースも多々ある．

また，障害児が地域の保育所に入所したことにより，家族の育児負担を軽減させるレスパイトケアとしては一定の成果であるが[7]，障害児と家族が地域でよりよい生活を送るには，障害児とその家族を取り巻く地域ぐるみのサポートシステムの構築が不可欠である．

第2節　コミュニティ・エンパワメントの方法

就学前の障害児を対象とし，保育所を「生活の場」の拠点にしていくという課題から，障害児とそれを支える家族のQOL向上に向けた地域ぐるみの生活環境づくりの目標・戦略設計の概要を「エンパワメント技術モデルに基づく目標・戦略設計」の枠組み（図9-1）に示した

■1．対象と方法

障害児を積極的に受け入れている認可保育園において，①障害児の保護者グループ，②障害児保育サービスを提供する専門職グループの2つのフォーカス・グループインタビューを実施した[8,9]．

■2．内　容

インタビュー内容は，①専門職の子どもに対するかかわりの質について，②子どもの育ちに影響を与える刺激要因としての環境，③専門職の保護者に対するかかわりの質，とした．

■3．結　果

(1) 保護者から得られた項目

① 専門職の子どもに対するかかわりの質について

「受けとめてもらえることは安心感にもつながった」「障害児だからという目でみないところもよかった」のように，障害をマイナスと捉えず，まず人間として受容してもらえたことと「（子どもと）かなりスキンシップをしてもらったので，周りの子がかかわってくれるし，子どももそれが

第2部 コミュニティ・エンパワメント 実際編

嫌じゃなくって・・・」「すごく抱っこしてもらったなーと思う」というように，ふれあい遊びや抱っこをしてもらうことによって，子ども自身が他児から認められた存在であると安心感を持つことができたことが評価項目としてあげられた．

② 子どもの育ちに影響を与える刺激要因としての環境

「初めて大きな集団に入ったんですけども，クラスの先生がみんなと一緒に考えて，つねに子どもたちも考えてくれていた」「（何かトラブルがあっても）子ども同士から学んだというか，解決していったということがたくさんあった」の意見から，日常生活において，子ども同士のかかわりや多様な専門職のかかわりの必要性，「積み木とか一人で遊べるおもちゃがあることがよかった」と，一人遊びをすることができるおもちゃが用意されている必要性や，「畑で子どもと遊んだり，動物とのかかわりがよかったように思います」「のびのびと土をさわれた」というように屋外で遊ぶ機

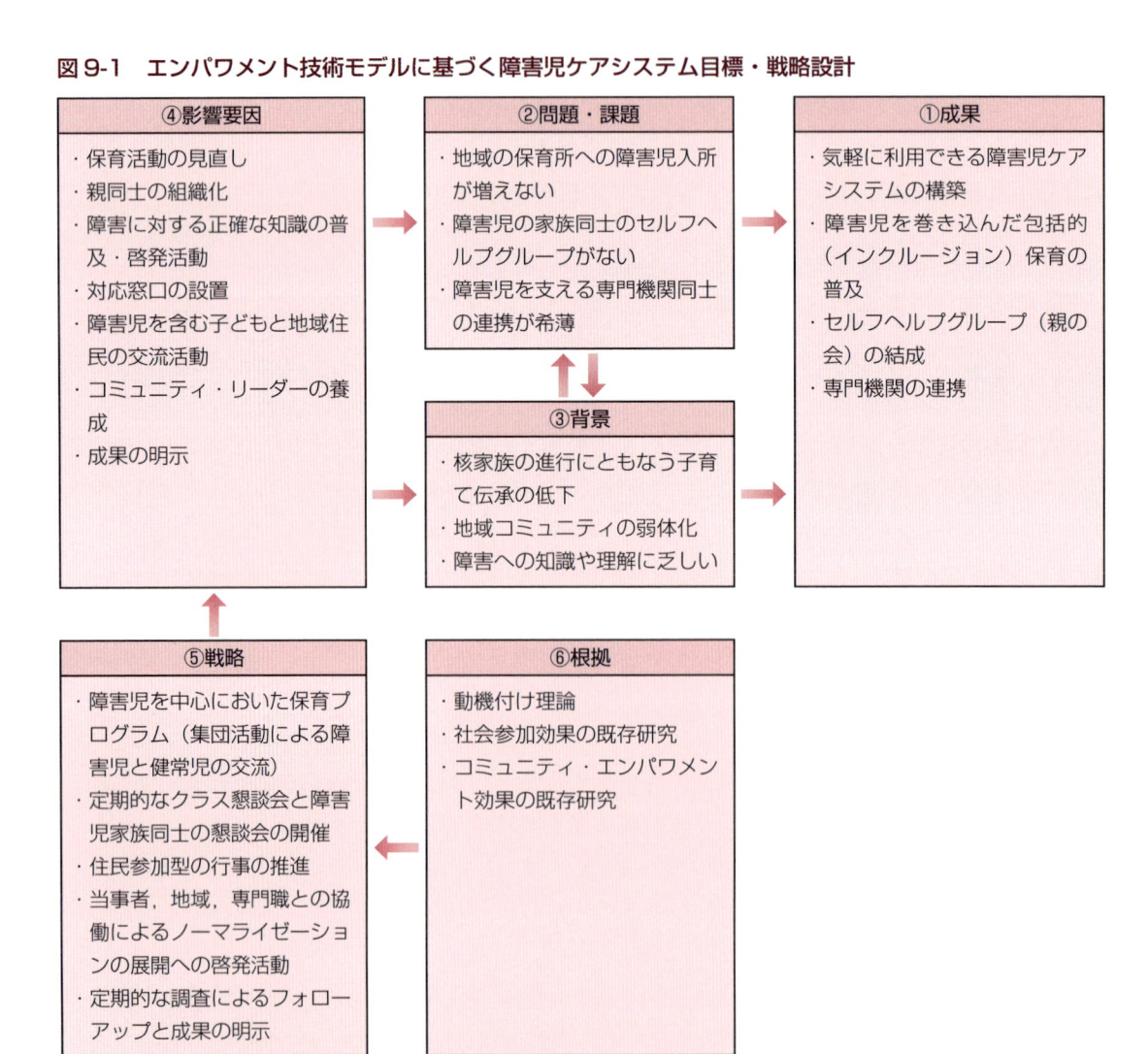

図9-1　エンパワメント技術モデルに基づく障害児ケアシステム目標・戦略設計

④影響要因	②問題・課題	①成果
・保育活動の見直し ・親同士の組織化 ・障害に対する正確な知識の普及・啓発活動 ・対応窓口の設置 ・障害児を含む子どもと地域住民の交流活動 ・コミュニティ・リーダーの養成 ・成果の明示	・地域の保育所への障害児入所が増えない ・障害児の家族同士のセルフヘルプグループがない ・障害児を支える専門機関同士の連携が希薄	・気軽に利用できる障害児ケアシステムの構築 ・障害児を巻き込んだ包括的（インクルージョン）保育の普及 ・セルフヘルプグループ（親の会）の結成 ・専門機関の連携
	③背景 ・核家族の進行にともなう子育て伝承の低下 ・地域コミュニティの弱体化 ・障害への知識や理解に乏しい	
⑤戦略 ・障害児を中心においた保育プログラム（集団活動による障害児と健常児の交流） ・定期的なクラス懇談会と障害児家族同士の懇談会の開催 ・住民参加型の行事の推進 ・当事者，地域，専門職との協働によるノーマライゼーションの展開への啓発活動 ・定期的な調査によるフォローアップと成果の明示	⑥根拠 ・動機付け理論 ・社会参加効果の既存研究 ・コミュニティ・エンパワメント効果の既存研究	

会の必要性があげられた．
③ 専門職の保護者に対するかかわりの質
　「母子通所施設では，対応の仕方が決まっていて，親の意見を聞いてくれなかったが，保育園では聴いてもらえた」「『もう少ししつけてください』といって，返されていたら，続かなかったかなという気持ちがする」「母子通所に行くのもいいんですけど，うちの園に預けてみませんかといわれた」といった保護者のこれまでの子育てを否定せずに，まず，誉めてもらえたり，入園を促されたりすることで，保護者自身が理解してもらったという安心感を覚え，専門職への信頼構築の一助にすることができたとしていた．「保育園に行って面接してくださった先生が，これだけ泣く力があるんだったら大丈夫といわれ，うれしかった」「母子関係ができていないとか，第三者との関係ができていないといわれ続けたけど，時間は取り戻せないし，むしろ保育園でこれからのことを考えましょうといってくれたことがすごく印象的だった」というように保護者自身への共感を持つことの大切さ，保護者自身が孤独ではないと感じ，子育てへの自信を得ることの必要性があげられた．「クラス懇談もよかったけど，障害児だけの懇談もよかった．他の保護者の意見も聞けたし，園側の意見も聞けた．そういう意味では，安心というか，いいたいことがいえた」といった保護者同士，または障害児を持つ保護者同士がつき合う場の提供により，悩みの共有や意見交換など保護者を取り巻く人的環境への配慮が抽出された．「地域のスーパーに買い物に行ったときに，子どもが保育所に通園している姿を知ってくれていて，寄ってこられて，あのときの子やなという感じで，すごく成長ぶりを驚かれた」といった障害児への対応の仕方や気さくに声をかけてもらえるようになることで，住民が，自然と子どもとのかかわりを知ってくれるということが保護者の安心感や勇気を与えることにつながったとしていた．

(2) 専門職から得られた項目
① 専門職の子どもに対するかかわりの質について
　まず，「命の保障，安全の保障」を最優先しながら，「障害を持った子どもの気持ちに寄り添ってみたい」というように子どもの受容，信頼関係の形成を行うこと，「子どものなかのかかわりを大事に」「楽しいと思ってくれるような工夫」．また「みんなと一緒の輪のなかに入って，楽しんでいるのかどうかを意識」という子どもとのかかわりのなかで楽しめているかどうかに留意していること，「行動の意味するものを考えている」「子どもは変わるし，障害別に決まったものがあるが，それに落ち込まないように新鮮な気分で接している」と，子ども一人ひとりの変化に注意していることがあげられた．

② 子どもの育ちに影響を与える刺激要因としての環境
　「きょうだいや縦割り保育でいろいろな年齢の子どもとかかわっていること」「周りの子どもが，気が付いてくれてそれがよかったのでは」と，多様な人的かかわりの必要性や，「あかんことはやっぱりしかったり，でもしかることで周りの子どもからできない子と受け取られてないように」と周りの子どもへの配慮の必要性，「してあげることは簡単だけども，時間をかけて待ってあげることも必要」といったその子どものペースに配慮した保育を行う必要性が出てきた．

③ 専門職の保護者に対するかかわりの質について

　「自分は知らないんだということで教えてもらうという姿勢を持つようにしている」「親の期待をそのまま認める」「親にいいたいことをなるべくいわせるようにしている」のように，障害児を受容する目的のために，保護者に共感する姿勢を持つことの大切さ，「その子のことを丁寧に伝えていく」「魅力を見つけ，そのことを毎日伝えるようにしている」「保育所での子どもの様子を伝えるようにしている」というように，保育所での情報提供を丁寧に行い，信頼関係を構築し，障害のマイナス要因を伝えることよりも子どものよい部分を知らせていくことの必要性，また，「保護者同士をつなげる」「親の会があり，情報交換できる場がある」「支援してくれる人や協力してくれる周りの人をいかにつくるかが必要」のように保護者を取り巻く人的環境への配慮を行うことの必要性が訴えられた．

(3) グループインタビューの複合分析

　障害児保育のニーズとして保護者から抽出された項目は，①受容する態度（特別視しない姿勢），②スキンシップの必要性，③多様な人的かかわりの有効性，④子どもの発達に合った物的な刺激への配慮，⑤社会的かかわりの必要性，⑥保護者との信頼関係の構築，⑦保護者への共感的態度，⑧保護者を取り巻く人的環境への援助，⑨地域へのアピールの必要性の9点であった．

　また専門職から抽出された項目は，①命の保障，安全の保障，②信頼関係の構築，③経年的な変化への配慮，④受容する態度，⑤多様な人的かかわりの有効性，⑥子どものペースへの配慮，⑦周りの子どもへの配慮，⑧保護者との信頼関係の構築，⑨保護者への共感的態度，⑩保護者を取り巻く人的環境への配慮の10点であった．

　これら，2つのグループの意見として，「受容する姿勢」「多様な人的かかわりの有効性」「保護者との信頼関係の構築」「保護者を取り巻く人的環境への配慮」の4点について両方から強い同意を得ることができた．このことは，親子ともに受容と信頼関係の構築と多様な人的かかわりの有効性への取り組みが重要であることが示唆された．

　特に専門職が意識的に保護者の会を組織し，活動を行うことにより，保護者自身が子育ての悩みを打ち明ける場が提供され，結果的にバーンアウトせずにいられることは，両グループから一致をみることができた（**表9-1**）．

表9-1 グループインタビューの複合分析

		保護者	専門職
専門職の子どもに対するかかわりの質	命の保障，安全の保障		◎
	信頼関係の構築		○
	経年的な変化への配慮		◎
	子どもを受容する態度	◎	◎
	スキンシップの必要性	○	
子どもの育ちに影響を与える刺激要因としての環境	多様な人的かかわりの有効性	◎	◎
	子どものペースへの配慮		
	周りの子どもへの配慮		○
	物的な刺激への配慮	○	
	社会的なかかわりの必要性	○	
専門職の保護者に対するかかわりの質	保護者との信頼関係の構築	◎	◎
	保護者への共感的な態度	◎	○
	保護者を取り巻く人的環境への配慮	◎	◎
	地域へのアピールの必要性	○	

◎…会場からの強い同意　○…会場の数名の同意

第3節　コミュニティ・エンパワメントの成果

取り組みの成果の概要は，図9-2に示した．

■1. 保育プログラムの重要性

グループインタビュー内容から抽出された保育所における障害児エンパワメントは，まず保育所入所の相談受付（インテーク）段階で，子どもを受容することが大切であると同時に保護者に対しても今までの子育てを否定せずにまず家族の子育ての大変さに共感し，保護者自身も受容する必要があることが抽出された．そのことで障害児やその家族からは専門職に対して少しずつ心を開いていく信頼感が生まれてくることが認められた（図9-3）．

このような受容と信頼関係を保育所入所時に行い，保育所生活を進めていけば，障害児の社会性の発達や地域での生活の拠点づくりの取り掛かりとして有効であるだけではなく，家族の育児レスパイトケアにもつながってくる．

しかし，障害児が無理やり保育所に行かされる状況が発生すると，保護者の育児への自信が低下する要因にもつながり，障害児のQOL低下にもつながる．

そのため，障害児が保育所生活において排除されずに，「明日も保育所に行きたい」と思えるような保育プログラムのあり方が重要になってくる．

第2部 コミュニティ・エンパワメント 実際編

図9-2 エンパワメント技術モデルに基づく評価設計（障害児ケアシステム）

背景	目標・戦略	過程・組織	成果 アウトプット	成果 アウトカム	インパクト
・保育所への障害児入所が増えない	・気軽に利用できる障害児ケアシステムの構築 ・障害児を巻き込んだ包括的保育の普及	・障害児を中心においた保育プログラム（集団活動による障害児と健常児の交流）	・障害児の多様な人的かかわりの構築 ・障害児の社会的かかわりの構築	・障害理解 ・障害児のQOLの向上	・ノーマライゼーションの普及 ・住民のエンパワメントが高まる ・安心して子育てできる地域の育成
・地域のサポートネットワークの構築が不十分	・地域のサポートネットワークの構築	・関係機関との共通言語の確立 ・情報交換，連携	・関係機関との連携の確立 ・対応窓口の設置	・システム的なサポートネットワークの確立	・住民の生活の質の向上 ・住民主体のサポートネットワークの構築
・障害児の家族同士のセルフ・ヘルプ・グループがない	・セルフ・ヘルプ・グループ（保護者の会）組織化	・定期的なクラス懇談会と障害児家族同士の懇談会の開催	・セルフ・ヘルプ・ループ（親の会）の結成 ・保育所内の保護者同士のかかわりの構築	・地域住民参加型の行事の推進	
・地域の障害理解が不十分	・障害に対する正確な知識の普及・啓発活動	・障害児を含む子どもと住民の交流活動	・コミュニティ・リーダーの台頭		

図9-3 利用者と専門職とのよりよい関係

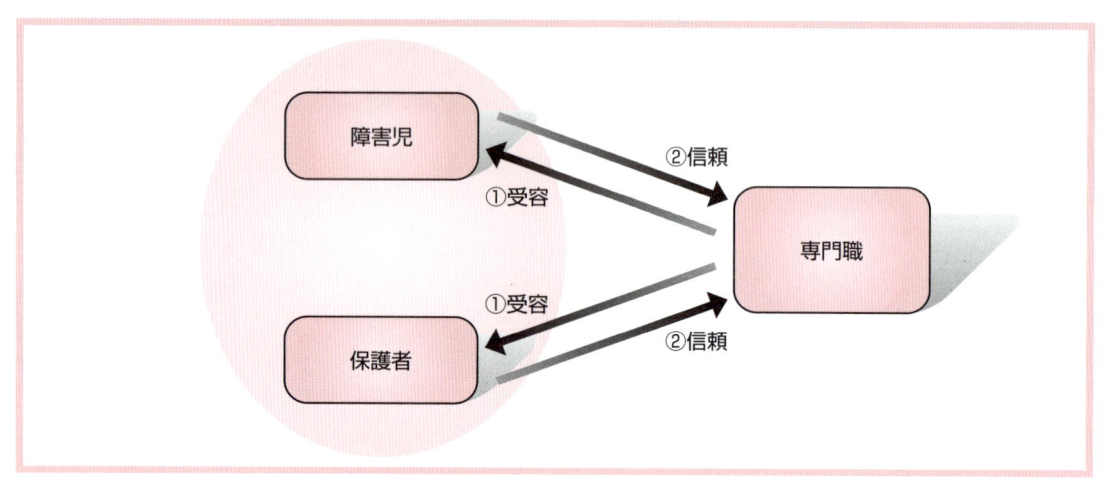

障害児 ①受容 ②信頼 専門職
保護者 ①受容 ②信頼 専門職

　まず，障害児と健常児が同じクラスで毎日を過ごすことが前提となり，そのなかで，給食当番や掃除など小グループで行える活動からプログラムを進めていく．当然のようにそこでは，健常児にはできて，障害児ができないことが多く発生してくる．そのような出来事（トラブル）をどのように解決していくのかを，グループで考えていきながら，障害理解を進めていく．

　次に，クラス全体として運動会や発表会に向けた取り組みを通して，やり終えたときの達成感によって，お互いの存在を，かけがえのない存在として認めていくようなプログラムの開発を行う必要がある（図9-4）．

図9-4 グループダイナミクスに基づくプログラム

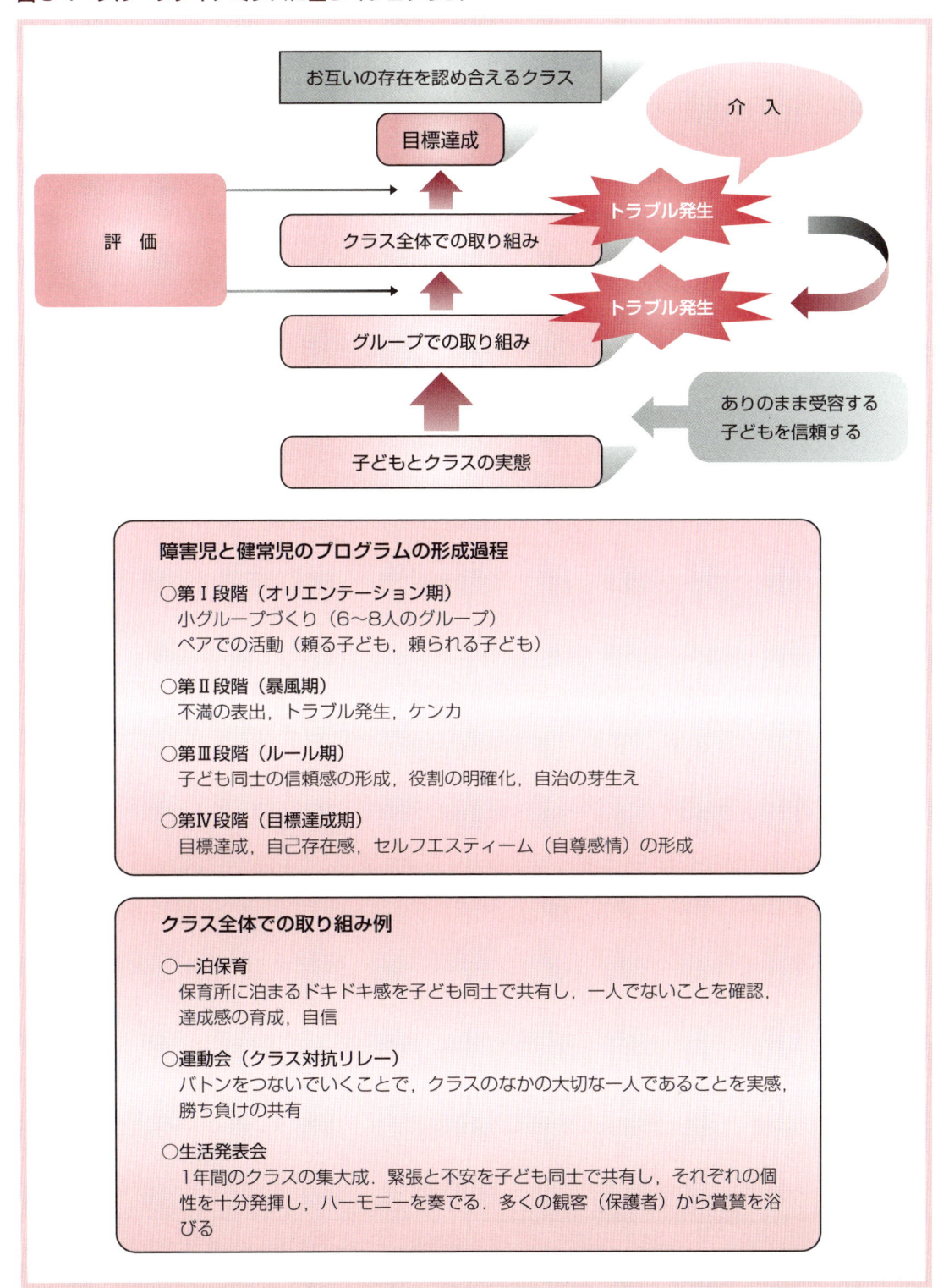

```
お互いの存在を認め合えるクラス
        ↑
     目標達成                    介 入
        ↑
  クラス全体での取り組み  ← トラブル発生
評価 →                              ↩
  グループでの取り組み   ← トラブル発生
        ↑                 ありのまま受容する
  子どもとクラスの実態  ←  子どもを信頼する
```

障害児と健常児のプログラムの形成過程

○第Ⅰ段階（オリエンテーション期）
　小グループづくり（6～8人のグループ）
　ペアでの活動（頼る子ども，頼られる子ども）

○第Ⅱ段階（暴風期）
　不満の表出，トラブル発生，ケンカ

○第Ⅲ段階（ルール期）
　子ども同士の信頼感の形成，役割の明確化，自治の芽生え

○第Ⅳ段階（目標達成期）
　目標達成，自己存在感，セルフエスティーム（自尊感情）の形成

クラス全体での取り組み例

○一泊保育
　保育所に泊まるドキドキ感を子ども同士で共有し，一人でないことを確認，達成感の育成，自信

○運動会（クラス対抗リレー）
　バトンをつないでいくことで，クラスのなかの大切な一人であることを実感，勝ち負けの共有

○生活発表会
　1年間のクラスの集大成．緊張と不安を子ども同士で共有し，それぞれの個性を十分発揮し，ハーモニーを奏でる．多くの観客（保護者）から賞賛を浴びる

専門職は，子どものできないことに注目するのではなく，ありのままの子どもの姿を通して，子どものすばらしい点に注目し，そのことを障害児を取り巻く健常児にアピールしながら，実践することが重要であることが抽出された．

　また，遊びを含めた余暇活動は，障害児にとって生活の豊かさや余裕を与えるよい機会に加え，ウエルビーイングや健やかな発達の実現への一助となる[10]．したがって，一緒に遊ぶ機会や歌を歌う機会の提供など人的かかわりについて援助を行うことは，将来の障害児のQOL向上につながる要因の1つになる．しかし，障害をともなうことにより，遊びたくてもどのように遊んでいいのかわからない，一緒に歌を歌うことができないなど，障害特性による育児方法がわからない場合があり，具体的な援助方法を提供する必要がある[11]．専門職は漠然とした遊び方や歌を提供するのではなく，例えばスキンシップの方法を保護者の参加を得て提供するなど，具体的な援助が保護者と子どものかかわりの質向上への契機となる．さらに，保護者と専門職が合同で行うことにより親子同士の遊びの楽しさを共有するとともに，さまざまな人とのダイナミックな関係を展開する可能性を持っている．

■2．関係機関との連携

　障害児を取り巻く関係機関は，福祉，医療，教育など多岐にわたっており，それぞれが独自の方法で治療，療育，保育，教育などを行っている（図9-5）．そのため，トータルな支援のあり方を専門職同士が連携しつつ行っていく必要がある．

■3．セルフ・ヘルプ・グループ（家族会）の組織と地域理解

　障害児とその家族が地域でよりよく生活していけるよう，一貫した中長期的な援助を行う必要がある[12]．そのためにも障害児の保護者を巻き込んだ専門職同士の連携[13]が必要となる．また，保護者同士がつき合う場の提供，悩みの共有や意見交換ができる保護者を取り巻く人的環境への配慮を行う保護者の会など，セルフ・ヘルプ・グループへの参加を促す[14]ことが有効である．

　さらに，地域の人と顔見知りの関係を築くことにより，障害児の存在を知り，そのことが障害理解につながっているケースが抽出された．これは，将来的には，障害児が地域で自立する一歩にもつながってくる（図9-6）．障害児やその家族が住みやすいよう，保育所が主体となり障害児保育の情報提供や障害理解への啓発活動を行うなど，「地域を耕す」[15]ことが必要である．

第9章 障害児の地域ぐるみのサポートシステムの構築

図9-5　障害児を取り巻く主な専門機関

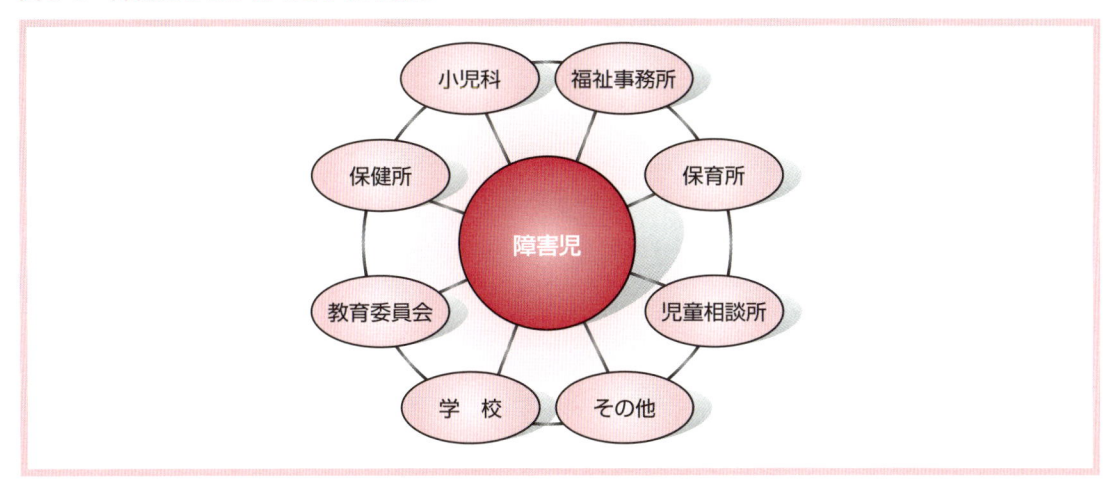

（小児科、福祉事務所、保育所、児童相談所、その他、学校、教育委員会、保健所　→　障害児）

図9-6　障害児の地域でのエンパワメント実例

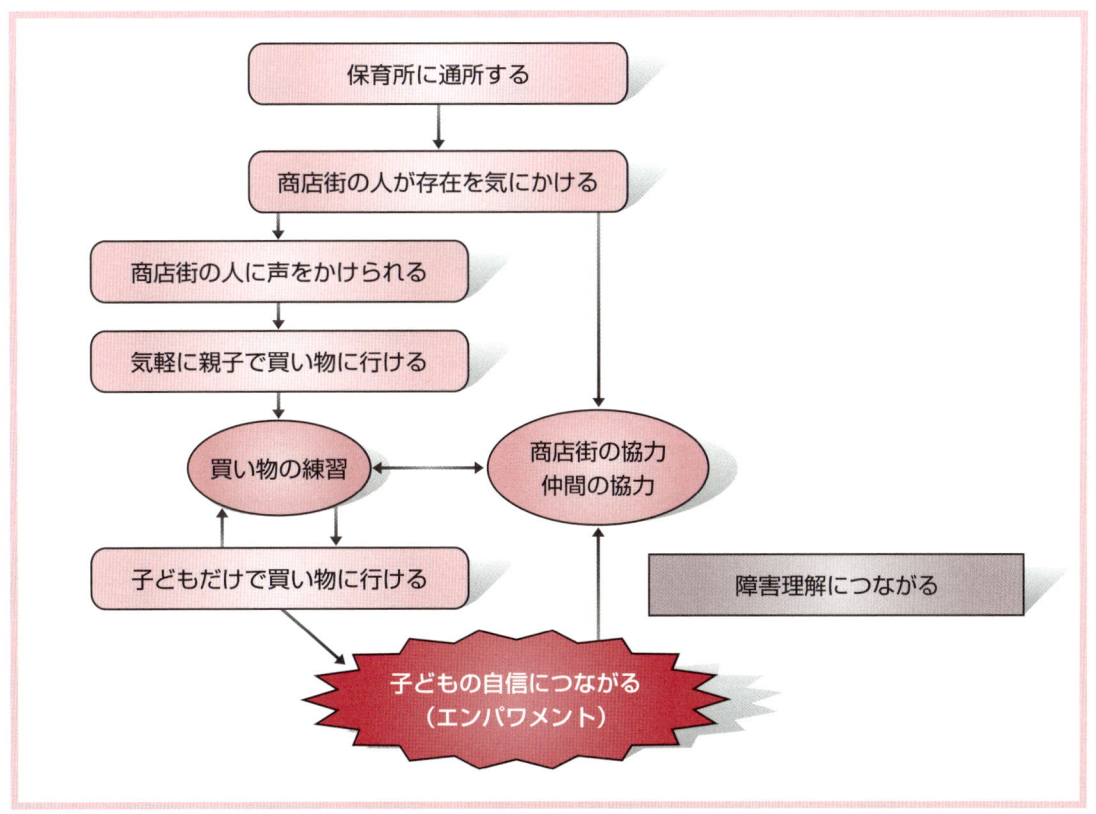

保育所に通所する
↓
商店街の人が存在を気にかける
↓
商店街の人に声をかけられる
↓
気軽に親子で買い物に行ける
↓
買い物の練習 ←→ 商店街の協力 仲間の協力
↓
子どもだけで買い物に行ける
↓
子どもの自信につながる（エンパワメント）

障害理解につながる

（佐藤久夫，北野誠一，三田優子編著：障害者と地域社会．p.35，中央法規出版，2002を改変）

第4節　コミュニティ・エンパワメントのポイント

　障害児の地域ぐるみのコミュニティ・エンパワメントは，障害児自身で形成するのは難しい．障害児の人権が守られ，よりよい生活を送ることができるよう，専門職の役割は大きい．個々が持つ「自分らしさ」を友達など身近な存在に認められ，お互いの違いを尊重し共に力を合わせて身近な人から認められたときの達成感により，相互の信頼関係の構築ができる．

　その基盤があってこそ，障害児（者）が地域社会を拠点とした生活を送ることができるのである．そのためにも，施設内だけにとどまらずに，地域にアピールすることがきわめて重要である（図9-7）．

図9-7　コミュニティ・エンパワメントの段階[16]

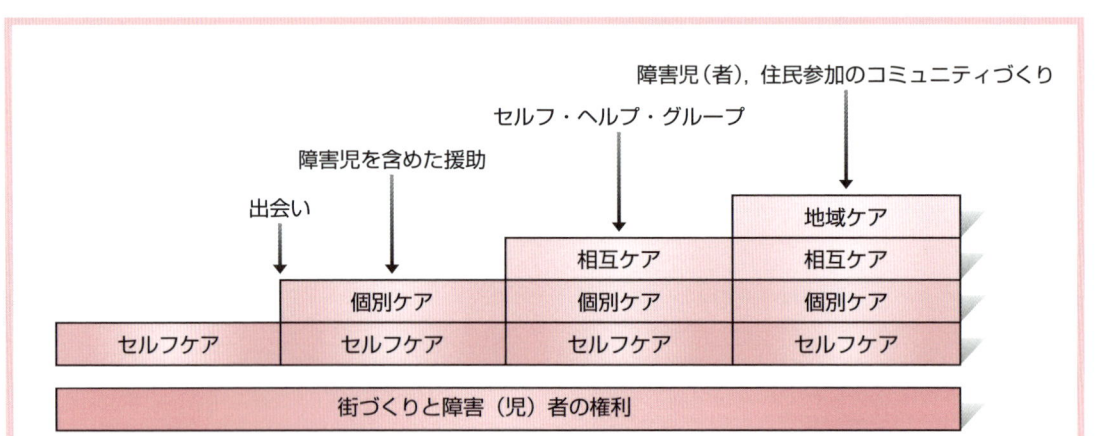

```
                                                    障害児（者），住民参加のコミュニティ
                                                    づくり
                                 セルフ・ヘルプ・グループ    ↓
                障害児を含めた援助        ↓                  地域ケア
     出会い          ↓              相互ケア          相互ケア
       ↓         個別ケア           個別ケア           個別ケア
  セルフケア    セルフケア          セルフケア         セルフケア
  ─────────────────────────────────────────────────
               街づくりと障害（児）者の権利
```

　①セルフケア‥障害児参加のサービスが必要不可欠．障害者自身が主張．障害者の主張．
　　　　　　　障害児の場合，家族が代弁
　②個別ケア‥‥住民と専門家の出会い．援助対象者にとってのニーズを先取りした無用
　　　　　　　な配慮にならないようにすることを注意する．障害児の自立性の剥奪に
　　　　　　　ならないようにする
　③相互ケア‥‥セルフ・ヘルプ・グループ‥家族など周囲の人々のグループ（親の会）
　④地域ケア‥‥障害児・者中心のネットワークづくり（各機関，各団体との連携）
　　　　　　　イベントを通した地域交流（お祭り，バザーの実施）

（谷中輝雄，吉川武彦・他：障害者・精神保健地域看護活動．p.18，医学書院，2000を改変）

● 文　献 ●

1）次世代育成支援システム研究会：社会連帯による次世代育成支援に向けて．pp.24〜25，ぎょうせい，2003．
2）内閣府：国民生活白書．p.14，2002．
3）次世代育成支援対策推進法，第3条，2003．
4）新・保育士養成講座編纂委員会：家族援助論．pp.143〜144，全国社会福祉協議会，2002．
5）田澤あけみ：障害児福祉・家族援助のあり方．p.9，一橋出版，2002．
6）全国保育団体連絡会・保育研究所：保育白書2003．p.205，草土出版，2003．
7）庄司洋子，木下康仁・他：福祉社会辞典．p.1027，弘文堂，1999．
8）安梅勅江：ヒューマンサービスにおけるグループインタビュー法─科学的根拠に基づく質的研究法の展開．医歯薬出版，2001．
9）安梅勅江：ヒューマンサービスにおけるグループインタビュー法Ⅱ活用事例編─科学的根拠に基づく質的研究法の展開．医歯薬出版，2003．
10）土谷みち子，加藤邦子・他：幼児期の家庭教育への支援．保育学研究，40（1）：12〜28，2002．
11）菅井邦明，三浦主博：障害児を持つ親への子育て支援に関するニーズ調査─医療・相談機関を中心に．東北大学教育学部研究年報，46：143〜157，1998．
12）小林冴子：障害乳幼児の親・家族援助．障害者問題研究，29：133〜139，2001．
13）伊藤由美：障害のある子どもの支援における連携について考える．国立特殊教育総合研究所 教育相談年報，23：7〜10，2002．
14）日暮　眞，恒次欽也・他：障害児を持つ家族への支援．小児科臨床，53（増刊号）：177〜182，2000．
15）野沢和弘：障害者と家族の地域生活の課題．社会福祉研究，87：33〜39，2003．

第10章 子育て支援の質向上のためのシステムづくり

When spider webs unite, they can tie up a lion.
Ethiopian Proverb

第1節 背景

　子どもを取り巻く環境は刻々と変化してきている．社会の産業構造の変化や社会経済の動向に左右されるとともに，女性の働き方や生き方の変化も子どもの環境に変化を与える．高度経済成長期を経て，世帯構成は3世代同居から核家族化が進んだ．職住が分離し，地域共同体からの自由とともに，全面的なつき合いより「会えば挨拶をするだけの関係がよい」という人間関係の希薄さを望む意識が進んだ．女性の高学歴化が進み，その学んだ知識や技術を活用し，それを続けていくために働き続けることを求めるというように女性の生き方が変化し，家庭外に職業的，社会的な役割を持つようになった[1]．男女雇用機会均等法〔1986（昭和61）年施行〕以来，女性の社会進出は飛躍的に伸び，その職種も多様化してきている．しかし，働きながら家庭を持ち子育てをすることへの負担感は大きく，それが仕事を持つ女性に限らず男性においてもみられる結婚率の低下や，理想とする子どもの人数と予定の人数との乖離を招いてもいる[2,3]．

　家庭内の子育てについての状況をみると，従来，農業を中心とした働き手として共同体のなかで女性が働き子育ても受け継がれ，支えられてきた．しかし，働き手のサラリーマン化により専業主婦の誕生とともに母親のみによる24時間育児態勢が始まった．地縁血縁による地域共同体は希薄となり，形式的なつき合いが望まれるようになった近所づき合い[2]では，子育ての技術の伝承を支えることが難しくなってきた．身近に子育てをみる機会がなく親になり，相談する相手が少ないなかでの子育てに不安を抱える家庭が増え，育児の孤立化が指摘されている．

　少子高齢化時代となり，子育て支援が社会に課せられた重要な課題になっている．児童福祉法制定〔1947（昭和22）年，翌年4月施行〕以降，児童福祉施設が整備され，高度経済成長を背景に「保育に欠ける子ども」を対象に始まった保育所[4]は，措置制度のなかで必要と判断された

子どもに対する施設型の保育である．しかし，少子化対策基本方針からエンゼルプラン〔1994（平成11）年〕[5]，新エンゼルプラン〔1999（平成6）年〕[6] が策定された．1999年の「保育所保育指針」改定では保育所に地域子育て支援，利用者の視点に立った多様な支援を提供する役割を担うことを求め，保育所の果たす役割として位置付けられた．また，核家族の増加による子育てに関する経験の不足を補完し，支援するように打ち出されている[7]．

さらに2003（平成15）年7月に制定された「次世代育成支援対策推進法」[8] では，施設型保育にとどまらず，より柔軟な在宅保育の拡充に目を向けている．

第2節 コミュニティ・エンパワメントの方法

多様化する家族のあり方，働き方を支えるために，子育て支援の拡充が求められている．子育て支援には，幼稚園や保育所などの教育施設や通所施設，相談施設，子育てサークルなどによる支援がある．今回は，そのなかでも夜間に及ぶ保育を例としてコミュニティ・エンパワメントの方法について概説する．

すべての子育てにかかわる専門職は，子どもの健やかな成長が実現するよう子ども自身のエンパワメントとともにその家族のエンパワメントを実践していく必要がある．そのためには，専門職自身がエンパワメントされる必要がある．ときには子ども自身に焦点をあて，その子どもと周りの子どもとの関係，子どもと家族の関係，提供している環境，専門職の資質について，つねにメゾシステムやマクロシステムの視点（p.17図2-1参照）を持ちながら課題を設定し，戦略を立てる必要がある．

「支援の質が高ければ，時間や時間帯に関係なく，子どもの発達に悪影響はない」という一定の成果が報告されている[9]．この「支援の質」の確保が必須である．

さて，全国夜間保育園連盟が支援の質の向上を目的に開発した「夜間保育サービスマニュアル」[10] を用いて1つの園を評価した例を紹介する．そこからエンパワメント技術モデルに基づく6つのステップに従い目標と戦略を設計した．

このマニュアルに基づいて評価した結果，友人や保護者，保育者に対し，自分の感情や気持ちを適切に表現できる環境について，配慮に乏しい子どものいることが明らかにされた．同時に発達について評価した結果，遅れのある子どもはいなかったものの，これらの配慮が「適切な社会・対人技術」「他の子どもとのかかわり」「気になる行動」に関連していることが示された．よりよい環境の整備がリスクの回避に結び付く可能性が示唆された．

そこで，エンパワメント技術モデルに基づいて，ステップを踏みながら簡単な目標・戦略を設計した（図10-1）．

第1ステップとして，コミュニティが何を達成したいのか，期待する成果や将来の展望を明示した．「多様な経験をつむ」「多様な人との関係を築く」を短期的な期待する成果とし，長期的な

展望として「自分の意見だけでなく他の子どもの意見をときには受け入れるような調整能力や，適切に表現する能力を身に付ける」「支援内容の充実」「専門職の資質の向上」「適切な対人関係を築くことができる」「子どもと家族への理解が深まり，より効果的な支援展開ができる」「よりよいサービスの提供」をあげた．

　第2ステップとして，コミュニティの問題や課題を明らかにした．ここでは特に課題として「友人や保護者や専門職に対し自分の感情や気持ちを適切に表現できていない」をあげた．

　第3ステップとして，その問題や課題を取り巻くコミュニティの背景について明らかにした．ここでは「子どもの発達に遅れなどはみられない」「年齢や時間の長さによる影響はみられない」「夜間保育を利用している」ことをあげた．

図10-1　エンパワメント技術モデルに基づく目標・戦略設計

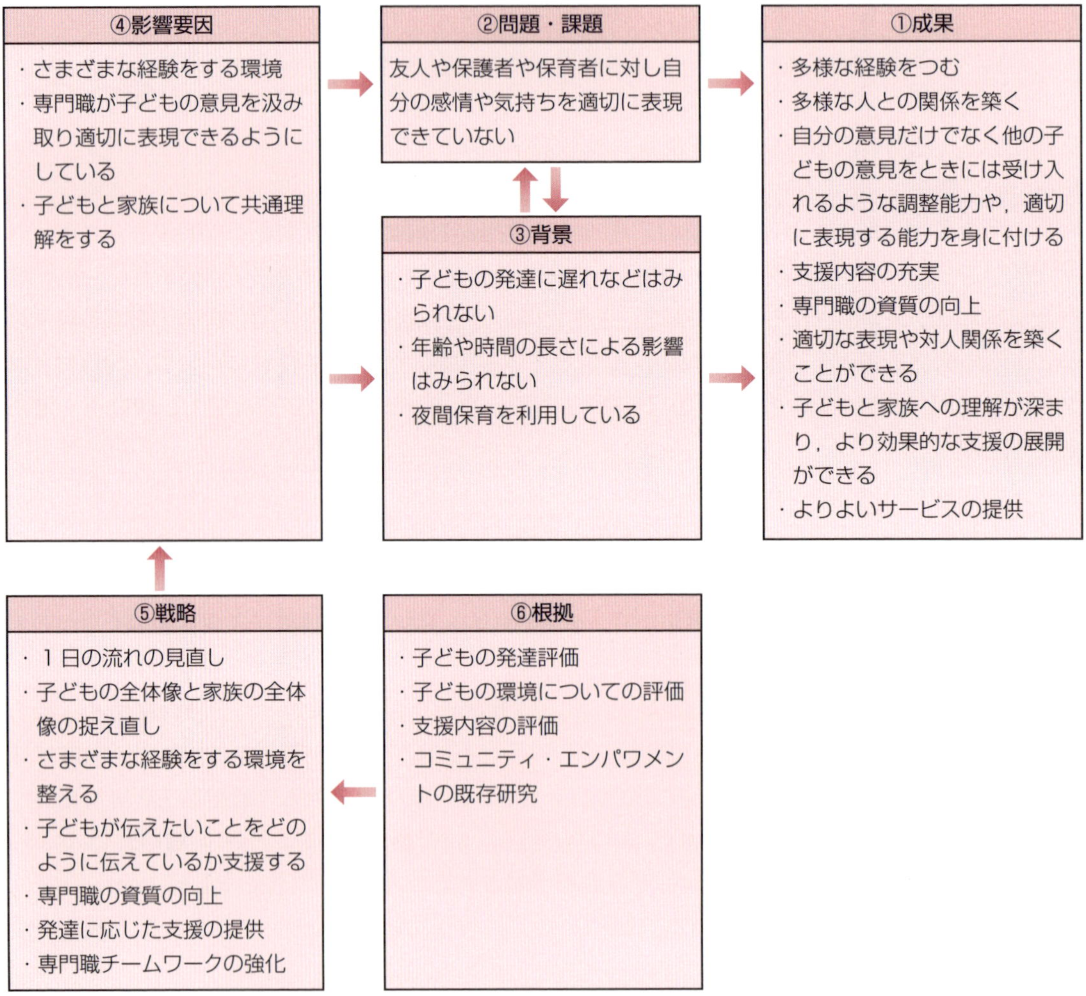

④影響要因
- さまざまな経験をする環境
- 専門職が子どもの意見を汲み取り適切に表現できるようにしている
- 子どもと家族について共通理解をする

②問題・課題
- 友人や保護者や保育者に対し自分の感情や気持ちを適切に表現できていない

①成果
- 多様な経験をつむ
- 多様な人との関係を築く
- 自分の意見だけでなく他の子どもの意見をときには受け入れるような調整能力や，適切に表現する能力を身に付ける
- 支援内容の充実
- 専門職の資質の向上
- 適切な表現や対人関係を築くことができる
- 子どもと家族への理解が深まり，より効果的な支援の展開ができる
- よりよいサービスの提供

③背景
- 子どもの発達に遅れなどはみられない
- 年齢や時間の長さによる影響はみられない
- 夜間保育を利用している

⑤戦略
- 1日の流れの見直し
- 子どもの全体像と家族の全体像の捉え直し
- さまざまな経験をする環境を整える
- 子どもが伝えたいことをどのように伝えているか支援する
- 専門職の資質の向上
- 発達に応じた支援の提供
- 専門職チームワークの強化

⑥根拠
- 子どもの発達評価
- 子どもの環境についての評価
- 支援内容の評価
- コミュニティ・エンパワメントの既存研究

第4ステップの影響要因として「さまざまな経験をする環境」「専門職が子どもの意見を汲み取り適切に表現できるようにしている」「子どもと家族について共通理解をする」をあげた．専門職がどのように子どもと家族について理解しているかにより，支援が変わってくるからである．

　第5ステップとして，「1日の流れの見直し」「子どもの全体像や家族の全体像の捉え直し」「さまざまな経験をする環境を整える」「子どもが伝えたいことをどのように伝えているか支援する」をあげた．これらは「夜間保育サービスマニュアル」を用いた評価を点検し，どのような支援をしているか，どのような環境を提供しているかを再度チェックし，今後の支援を検討した．そして，「専門職の資質の向上」「発達に応じた支援の提供」とともに「専門職チームワークの強化」が影響を与えている要因に変化を与える戦略として設定した．

　第6ステップとして，「子どもの発達評価」「子どもの環境についての評価」「支援内容の評価」「コミュニティ・エンパワメントの既存研究」を戦略の根拠としてあげた．

第3節　コミュニティ・エンパワメントの成果

　プロセスをモニターするとともに，アウトプット（生産物），アウトカム（成果），インパクト（影響）を明らかにするため，評価設計を行った．

　まず，「目標・戦略」とその「背景」となるコミュニティやメンバーの状況を整理すると，「友人や保護者や専門職に対し自分の感情や気持ちを適切に表現できていない」に対し，「さまざまな経験をする環境を整える」「子どもが伝えたいことをどのように伝えているか支援する」を目標・戦略として設定した．

　「子どもの発達に遅れなどはみられない」に対しては「発達に応じた支援の提供」を新たに設定し，「夜間保育を利用している」には「1日の流れの見直し」「子どもの全体像と家族の全体像の捉え直し」「専門職の資質の向上」「専門職チームワークの強化」をあげた．

　次いで，「目標・戦略」を実現するための具体的な対応方法や行動を「過程・組織」として列挙すると，「さまざまな経験をする環境を整える」「子どもが伝えたいことをどのように伝えているか支援する」には「どのような環境を提供しているか再点検」「子ども同士で意見を出し合ったり協力することが必要な場面を設定した支援を展開する」「子どもの表現する力を養い引き出すかかわりを専門職が提供する」を設定した．「発達に応じた支援の提供」には「支援の評価と再検討」を，「1日の流れの見直し」「子どもの全体像と家族の全体像の捉え直し」「専門職の資質の向上」「専門職チームワークの強化」に対し，「メリハリのある支援の評価と再検討」「子どもの全体像と家族の全体像の理解を深める」「必要な支援案の作成」「専門職間の連携するための計画案の作成」を設定した．

　最後に，過程・組織活動により得られる結果について，「アウトプット」「アウトカム」「インパクト」の順に並べて整理した．

「どのような環境を提供しているか再点検」「子ども同士で意見を出し合ったり協力することが必要な場面を設定した支援を展開する」「子どもの表現する力を養い引き出すかかわりを専門職が提供する」に対しては「多様な経験をつむ」「多様な人との関係を築く」「自分を表現し，受け入れられることを繰り返すことで信頼感や安心感を得ていく」をアウトプットに，「子ども自身が自分の意見に自信を持つ」「自分の意見だけでなく他の子どもの意見をときには受け入れるような調整能力や，適切に表現する能力を身に付ける」をアウトカムに設定した．インパクトとして「適切な表現や対人関係を築くことができる」とした．

「発達に応じた支援の提供」に対し，アウトプットを「子どもの全体像と家族の全体像の理解が深まる」「必要な支援の実施」「専門職間の連携するための計画の実施」，アウトカムに「支援の充実」，インパクトに「よりよい支援を提供」とした．

「メリハリのある支援の評価と再検討」「子どもの全体像と家族の全体像の理解を深める」「必要な支援案の作成」「専門職間の連携するための計画案の作成」にはアウトプットを「発達に応じた支援の提供」と共通に「子どもの全体像と家族の全体像の理解が深まる」「必要な支援の実施」「専門職間の連携するための計画の実施」とし，アウトカムに「子どもと家族への理解が深まり，

図10-2 エンパワメント技術モデルに基づく評価設計

背景	目標・戦略	過程・組織	成果 アウトプット	成果 アウトカム	インパクト
・友人や保護者や専門職に対し自分の感情や気持ちを適切に表現できていない	・さまざまな経験をする環境を整える ・子どもが伝えたいことをどのように伝えているか支援する	・どのような環境を提供しているか再点検 ・子ども同士で意見を出し合ったり協力することが必要な場面を設定した実践を展開する ・子どもの表現する力を養い引き出すかかわりを専門職が提供する	・多様な経験をつむ ・多様な人との関係を築く ・自分を表現し，受け入れられることを繰り返すことで信頼感や安心感を得ていく	・子ども自身が自分の意見に自信を持つ ・自分の意見だけでなく他の子どもの意見をときには受け入れるような調整能力や，適切に表現する能力を身に付ける	・適切な表現や対人関係を築くことができる
・子どもの発達におくれなどはみられない ・夜間保育を利用している	・発達に応じた支援の提供 ・1日の流れの見直し ・子どもの全体像と家族の全体像の捉え直し ・専門職の資質の向上 ・子どもにかかわる専門職チームワークの強化	・支援の評価と再検討 ・メリハリのある支援の評価と再検討 ・子どもの全体像と家族の全体像の理解を深める ・必要な支援案の作成 ・専門職間の連携するための計画案の作成	・子どもの全体像と家族の全体像の理解が深まる ・必要な支援の実施 ・専門職間の連携するための計画の実施	・支援の充実 ・子どもと家族への理解が深まり，より効果的な支援の展開ができる	・よりよい支援を提供 ・専門職の資質の向上

より効果的な支援の展開ができる」を，インパクトを「専門職の資質の向上」とした．

第4節　コミュニティ・エンパワメントのポイント

　コミュニティ・エンパワメント技術を用いて，支援の質向上のためのシステムづくりについて整理した．

　今回の例では，夜間に及ぶ保育サービスを実施している園において「子どもが友人や保護者や保育者に対し自分の感情や気持ちを適切に表現できる」ようになるための戦略と目標を設定し，評価を設計した．その過程で，適切な表現ができるようになるためには，子ども自身が自分の表現に自信を持つ過程が必要なことが示された．つまり，子ども自身がエンパワメントされる必要があり，支援に携わる専門職も自身の質の向上や専門職間の連携によりエンパワメントされる必要がある．よりよい支援が提供されると，周りの子どもや家族がエンパワメントされ，全体の質が向上するという循環ができあがる．

　そのポイントとしては，以下のとおりである[11]．

1) 生活の全体像のなかから子どもの状況を把握する．

　子育て支援を利用している時間にとどまらず，家庭との丁寧な連携を心がけて24時間どのように子どもが生活しているのかを捉える．1日の流れを視野に入れ，どのようにメリハリがつけられているか，1週間，月単位の流れをふまえる．

2) 子どもの過去から未来への発達軸をふまえて現在の状況を把握する．

　現在，子どもが成長過程のどの地点にいるのかを意識する．子どもなりの成長と客観的な発達の様子とを捉える．成長している部分を評価し，さらに強化する援助を，家族の様子の変化や対応を含めて整理する．

3) 捉えた状況から課題や問題点を整理する．

　子ども，家族，子どもと家族を取り巻く環境，関係機関との連携を見通しながら整理する．さらに他の子どもとの共通点と相違点，専門職の対応の共通点と相違点について把握し，次の手順を検討する．

● 引用文献 ●
1) 東　洋，柏木惠子：社会と家族の心理学．pp.9〜15，ミネルヴァ書房，1999．
2) 厚生労働省：厚生労働白書 平成15年版．ぎょうせい，2003．
3) 国立社会保障・人口問題研究所：出生動向基本調査，2002．
4) 児童福祉法（1947年制定，1997年改正）．
5) 文部・厚生・労働・建設4大臣合意：今後の子育て支援のための施策の基本的方向について．1994．
6) 大蔵・文部・厚生・労働・建設・自治6大臣合意：重点的に推進すべき少子化対策の具体的実施計画について．1999．
7) 保育所保育指針（1998年改定）．
8) 次世代育成支援対策推進法（2003.7制定）．
9) 安梅勅江：長時間保育の子どもの発達への影響に関する追跡研究—2年後の子どもの発達に関連する要因に焦点をあてて．社会福祉学，42：125〜133，2002．
10) 全国夜間保育園連盟：良質な夜間保育サービスの拡充に向けて—夜間保育の特徴から見た質の評価の進め方，生かし方〈マニュアル編〉．医療福祉事業団，2004．
11) 前掲書10)，p.30．

第11章

地域ケアの連携促進

> My philosophy is that not only are you responsible for your life, but doing the best at this moment puts you in the best place for the next moment.
>
> *Oprah Winfrey*

第1節 背景

　急速な少子化は，核家族化，育児不安の増加，母親の孤立を招き，虐待の増加は社会問題となっている．こうした問題の改善のためには，地域における幅広い子育て支援の仕組みを整備する必要がある．

　1980年代以降，子育てネットワークという名称で地域活動が活発になりつつある．しかし，住民の顔が見えずつねに受け身に置かれている感があり，今後の課題として地域住民との協働が求められている[1]．

　一方，地域には住民が主体になったインフォーマルな子育てネットワークと呼ばれる活動がある．例えば，子育て中の保護者と専門職でつくる広域のネットワーク，「ミニコミ誌」の活動から発展したネットワーク，子育てサークルから生まれたネットワークなどである．住民主体のボランティアが中心の子育て支援は特別な機能を持つものではなく，地域の子どもとその家庭を自助的，共助的に支援し，孤立した子育てを予防する．地域における子育てのスキルアップ，住民自体のエンパワメントに結び付くものといわれている[2]．子育て中の保護者たちが集まり情報交換をし，日ごろのストレスを発散し，問題解決に向けて自助努力を行い，アドバイザーやサポーターなどの一定の研修を受けたボランティアが共に子育てを支える場として広場事業が展開されている．広場事業は家庭の育児能力をエンパワメントする機能を有している．

　ハイリスク児の家庭に対する支援は専門機関と専門職による適切なケアが求められ[3]，処遇困難なケースや多問題家族の多くは一人の専門職による援助で対応しきれるものではなく，保健，医療，福祉，教育の連携をベースに展開する必要がある．

　しかしながら，支援の現状としては，専門機関，専門職は必ずしも十分に連携しているとは限

らない状況が多い．阻害要因としては，支援者が十分にチームワークの訓練をしてきていない点，長い間培われてきた専門職間の葛藤（パターナリズム）など[4]がある．

本章では地域における支援の連携に焦点をあて，当事者，地域サポーター，専門職など関係者すべてが連携することにより，地域の育児力の向上への一助となることを目指す．

> ◆ K市における支援連携チームメンバー例 ◆
>
> **当事者**：子育て家庭（保護者・子）・子育て経験者
> **地域サポーター**：ボランティア・NPO・近隣住民・親戚・住民などインフォーマル支援者（子育て経験の有無や年齢，性別を問わない）
> **専門職**：保育士・教諭・保健職・医師・看護職・臨床心理士・行政職など，保健・福祉・医療・教育・市町村担当者などフォーマルな支援者

このほかにも最近では次世代育成支援対策推進法の導入により，育児経験者や保育経験者を対象に，住民を支援員，相談員，サポーターとして養成し保育所や幼稚園，小学校へ配置する計画がある[5]．専門職と地域サポーターの区別をしない，垣根を越えた支援者が登場しつつあるのが特徴的である．

第2節　コミュニティ・エンパワメントの方法

ヘルスチームの定義を，世界保健機関（WHO）では「チームメンバーが援助目標を共有し，各メンバーの能力や援助技術を機能的コーディネートのなかで用い，目標達成のために貢献するグループ」としている．

「連携」とは，1つの目的を達成するために多様な人々の知恵と力を合わせることであり[6]，連携を行うチームメンバーは対等な立場であることが重要であると考える．コミュニティ・エンパワメントを展開するための当事者，地域サポーター，専門職の連携の目指すあり方，チームワーク，ネットワークの発展段階について図11-1に示す．

第1段階：当事者は支援を受ける立場，専門職が支援の決定権を持つ．一方的な支援．
第2段階：当事者を囲んで専門職が支援を行う．必要に応じて適切な専門職が専門的な支援を行う．支援は相互関係から成り立っているが，各専門職間で情報を共有することはない．
第3段階：当事者を中心にさまざまな支援のレベルに地域サポーター，専門職がかかわっている．地域サポーター，専門職が情報を共有し，ネットワークを張っている状況．当事者は必要に応じて支援を選ぶことができる．

図11-1　連携のネットワークの発展段階

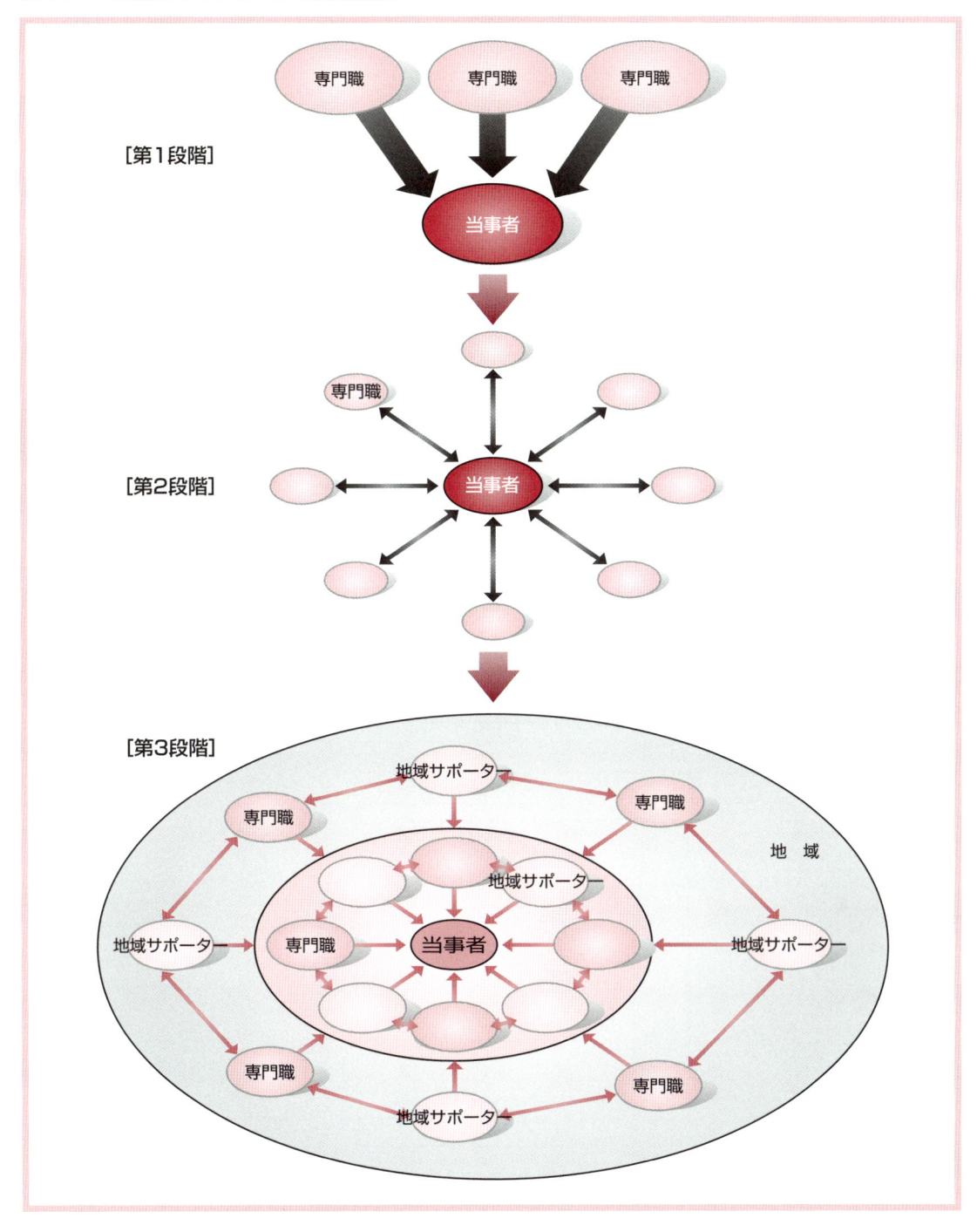

[第1段階]

[第2段階]

[第3段階]

　上記のネットワークイメージを勘案し，エンパワメント技術に基づく連携促進のための目標・戦略設計を以下のように設定した（図11-2）.

図11-2 エンパワメント技術モデルに基づく連携促進に向けた環境づくりの目標・戦略設計

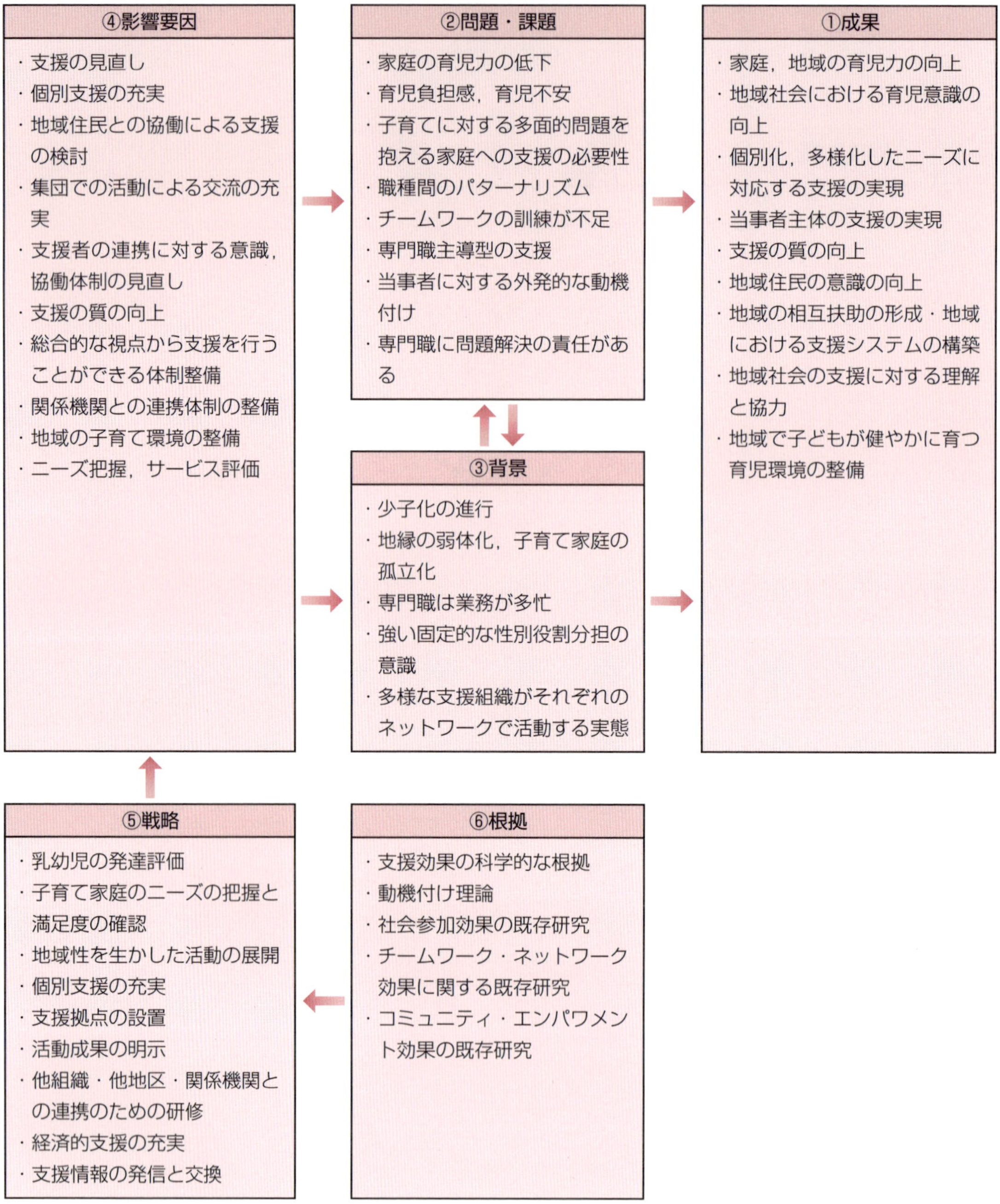

④影響要因
- 支援の見直し
- 個別支援の充実
- 地域住民との協働による支援の検討
- 集団での活動による交流の充実
- 支援者の連携に対する意識,協働体制の見直し
- 支援の質の向上
- 総合的な視点から支援を行うことができる体制整備
- 関係機関との連携体制の整備
- 地域の子育て環境の整備
- ニーズ把握,サービス評価

②問題・課題
- 家庭の育児力の低下
- 育児負担感,育児不安
- 子育てに対する多面的問題を抱える家庭への支援の必要性
- 職種間のパターナリズム
- チームワークの訓練が不足
- 専門職主導型の支援
- 当事者に対する外発的な動機付け
- 専門職に問題解決の責任がある

①成果
- 家庭,地域の育児力の向上
- 地域社会における育児意識の向上
- 個別化,多様化したニーズに対応する支援の実現
- 当事者主体の支援の実現
- 支援の質の向上
- 地域住民の意識の向上
- 地域の相互扶助の形成・地域における支援システムの構築
- 地域社会の支援に対する理解と協力
- 地域で子どもが健やかに育つ育児環境の整備

③背景
- 少子化の進行
- 地縁の弱体化,子育て家庭の孤立化
- 専門職は業務が多忙
- 強い固定的な性別役割分担の意識
- 多様な支援組織がそれぞれのネットワークで活動する実態

⑤戦略
- 乳幼児の発達評価
- 子育て家庭のニーズの把握と満足度の確認
- 地域性を生かした活動の展開
- 個別支援の充実
- 支援拠点の設置
- 活動成果の明示
- 他組織・他地区・関係機関との連携のための研修
- 経済的支援の充実
- 支援情報の発信と交換

⑥根拠
- 支援効果の科学的な根拠
- 動機付け理論
- 社会参加効果の既存研究
- チームワーク・ネットワーク効果に関する既存研究
- コミュニティ・エンパワメント効果の既存研究

■1. フォーカス・グループインタビュー調査

今回は，フォーカス・グループインタビュー[7-10]を行い，連携促進要因の把握を行った．

当事者，サポーター，専門職の3つのグループを設定した．当事者は子育て経験者であり支援に関心のある者，地域サポーターは地域で支援にかかわっているボランティアやインフォーマルな支援者，専門職は専門職教育を受けた者で支援施設に所属し，乳幼児への直接支援に日常的に従事しているフォーマルな支援者とした．インタビュー内容は，支援の現状や困難や連携における困難点，支援における必要事項，社会システムとしてどのようなことが必要かなどであった．

参加メンバーからは連携の促進要因について，これまでのさまざまな経験から多くの自発的な発言が得られた．それらの多くは「個の領域」「チームの領域」「社会システムの領域」に分類された．

> 1. 個の領域
>   連携に参加している個人に必要な要因
> 2. チームの領域
>   チーム運営に関する要因
> 3. 社会システムの領域
>   社会基盤の整備として必要な要因

連携の促進要因について，カテゴリーとサブカテゴリー，重要アイテムを図11-3に示す．

■2.「関係機関との連携を強化する」マニュアル開発

複数のグループインタビューにより得られた連携の促進要因と既存研究をもとに，地域で支援にかかわるすべての者が利用できる具体的なマニュアルを開発した（図11-4）．

図11-3 抽出されたカテゴリー一覧

	重要カテゴリー	サブ重要カテゴリー	重要アイテム
1 個の領域	(1) 基本姿勢	1) 当事者主体を徹底する	①利用者のニーズの把握
			②利用者を巻き込んだ支援
		2) 子育てへの共感を徹底する	①精神的な支援の充実
		3) 守秘義務を徹底する	
2 チームの領域	(1) 支援過程	1) 支援過程の共有化	①支援の目標と過程を共有する
			②客観的な評価の場がある
			③フィードバックする
			④利用者への説明を的確に十分行う
		2) 個別性への配慮がある	
		3) ライフサイクルを捉えた支援を実施する	
		4) 相談や苦情に対応する	①相談の窓口がある
			②苦情の窓口がある
	(2) チーム体制	1) 役割分担を明確にする	①相互の専門性を理解する
			②相互の限界を知る
		2) チーム内の信頼関係の構築	①良好な人間関係を維持する
			②パートナーシップに基づいた支援
			③相互支援体制がある
		3) 日常的に共通理解の場がある	①定期的な意見交換の場がある
		4) ニーズに合った連携体制がある	①柔軟, 迅速に対応する
		5) 専門性向上の機会がある	①スーパーバイザーからの助言を得る機会がある
	(3) 情報活用	1) 情報を共有する	①情報入手可能な体制がある
		2) 情報発信する	
		3) 適切な情報管理を行う	②記録, 報告の仕方が決まっている
3 社会システムの領域	(1) 地域ネットワーク化	1) 地域ぐるみの支援システム	①校区レベルの身近な連携拠点がある
			②地域で見守るシステムがある
			③継続性のある支援システムの確立
		2) 個別性に応じた支援システムの整備	①多様なニーズに対応した支援内容がある
			②経済的な支援を充実する
			③男女ともに育児参加を促進する
			④手続きが簡略である
			⑤事業の個別性に応じた工夫がある
	(2) 教育体制	1) 研修の機会を保障する	①業務の一環として参加することができる
		2) 専門性を高めるための体制を整備する	①上司や仲間の理解がある
		3) 支援者の生活向上への配慮がある	①業務の効率化への配慮がある
			②時間の確保への配慮がある

図11-4 「関係機関との連携を強化する」連携促進マニュアル[11]

大	小	チェック項目	チェック項目の説明	確認欄	マニュアル内容
ネットワークづくり	機関連携	専門性に応じた機能分担をしている．	他機関や他業種の現状を尊重している．		保健・医療・福祉を主に，教育・法律・司法などの支援内容，具体的な利用の仕方を把握している．受付時間・窓口・必要手続きなどの情報を収集している．
					地域の関係機関の役割，連絡先，受付時間などを一覧にして，職員が目に付くところに貼り，情報を共有している．
					夜間緊急時（急病，事故，事件，火災，地震など）の協力可能な他機関，特に医療機関，消防署，警察に関する窓口，対応範囲の確認を行い，一覧にして貼り出し，利用ができる園内の体制がある．
					夜間の安全確保のため，警備会社，地域の警察署（交番）と連携関係にある．定期的な巡回，有事の際の支援の受け方の把握をしている．
					連携する専門職同士がお互いに尊敬をはらった言動を心がける．相手の立場を理解し，連携を行う．
					連携先の専門職に対して夜間保育の実態（子ども，保護者，職員），サービス内容（保育時間，宿泊保育，緊急保育，一時保育，病児，病後児保育など），入所児童（年齢，人数，など），利用者（保護者）について説明を行っている．
			専門性を生かした連携を心がけている．		定期的に話し合いの場を持つことで，各専門職の役割を詳しく知る．お互いの限界を知り，そのうえで役割分担を確認できている．
					夜間の緊急時に，警察，消防，警備会社との連絡方法，連携の内容が決まっており，職員が周知している．
					地域の支援者（ボランティア）の受け入れや，協力体制がある．園行事への参加，日常保育への参加交流の機会がある．
					夜間の時間帯にも実習，ボランティアの受け入れ体制がある．
					夜間のボランティア受け入れ体制としては，上記のほかに夜間保育や，夜間の生活リズムについての事前説明，ボランティア参加者の帰宅までの交通機関の確保への配慮などがある．
					専門職は，ボランティア，NPO，その他を含めたソーシャルサポートネットワークのなかで，地域の人々と協働して支援の輪を広げられるように，ソーシャルワーカーとしての力を付ける．特に夜間保育に関して地域に周知され，協力を得られるように努力する．
		情報を共有している．	連携に必要な情報を専門職が共有するための工夫を会議や書面，口頭で工夫している．		誰がみても分かりやすい記録の書き方，支援内容に応じた書式がある．専門用語の定義，語句の表現に対して共通理解がある．
					定期的に専門職が情報のやりとりができる機会，場がある．
					連携の際，夜間保育所でどのようなサービスを提供できるか，関係機関に情報を提供している（会議の場，各種サークル活動，広報活動，ホームページなどの利用）．
					専門職が，会議・書面・口頭の機会を十分生かせる技術を持っている．
					連携に必要な情報とは，支援の目的に合った最低限度の情報であり，情報収集ばかりに力を入れないように気を付ける．

図11-4 つづき

大	小	チェック項目	チェック項目の説明	確認欄	マニュアル内容
ネットワークづくり	機関連携	利用者の自己決定を促している．	利用者の意思を尊重し，連携に関する十分な説明をしている．		この人なら話せそうという相互信頼と，親和の関係（ラポール）が成立している．
					事前説明により，利用者の合意を得ている．専門用語は極力避け，利用者に分かりやすい言葉で内容を説明する．
					随時話し合いの機会を持ち，利用者の意思の確認を行う．利用者の話をよく聞き，希望，価値観を知っておく．
					夜間保育利用者については，利用者の勤務時間帯を考慮し，話し合いの設定は利用者とともに，参加しやすい時間を設定する．
					当事者の地域性，利便性を考えた支援を心がける．
			最終的に当事者が自分でサービスを選択できる力をつけることへの配慮がされている．		サービス利用の決定権は利用者にあることを専門職は自覚し，利用者が自分でサービスを選ぶことができるように，必要に応じて，意思決定に必要な情報を提供する．
					パートナーシップに則った支援を心がける．
					利用者が自分でどうしたらよいか決定したり，選択できるようにするため，「〜したらいい」「〜すべき」といった一般論や，あるべき姿をアドバイスするのではなく，自分の問題や欲求を明確化したり，見通しが持てるような援助を心がける．
					日ごろから家族内で問題について話し合うことの大切さを伝え，キーパーソンを中心に円滑に意思決定が行われるように援助する．
					利用者が同じ悩みを持つ仲間との関係をつくることへの援助を行う．互いに励まし合い，情報を提供しながら問題を解決することの勇気付けを行い，指示する．
		柔軟に連携している．	こまめな連携を心がけ，形式上の会議に終わらないように心がけているか．		日ごろから地域の話し合い，自治会活動に参加することで，地域の人々とのつながりを持つ．
					各機関について，どこに行けば，誰がいて，どのような支援が受けられるかを日ごろから知っておく．
					連携の事例について，必要に応じて話し合い，各機関，専門職の役割を決め，支援の方向を確認し合う．
					定期的な会議のほかに，日ごろから電話，FAX，インターネットを利用した連絡の方法がある．
					他機関からの問い合わせ，連絡に対して担当者を決め，継続して担当する体制がある．担当者がいない場合のため，補助の担当者がいて，いつでも対応することができる．
	支援の評価	子どもと家族の変化を把握している．	サービス利用によって子どもと家族にどのような変化がみられたかを把握し，次の支援に結び付けることができている．		当時者の健康状態（精神的，肉体的）満足度について把握し，記録に残す．
					直接援助を受ける子どもと保護者など利用者の変化が違う場合を見逃すことがないように，常に子どもの視点に立った支援を心がける．
					当事者の情報や支援の状況は随時記録され，責任者に確認されている．
					会議の際，上記の状況の変化を関係機関に報告し，支援の見直しに生かしている．

第11章 地域ケアの連携促進

図11-4 つづき

大	小	チェック項目	チェック項目の説明	確認欄	マニュアル内容
ネットワークづくり	支援の評価	個別性に配慮している.	子どもと家族の個々の状況に応じた支援の評価を行っている.		どの子ども, どの家族も, 共にみな一様ではない. 利用者の話をよく聞き, 好み, 希望, 価値観, 生活信条, 文化的背景を理解し, 認める.
					夜間保育利用の場合, 保護者の勤務状況や生活事情はさまざまであり, 子どもの生活状況も多様であることを認める.
					子どもや保護者の個別事情や要望を聞いた後, 決められた書式に記録をしている.
					個別事情に変化があった場合は修正, 加筆を行い, 変化の経過がわかるようにしている.
					子どもと家族の個別性に関する情報を専門職間で共有化し支援に活用している.
		フィードバックを実施している.	利用者の状況や結果を必要に応じて確認していくことで, 状況に応じ, 随時支援計画, 支援方法の見直し, 支援の改善が行われている.		利用者の状況を定期的, 随時確認し, 必要に応じて支援の見直しを行う.
権利擁護	連携による権利擁護	利用者の利益, 権利に配慮している.	各機関の専門職が子どもと家族の利益, 権利を守るための配慮をしている.		連携に関して, 子どもと家族が持つ権利に対してわかりやすく説明する.
					子どもや家族の権利の危機, 例えば, 虐待, 家庭内暴力（DV）が疑われる場合, 嘱託医, 地域の児童相談所, 福祉事務所, 民生委員, 児童委員, 保健所, 市町村保健センターなどとの連携を速やかに図る.
					虐待や暴力が疑われる場合でも, 警察, 司法関係機関や児童相談所と連携し, 保育所としては, 常に親子の立場に沿って援助する役割を担う.
					利用者がどのようなサービスを必要としているか, 他機関の専門職や地域, 行政に対して利用者のニーズを代弁する役割を担う.
		専門職の人権に対する意識の向上を図っている.	子どもと家族の権利, 権利擁護に対する勉強会の開催, 人権意識について周知, 徹底を図っている.		権利擁護に関する外部研修への参加をしている. 研修参加に対する勤務上の配慮がある.
					外部研修で学んだことや得た情報をまとめ, 園内研修などを通して, 他の職員に伝える機会がある. まとめた資料, 研修報告書が閲覧できる.
					園内研修や日常保育を通して, 利用者の権利を考え, 常に利用者に対して敬意をはらった言動を心がけている.
					子どもの権利保障に対する視点がある.
		プライバシーへの配慮を徹底している.	守秘義務の徹底を図っている.		援助の段階で知りえた利用者の情報について, 他者に漏らしてはならない.
					情報を共有化しなければならない場合は, 利用者に事前に説明し, 同意を得ることが必要である.
					連携の際には, 支援の目的に合った, 必要最小限の情報のみ共有する.

図11-4 つづき

大	小	チェック項目	チェック項目の説明	確認欄	マニュアル内容
権利擁護	連携による権利擁護	プライバシーへの配慮を徹底している.	個人情報の保護のための情報管理を徹底している.		特に配慮が必要な事柄を保護している.
					決められた場所の保管,管理者を決める.保管場所は職員以外はわからないようにする.施錠をし,園外への持ち出しは禁止している.
					会議などで必要な場合は個人情報を保護するためのルールがあり,厳守している.

第3節 コミュニティ・エンパワメントの成果

エンパワメント技術モデルに基づく評価設計を図11-5のように設定した.

図11-5　エンパワメント技術モデルに基づく評価設計

背景	目標・戦略	過程・組織	アウトプット	成果 アウトカム	インパクト
・専門職主導型の支援 ・当事者に対する外発的な動機付け	・共感に基づいた精神的な支援 ・当事者のニーズ把握 ・サポーターの実情把握	・相談事業の充実 ・当事者の権利擁護 ・当事者のニーズに対応した支援計画の作成	・支援活動への主体的な参加 ・当事者を巻き込んだ支援の展開 ・当事者の育児意識の向上	・当事者主体の支援実現 ・当事者の自己決定権の保障	・子育て家庭の育児力の回復 ・当事者,サポーターのエンパワメントが高まる
・他職間のパターナリズム ・専門職の役割の増大 ・専門職に問題解決の責任がある ・連携に関する意識がまちまち	・信頼関係の構築 ・当事者,支援者の協働参加の場 ・役割分担の明確化 ・チームメンバーのバックアップを図る ・研修プログラムの検討	・パートナーシップ ・相互の専門性を理解 ・定期的,日常的な意見交換の実施 ・情報の活用と共有 ・スーパーバイズの実施	・チーム間の良好な人間関係 ・目標の共有と課題の共有化 ・柔軟,迅速な支援の実施 ・ニーズに応じた連携体制 ・保育サービス指針の開発・活用	・円滑な連携システムの構築 ・チーム体制が明確になる ・業務の効率化 ・チームワークの質の向上と安定	・チームメンバーのエンパワメントが高まる ・地域,機関,団体の垣根を越えた支援体制の確立
・地縁の弱体化 ・多様な支援組織がそれぞれのネットワークで活動する実態 ・ニーズに応じた支援が不足	・地域性を生かした活動の展開 ・活動成果の明示 ・連携拠点の設置 ・ニーズの把握と明示 ・連携のための研修システムの整備	・支援サービスの見直し ・ニーズに応じた多様なプランの検討,実施 ・住民の育児参加を実施	・他地域や関係機関との連携方法の確立 ・支援者の連携に対する意識,行動の変化 ・当事者,支援者,地域住民の協働プランの作成	・システム的なサポートネットワークの確立 ・地域社会の支援に対する理解と協力 ・当事者,支援者,住民のプランの評価体制	・住民のエンパワメントが高まる ・住民主体のコミュニティの構築 ・子育てしやすい,働きやすい社会システムの実現

当事者である一人の子ども，1つの家庭を支援するために，多職種の専門家が子育て家庭を中心に集まるチーム支援が求められている．チームワークにはいくつかのモデルがあるが，多職種連携モデル（interdisciplinary model）では，それぞれの専門家が専門性をふまえて，共有の目標に向けて情報と責任を共有しながら支援を行う[12]．

　連携チームを組む専門機関は，保健所，児童相談所，病院，幼稚園，小学校，福祉事務所，市町村の担当部所などがある．専門職としては保育士，小児科医，歯科医，保健師，助産師，看護師，臨床心理士，言語療法士，教師などである．

　一方，支援の大きな力に「住民の力」がある．専門職ではなく，地域のボランティア，子育てサークル，保育ママ，民生委員，児童委員，地域住民で，公民館や自宅などを拠点に活動を行っている地域サポーターである．

　真の連携は，当事者である子育て家庭，各専門職，地域サポーター，地域住民をチームのメンバーに加え，共通の目標に向かい，全員が最大限の力を発揮してチームに貢献する状態である．

　以下に，支援における連携の具体例を概説する[11]．

◆ **育児に対する不適切なかかわりの事例** ◆

子ども：5歳7カ月，男児A男，保育所入所年齢生後6カ月
　　　　　食物アレルギー，アトピー性皮膚炎

家族構成：母（28歳，アルバイト）・本児・妹B子（3歳5カ月）・弟C男（0歳6カ月）
　　　　　　同居男性：33歳，営業職，勤務が不規則
　　　　　　本児が1歳9カ月時に離婚，次男の妊娠を機に男性と同居．
　　　　　　実父は離婚後他県に転出，以後連絡はない．

育児サポート：緊急時は祖母（隣接市に在住）が対応する．母親には育児のことを話せる友人はいない．

支援利用後の変化：A男；朝元気がない，アトピー性皮膚炎が悪化，給食をがつがつ食べる，指しゃぶりを始めた，甘える，家での出来事を自分からは話さなくなった．
　　　　　　　　母親；保育士と顔を合わさなくなった，登降園の時間に遅れる，降園時ぐずる子どもを叱る，髪や衣服が乱れている．
　　　　　　　　B子，C男；給食の食べ方以外，大きな変化はない．

（1）連携の開始

　A男は落ち着きがなく，不安な表情がみられることもしばしばで，足にけがをして登園してきたため（A男は転んだと説明），降園時に母親と話をする機会を設ける．記録していたA男の園での状況をもとに話したところ，母親から「A男が自分で転んだ」という言葉が聞かれた．話を聞いているうちに，徐々に「育児がきつい」「気分がすぐれないので仕事に行けない」「同居している彼は優しいときもあるが，しつけや家事に口うるさい」「アレルギーやアトピーがあるのでは手

がかかる」「母（A男の祖母）は同居に反対で相談に行けない」などの訴えがあった．保育士が疑った虐待の状況は把握できなかったが，子どもの育てにくさや生活上の不安感，孤立感といった虐待の要因があげられたことに主任保育士は早急な対応の必要性を確信した．

まずは母親の気持ちを受け止め，共感することに努めた．また，いつでも相談してほしいことを伝え（柔軟な連携），母親が孤立しないように配慮した．生活上の相談に対しては福祉事務所の窓口を紹介し，あらかじめ相談していた保健師と相談の日時を調整し連携をとるようにした．専門性に応じた連携を心がけ，どこの誰に相談すればよいかを考えた．

(2) 連携の実際

相談当日気分がすぐれないということで，保健師が自宅を訪問．話は多くはできなかったが，観察すると家事は不十分で，部屋は乱雑に散らかっていた．近隣の住人の話によると，父親がひどく叱っている声や子どもが泣く声が深夜に聞こえるということであった．知らせを受けた保育所は，地域の家庭相談員や民生委員と連絡をとることにした．

柔軟な連携，日常から地域の話し合い，自治会に参加することで地域の人々とのつながりを持つことを心がけ，地域の会議や活動を通して顔見知りになっていたので，すぐに協力を得ることができた．保健師と相談後，児童相談所に通報するべきか福祉事務所に相談したが，緊急性が低いという判断に至った．

そこで，連絡会議（ネットワーク会議）を提案し，保育所所長，保健師，民生委員，家庭相談員，福祉担当課が情報交換と今後の支援の方向性を協議した．専門職のネットワーク会議とは別に，母親が契約を結んだファミリーサポーターや家事支援をするボランティアと情報の共有を行う．連携に必要な情報を共有するための工夫を会議，書面，口頭で行うことが重要である．

(3) 連携の継続

引き続き，子どもの様子と母親の様子を経過観察し，A男やB子の安全の確保と情報の把握に努め，記録をとっている．子どもは母親が落ち着くと徐々に精神的な安定を得てきている．民生委員とも連絡を取り合い，近隣の住民による見守り体制をとった．必要に応じて保健師が訪問をする体制を確認し，経済的な支援については福祉事務所が行い，家庭相談員が引き続き調査を行った．念のため，警察署の生活安全課に協力を要請する．これは他機関，他業種の現状を把握していることから，地域の連携先をチェックし，専門機関，専門職，地域の支援者を確認しておいたので慌てずに連絡することができた．他機関との連絡調整は主任保育士が窓口となり，情報を一本化した．必要な情報は園長に報告し，記録に残すようにした．

連携に関しての十分な説明がされているか，当事者主体の視点から，母親が納得して支援を受けることができるように心がけた．専門用語ではない，わかりやすい言葉で説明したことで，母親は警戒せずに支援を受けることができた．また，担当者を変える交渉も行った．連携は人と人のつながりであることを改めて認識した．その後，母親の希望により，祖母と民生委員の立会いのもと，同居男性と話し合い，以前のように母子の生活を送るようになった．生活の安定とともに母子共に落ち着きを取り戻しつつある．

(4) 連携の評価と展開

　ここで大切なのは支援の評価である．支援が子どもと保護者にとって適切であるか，専門職が確認しながら，フィードバックしていく．子どもと保護者の状況は一定ではなく，その都度支援の改善が必要である．

　「何かおかしい」と感じたら，他の専門職，地域サポーターと共に考える．「何か」がみえればチームで共有し，それ以上の進行を防ぐことができる．連携は決して難しいものではない．日ごろからの地域とのつながりをいかに持つかが重要である．連携は人と人，顔と顔のつながりである．

第4節　コミュニティ・エンパワメントのポイント

コミュニティ・エンパワメントのポイントは下記のとおりである（図11-6）．

(1) 当事者

　当事者はチームの主人公，中心人物である．自分自身のニーズ，意思を表明する専門家となりうる．必要な支援，必要な人を選ぶことは問題を解決する糸口になり，育児力を高めることができる．

(2) 地域サポーター

　地域の特性，フットワークのよさを生かして柔軟な連携で自分の住みなれた地域での連携に活躍が期待される．特に当事者に対して身近な支援者であり，精神的な支援を行うことができる．メンバーは子育て中の親はもとより，子育て経験のあるなしにかかわらず，支援を行うことができる．連携チームの一員となることで，より質の高い支援が期待される．

(3) 専門職メンバー

　当事者，地域サポーターを巻き込んだ支援チームのコーディネーターとしての役割を果たすことで，支援の質の向上につながり，やりがいや満足感，仕事に対する誇りを得ることができる．

　専門性を生かしたチームとしての役割分担は，より一層の専門性を高めることにつながる．

図11-6 連携促進要因

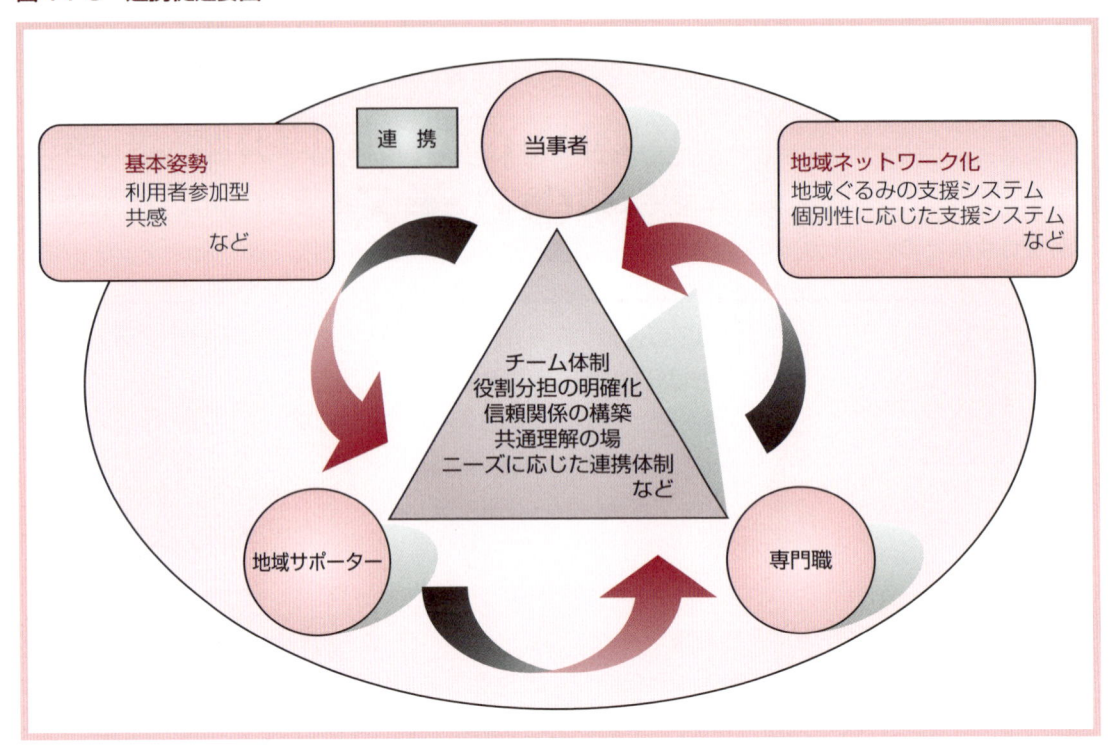

```
基本姿勢                              地域ネットワーク化
利用者参加型                          地域ぐるみの支援システム
共感                                  個別性に応じた支援システム
      など                                      など

          連携    当事者

              チーム体制
              役割分担の明確化
              信頼関係の構築
              共通理解の場
              ニーズに応じた連携体制
                    など

     地域サポーター          専門職
```

● 文　献
1) 中村真理：地域における子育て支援ネットワーク構築に関する研究―住民の立場から見た住民主導型地域子育てネットワーク．厚生科学研究（子ども家庭総合研究事業），pp.410〜413．2002．
2) 中村　敬：地域における子育て支援ネットワークに関する研究．厚生科学研究（子ども家庭総合研究事業），pp.376〜399，2002．
3) 岩立志津男：プロの連携，特集／子ども達の危機に専門職はどのような支援ができるか．発達，93（24）：72-76，2003．
4) 安梅勅江：障害者ケアマネジメントの理念― interdisciplinary teamwork とエンパワメントに焦点をあてて．総合リハビリテーション，30（12）：1358，2002．
5) 北九州市次世代育成行動計画，北九州市，2003．
6) 野中　猛：精神障害リハビリテーション，精神障害リハビリテーションにおけるチームアプローチ概論．精神障害リハビリテーション，3（2）：88〜97，1999．
7) Vaughn, S, Schumm, J.S., Sinagub, J.M.：Focus Group Interviews In Education And Psychology. Thousand Oaks：Sage Publications, 1996（井上　理監訳：グループインタビューの技法．pp.19〜28，慶応大学出版会，1999）．
8) 安梅勅江：ヒューマンサービスにおけるグループインタビュー法―科学的根拠に基づく質的研究法の展開．pp.4〜7，医歯薬出版，2001．
9) 安梅勅江：ヒューマンサービスにおけるグループインタビュー法Ⅱ活用事例集―科学的根拠に基づく質的研究法の展開．pp.130〜135，医歯薬出版，2003．
10) 安梅勅江，片倉直子，佐藤　泉：フォーカスグループインタビュー活用の意義―「健康日本21」への住民の声の反映に向けて．日本保健福祉学会誌，9（2）：45〜53，2003．
11) 全国夜間保育園連盟：良質な夜間保育サービスの拡充に向けて―夜間保育の特徴から見た質の評価の進め方，生かし方〈マニュアル編〉．医療福祉事業団，2004．
12) 安梅勅江：エンパワメントのケア科学―当事者主体のチームワークケアの技法．医歯薬出版，2004．

第12章

国際支援とコミュニティ・エンパワメント
―開発途上国における障害者ケアシステムと
　住民サポーターの活用

> Believe that life is worth living and your belief will help create the fact.
>
> *William James*

第1節　背　景

プロジェクトの背景

「コミュニティによる，コミュニティのための，コミュニティ・エンパワメントの実現」を目指し，T国のコミュニティでの障害者ケアシステムのあり方を検討した．

政治や社会の大きな変化にともない，地方分権化に向けたプロセスのなかで，政府は地方開発の推進とコミュニティのエンパワメントを政策目標の1つとして打ち出している．開発政策のあり方や手法は，従来型の中央政府が主導のトップダウンから，地方のコミュニティのイニシアティブを重視し，コミュニティのメンバーの参加を主体とするボトムアップ型の開発を目指した．

障害者ケアの問題は，中央から遠いコミュニティにおいては取り残された状態となっている．NGOなどを活用し，草の根レベルから住民を巻き込んでシステムをつくり上げる「コミュニティ・エンパワメント・プログラム」を開始した．

T国の人口は，2002年時点で約6,346万人，国土面積は51,400 km^2（日本の約1.4倍），1人あたりGDP（国内総生産）は2,236ドル（2003年），平均寿命は69歳，5歳未満死亡率は29/1,000（2000年），現在は少産少死の傾向に向かっている．また重篤な健康障害を起こす疾病（重度栄養障害，アメーバ赤痢による肝膿瘍，ハンセン病など）の割合は低下し，軽度健康障害を起こす感染症が残っている．現在急増しているのは，事故（交通事故，工事による転落事故，および他殺），生活習慣病（がん，高血圧，糖尿病，心臓病，脳血管障害など），エイズ患者である．障害者人口は増加傾向にあり，保健システム研究機関の推計によると日常生活に支障をきたす障害者は約460万人（2000年）に達している．これは全人口の7.2%に該当する．

障害ケアシステム

　社会保障制度は，1990年に社会保障法が成立し，疾病，出産，障害，死亡，児童扶養，老齢および失業に対しての給付が規定されている．社会保障政策は，通貨危機以降，経済構造改革のセーフティネット政策として急展開している．

　医療保険は，社会保障法に基づく医療保険，公務員を対象とした健康保険制度が従来からあるが，2002年2月から「30バーツ健康保険制度（すべての国民は30バーツ支払うことで年間1,100バーツまでの治療を受けられる低所得者層を中心とした医療保険制度）」を導入し，3本柱により構成している．

1．障害ケア関連組織

　中央政府のもとに，日本における県にあたるProvince，さらにその下に郡District，行政区Tambon，村落Villageがあり，各々ケアを役割分担している．障害者ケア関連組織には，保健省，文部省，内務省の3つの中央省庁，非政府組織，全国障害者福祉・リハビリテーション委員会などがある．

（1）保健省

　障害者への医学的な支援は主に病院で実施され，県立病院，地域レベルの病院，地域保健センターが担当している．また，国立のセンターとして，1986年に国立医療障害者リハビリテーションセンターが設立された．

（2）文部省

　文部省では，心身障害児，または社会経済的に困難のある子どもに対し，特殊教育および統合教育を促進している．特殊教育学校は，非政府組織，民間が運営し，聴覚障害児，視覚障害児，知的障害児，身体障害児，および重複障害児など，対象特性別に設立されている．また都市部では一般校への統合教育や院内教育を実施している．

（3）内務省

　内務省では，①障害者ケアに関する立法立案，②福祉施設設立，③職業訓練を担当している．1991年に「障害者福祉リハビリテーション法」が障害者に関する最初の法令として立法化され，①障害者関連委員会の設置，②障害者の登録制度の確立，③保健省管轄の病院における障害者医療の無料化，④官公庁や民間企業における障害者の雇用割当制度の発足，⑤公共建築物や公共交通における障害者のアクセスのための準備，が定められている．障害者施設，障害者の職業訓練については内務省の福祉局が県を支援し，全国に特別福祉施設が7カ所あり，地域の障害者ケア事業を支援している．

（4）非政府組織（NGO）

　非政府組織は，国内資本によるもの，海外資本によるもの，宗教団体によるものなど，多様な構成となっている．

（5）全国障害者福祉・リハビリテーション委員会

　全国障害者福祉・リハビリテーション委員会は，内務次官を議長とする政府の審議会として

1976年に設立された．障害者のケアに関する関連国際機関を含めた政府および民間部門の活動を調整している．医療，教育，社会，職業に関する4つの小委員会が設置され，関連の立法および行政の業務を行っている．

(6) その他

労働災害に対応するのは，内務省労働局である．1973年に労働災害補償基金を設立し，労働者が職業上の事故，けが，病気のために障害または死亡した場合，この基金で補償を行っている．その他，復員軍人組織が障害を持つ退役軍人のための職業訓練施設，病院，および授産施設を運営している．

■2．障害ケア関連の専門職

都市化にともない，障害ケア関連の専門職の分布は，地域差がきわめて大きい．首都とその他の地域では，専門職によるサービス量に大きな差違が存在する．専門職の不足を補完するために，中央から遠方の村においては，プライマリ・ヘルスケアセンターで「地域ボランティア（Village Health Volunteer）」がヘルスケアを提供する．地域ボランティアは，ある一定期間の事前研修と継続的な研修で養成され，健康管理，投薬などの簡単な医療サービスの提供を担当している．地域ボランティアでは対応が困難な場合，医師の勤務する保健所や地域保健センターなどに送られる．

他に「地域コミュニケーター（Villege Health Communicator）」が存在し，情報提供者として活動する．地域ボランティアおよび地域コミュニケーターは，住民から選抜され，通常1つの村に10〜15名の地域ボランティアが活動している．その主たる活動は，①住民に対する保健関連情報の提供，②住民の保健関連情報（出生，死亡，移住，地域環境問題など）の収集，③地域におけるプライマリ・ヘルスケア（特に疾病予防教育，栄養指導，家族計画指導，環境衛生，予防接種，薬剤供給，消費者保護，事故防止，環境保護，エイズ予防の12領域）に関する広報活動，相談を通じた健康行動の促進，④健康促進活動の実施と調整および他機関との連携，である．そこでは実務として，①就学前児童の栄養状態の検査と栄養不良の子どもへの適切な栄養供給，②簡単な医療サービスの提供，③傷害に対する初期の処置，④産児制限のためのピルおよびコンドームの供給が実施されている．

■3．地域における障害者ケア

障害児協会は，地域支援を積極的に取り入れている．1985年に活動を開始し，現在では，手術のための病院紹介，障害児の統合教育推進，障害者ケアセンターの運営などを実施している．その後，1988年には公立病院による地域支援が開始され，県レベルの行政と一体となって推進している．

一方多くの地域では，村の地域ボランティアが，障害の判別および早期発見を行い，保健所の職員がその報告に基づいて，障害者や家族，地域ボランティアを支援するシステムとなっている．

第2節　コミュニティ・エンパワメントの方法

　コミュニティ・エンパワメントの展開にあたり，まずエンパワメント技術モデルに基づき目標・戦略設計を作成した（図12-1）．

　本プロジェクトでコミュニティのメンバーが何を実現したいかという「①成果」については，住民が運営可能な障害者ケアシステムを構築すること，さらには障害にならないための障害予防教育を子どもから高齢者まで普及すること，コミュニティ・リーダーを育成して継続的なシステムの企画運営や活動を担うこと，その結果インパクトとしてコミュニティ全体の健康度の上昇と，住民主体のコミュニティ・システムを実現することとした．

　都市部から遠いコミュニティにおける障害者ケアに関する主な「②問題・課題」として，障害者ケアや予防ケアが未整備な点，障害ケアにかかわる専門職や専門施設機関がない点をあげた．

　「③コミュニティ背景」としては，コミュニティ全体が経済的に貧困な点，情報不足などによりコミュニティのメンバーが障害の知識や理解に乏しい点，昔ながらの互助組織が根付き地縁が強い点などの特徴がある．

　これら「①成果」「②問題・課題」「③コミュニティ背景」への「④影響要因」として，人材不足，メンバーから募るプロジェクトの企画運営と調整のリーダー役となるコミュニティ・リーダーの養成，既存の地縁グループを活用したメンバーの組織化，障害の予防活動の充実，正確な情報の普及，対応窓口の設置，拠点の設置，成果の明示，をあげた．

　「④影響要因」を変化させる「⑤戦略」として，人材養成，施設支援，コミュニティ支援，情報ネットワークシステムの構築，コミュニティ・リーダーの養成コースの集中開講と専門職による定期的なフォローアップ，コミュニティ・リーダーを核とした全住民の組織化，地域ぐるみの障害予防のための健康教育や環境整備などの対策の実施，これらのプロジェクト全体の推進をメンバーがイメージできる拠点の設置，相談や情報提供が可能な窓口の設置，モニタリングと評価のための定期的な調査によるフォローアップと成果の明示，を設定した．

　「⑤戦略」の「⑥根拠」として，貧困地域であるものの地縁が強いという地域特性と歴史的に存在する地縁グループを活用するという実現可能性，国連などで採用しているボトムアップ方式のコミュニティ・デベロップメント方法の既存研究成果，障害予防に関する生活習慣や環境整備の効果に関する科学的な根拠，メンバーを企画運営に巻き込むことによる参加意識の背景となる動機付け理論やコミュニティ・エンパワメント効果の既存研究をあげた．

第12章 国際支援とコミュニティ・エンパワメント ―開発途上国における障害者ケアシステムと住民サポーターの活用

図12-1　エンパワメント技術モデルに基づく障害者ケアシステム目標・戦略設計

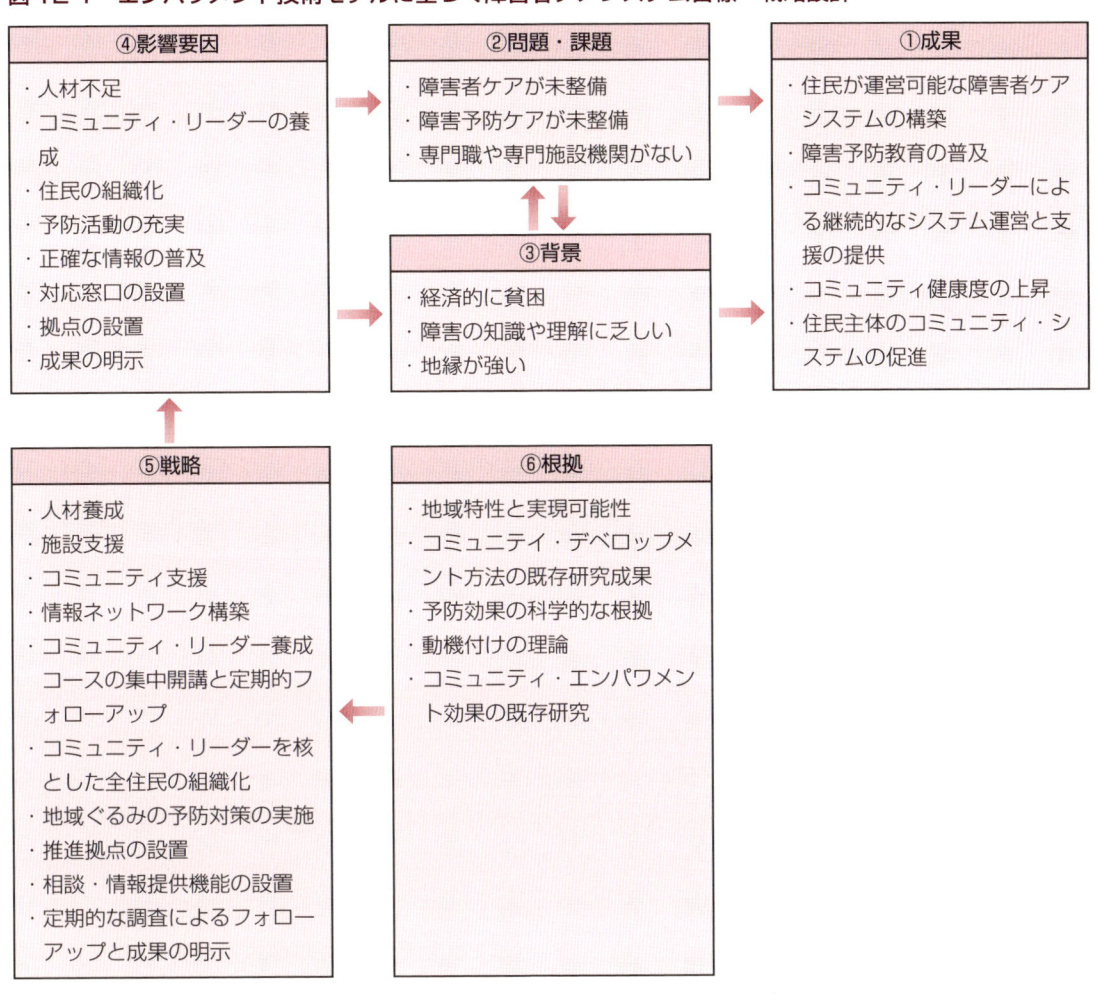

④影響要因	②問題・課題	①成果
・人材不足 ・コミュニティ・リーダーの養成 ・住民の組織化 ・予防活動の充実 ・正確な情報の普及 ・対応窓口の設置 ・拠点の設置 ・成果の明示	・障害者ケアが未整備 ・障害予防ケアが未整備 ・専門職や専門施設機関がない	・住民が運営可能な障害者ケアシステムの構築 ・障害予防教育の普及 ・コミュニティ・リーダーによる継続的なシステム運営と支援の提供 ・コミュニティ健康度の上昇 ・住民主体のコミュニティ・システムの促進
	③背景 ・経済的に貧困 ・障害の知識や理解に乏しい ・地縁が強い	

⑤戦略	⑥根拠
・人材養成 ・施設支援 ・コミュニティ支援 ・情報ネットワーク構築 ・コミュニティ・リーダー養成コースの集中開講と定期的フォローアップ ・コミュニティ・リーダーを核とした全住民の組織化 ・地域ぐるみの予防対策の実施 ・推進拠点の設置 ・相談・情報提供機能の設置 ・定期的な調査によるフォローアップと成果の明示	・地域特性と実現可能性 ・コミュニティ・デベロップメント方法の既存研究成果 ・予防効果の科学的な根拠 ・動機付けの理論 ・コミュニティ・エンパワメント効果の既存研究

この整理に基づき、具体的なコミュニティ・エンパワメントの方法を以下のように設定した。

■1. 人材養成

障害者ケア関連専門職の不足は深刻であり、養成研修の充実は急務である。医師、看護師、保健師、助産師、理学療法士など、医療専門職をはじめ、教育面、職業面、社会面の障害者ケアを推進するための専門職が求められている。

(1) 養成機関および専門職

医療、教育、職業、社会の広範囲にわたるケアに関する知識と技術の専門教育、およびケアに関する研究機関の拡充が必須である。

一方、地域レベルにおいては、障害の早期発見、早期治療が、支援においてきわめて重要であり、退院後の可能な限り早期の機能訓練など、フォローアップが不可欠である。現状では、地域の保健所の専門職が、退院者の情報、地域の感染症状況などを把握しているものの、管轄が広範囲にわたり完全な把握が困難である。それを補完する形で、住民と密接にかかわることが可能な

地域ボランティアは，情報収集，専門職へ引き継ぐシステム整備，専門的な教育の導入により，退院後の機能回復訓練をはじめ，出産後の栄養指導，住民全般の健康教育など，障害予防の視点を重視したケア提供の役割が期待されている．

特に，以下のケア関連専門職の養成が急務である．

a）**機能訓練**：T国における障害は，先天性，疾病に加え，近年の経済発展にともない交通事故，産業災害など，事故による障害が都市部において増大している．また，精神障害やエイズの増加も顕著にみられる．

宗教的な背景により，従来障害者は偏見の対象となりやすい傾向がみられた．しかし，地域住民に対し障害に関する適切な教育を進め，障害者のノーマライゼーションを推進するとともに，機能訓練，車椅子などの福祉用具の適切な活用，福祉用具導入のための経済支援などにより障害者の地域での生活の推進が不可欠である．誰もが地域で生活できる環境づくりとして，「街づくり」にも積極的に取り組む必要がある．

b）**障害予防と健康管理**：障害予防あるいは障害者の地域生活における健康管理はきわめて重要であるものの，山間部の多くのプライマリ・ヘルスケアセンターには，医療専門職が常駐しておらず，治療の不可能な場合がある．また，山間部では妊婦や乳幼児などの服薬誤用による障害，栄養の不足や偏りによる障害が多発しており，専門職養成の必要性は高い．

c）**特殊教育**：特殊教育担当の教師のなかで，障害児教育に関する特別な養成機関による研修を受講した者は少ない．特殊教育の質の向上のためには，特殊教育の専門職としての教師の養成が不可欠である．特殊教育担当専門職の養成機関の設立，および教師に対する教育システムの開発が必要である．また，教育カリキュラム，教育設備および教材の不足は深刻であり，障害に適合した教育環境の整備が求められている．

d）**職業訓練**：経済的な自立に基づく障害者の地域生活を実現するために，障害特性に適合した職業訓練の実施が必須である．職業技術を重視した機能訓練，動作自立を支援する用具の活用，職業適性の評価などの相談業務にあたる人材の養成が不可欠である．専門職に加え，実践教育による補助的な人材，職業訓練プログラム，障害者の就職を促進するための技術用具の開発などの担当専門職が必要とされる．

(2) 継続研修

急速な経済成長および社会情勢の変化のもとにあるT国では，速い速度で対象ニーズの変化，新しい科学技術の導入がなされ，変化への適切な対応，および有効な資源の活用を実現するため，専門職の継続的な研修が不可欠である．継続研修を，サービスの質の向上に確実に反映させるためには，指導方法，およびカリキュラム内容などに関するスーパーバイザー，教育担当者に対する教育が不可欠である．教育担当者に対する教育およびスーパーバイザーの育成など，今後さらに高等教育機関の人材養成の中核としての役割は高まると予測される．国全体または地方のニーズを取り入れ，ヘルスケア実践と教育システムを統合するためには，ケア関連の大学および人材養成機関の十分な活用が求められる．

■2. 施設機関支援

　現在，地区の保健所が退院後のフォローアップを通院や家庭訪問により実施している．しかし現実には，地域住民の最も身近な位置にあるプライマリ・ヘルスケアセンターが，地域ボランティア中心で運営されるため，そこからあがる困難ケースに対応することに多くの時間を割かれている．人口動態，地理的状況などを加味し，どの地域の居住者もサービスを活用できるようサービス提供施設，および提供システムの整備が必要である．

　実際の支援は，障害発生時点における車椅子，杖など自立支援のための福祉用具の導入，機能訓練などの一時的な指導であり，継続的な支援にはなりにくいのが現状である．また公的交通機関の不足，訪問支援の未整備など，障害者がサービスを利用する際の障壁が多く存在する．利用者が利用しやすい施設機関へのアクセス手段，訪問による対応など，継続的にサービスを利用できるシステムの構築が不可欠である．地域の中核となる障害関連施設機関を設立し，障害者ケアの提供，支援プログラム技術開発，人材開発などの機能を付与する必要がある．また，中核機関は，直接サービスを提供するプライマリ・ヘルスケアセンターを支援し，調整する機能が期待される．

　また，障害者のための非政府組織が各々独自に積極的に活動しているものの，非政府組織による活動と政府による活動との連携は必ずしも十分ではない．各々の役割分担や必要予算の明確化により，障害者ケアの効果的な提供が可能となる．また，非政府組織，サービス提供機関，地方自治体，サービス利用者間相互の連携についても，さらに促進する必要がある．

　地域の中核機関を整備し，人材開発，支援技術開発，機関間のマネジメント機能など，地域における障害者支援を直接担うサービス提供機関に対し，技術面，人材面，経済面にわたり，連携，調整の充実が求められる．

■3. コミュニティ支援

　コミュニティにおける障害者支援の基本は，「自己決定，自己責任」である．コミュニティでは地域ボランティアによるヘルスケアの提供が主となる．ボランティア自身とその家族がヘルスケアを利用する際無料となる特典を設け，多数のボランティア確保に努めている．

　現状では，不足している医療スタッフを補完するため，ボランティアの数的な確保の段階にある．地域ボランティアは，事前訓練として約2週間，その後年2回の更新研修を含む必要時の継続研修がある．しかし実際にはボランティアであるがゆえに個人にかかる負担が大きく，医療サービス利用の無料化に加え，何らかの報酬など，専門職としての動機づけが，支援の量のみならず質を向上させるために有効である．地域で生活する障害者自らが責任を持ち，自らの健康維持および機能回復を推進することは障害者支援の原点であり，そのシステムを維持するためにも，地域ボランティアの質の向上が期待される．

　また，障害者が地域で生活することを可能にするためには，障害についての住民の理解を促進するとともに，ソーシャルサポート・ネットワークの開発が求められている．ノーマライゼーションの推進においては，マスメディアによるキャンペーンを通じ，障害者の差別や偏見に対する一般教育を実施するとともに，自治体，宗教者など地域住民の指導者の助力を得ている．障害者が社

会に参加可能な環境を整備するためには，住民の障害に関する理解の促進を意図した社会教育が不可欠である．

■4．情報ネットワークシステムの構築

体系的なケアの実現に向けて，情報の収集と管理（基礎的データ，診断・治療関連データ，提供サービスの適切性の評価のためのデータ），および情報の提供（健康関連サービスの開発，住民に対する健康教育などに対するデータ分析の活用）など，情報の有効活用は必須である．

(1) コンピュータシステムの導入

コンピュータを有効利用することにより，収集した情報をさらに正確，迅速に活用することが可能となる．WHOにおいてはコンピュータ利用を積極的に推進する理由として，①政策決定，サービスの計画，予算策定，プログラムの実施，および評価に関するマネジメントにおける活用の有効性，②不正確，不完全，無効なデータ，書き写し間違い，およびデータ分析の遅延などの防止，③多情報源からのデータ収集，短時間での多量データの分析など，データの収集，活用，保管，再利用，住民に対する広報，および配布物におけるデータの有効利用の促進，④日常業務の簡便化，の4点をあげている．

コンピュータの導入は，ハード面の整備に関する経済的な負担が大きいうえ，ソフトウェア活用への支援が必要とされる．短期的に大きな効果が期待できるとはいいがたいものの，長期的な視点からはシステム構築において必須となる支援である．特に，障害者支援が地域におけるセルフケアを指向していることを加味すると，情報収集および管理は以下の点で有効であると考えられる．

1) 基礎的な疾患，家族の既往歴，感染症などの記録を保管できる．ケアの利用記録として活用可能である．
2) 健康に関する調査データをもとに，リスクまたは重篤な疾病の予測のための解析が可能となる．コンピュータを用い，収集データをもとに地域特性に適した予防活動を分析し，ケアに応用することが可能となる．

また，ケア関連施設機関相互の情報交換としても，コンピュータなどを用いた情報ネットワークは有効に機能すると考えられる．

a) **地域間の情報交換**：村のプライマリ・ヘルスケアセンターと地区の保健所間の情報の共有化による的確な対応が可能となる．
b) **ケアの次元間の情報交換**：プライマリ・ヘルスケア，2次ケア，3次ケアの3次元間の情報の共有化により，対象者の症状の変化に対応した他機関の適切な照会が可能となる．
c) **他分野との情報交換**：経済的な側面または社会的な側面に関連した部門（福祉，教育，労働，地方機関）との情報の共有化による共通理念に根ざしたケア提供が可能となる．

障害の発生予防，機能回復，障害者との共生は，全国の施設機関が数的に確保され，適切な障害者ケアの利用が可能となってはじめて実現するものである．しかしその実現には時間を要するため，当事者のプライバシーに配慮しつつ情報ネットワークを利用した情報の共有化による地域の障害者支援の質の向上が不可欠である．

(2) 情報提供

　健康教育など健康に関する広報活動は，テレビなどマスコミュニケーション，ポスターなどを用いたプライマリ・ヘルスケアセンター，および地域ボランティアにより実施されている．しかし，情報提供の地域格差は大きく，特に山間部では，出産および育児中の栄養指導，感染予防などに関する正確な情報が不足している．現状ではプライマリ・ヘルスケアセンター，地域ボランティアの有効活用，さらに今後は情報ネットワークの整備が必要である．地域住民に利用しやすい手段の開発を行い，広く正確な情報の提供，特に，予防的な視点からの障害者支援の推進には，正確な情報による健康教育が求められる．

　セルフケアおよびコミュニティケアを重視しているT国においては，①支援関連の情報（疾病予防，栄養，救急処置，障害支援など）の提供，②健康教育およびセルフケア教育の提供，③電子メールやビデオテキストと組み合わせた遠隔支援としての活用可能性，④視覚および聴覚障害児に対する教育における活用，が期待されている．

第3節　コミュニティ・エンパワメントの成果

　エンパワメント技術モデルに基づき，障害者ケアシステムに関する評価を設計した（図12-2）．

　「背景」は，専門職や専門機関がない，資源となる可能性のある人材がない，障害理解のための知識や技術が不足している，地縁が強い，障害者ケアシステムや障害予防システムが未整備，障害ケアや障害予防に関する情報が存在しない，地域特性として貧困，などである．

　「目標・戦略」は，コミュニティ・リーダーの養成，コミュニティ・リーダー活動の専門職によるフォローアップ，コミュニティ・リーダーを核とした全住民の組織化，地域ぐるみの予防対策の実施とともに，システムとしてケアを提供するための推進拠点の設置，相談や情報提供機能の設置とした．

　「過程・組織」は，コミュニティ・リーダー養成コースの集中開講，コミュニティ・リーダーの定期的スーパーバイズ，全住民の組織化に向けた活動，障害予防と健康教室の開催に加えて，各コミュニティに拠点を設置して障害ケアや予防ケアへの対応と情報を集約する，コミュニティ・リーダーの活動拠点の設置，をあげた．

　「成果」のうち「アウトプット」は，直接的な変化として予防活動への住民の確実な参加，住民の行動変容，住民の組織化，窓口の一元化，相談機能の強化，確実な情報提供と収集，をあげた．

　「アウトカム」は，住民が運営可能な障害者ケアシステムの構築，障害予防教育の普及，コミュニティ・リーダーによる継続的なシステム運営と支援の提供，また拠点の充実による障害の早期発見と早期対応の実現，地域資源の有効活用，情報の有効利用，をあげた．

　「インパクト」は，長期的な変化として，障害者への理解の向上，障害予防への理解の向上，コミュニティ健康度の上昇，住民主体のコミュニティ・システムの促進，をあげた．

第2部 コミュニティ・エンパワメント 実際編

図12-2 エンパワメント技術モデルに基づく障害者ケアシステム評価設計

背景	目標・戦略	過程・組織	成果 アウトプット	成果 アウトカム	成果 インパクト
・専門職や専門機関がない ・資源となる可能性のある人材がない ・障害理解のための知識や技術が不足 ・地縁が強い	・人材養成 ・コミュニティ・リーダー養成 ・コミュニティ・リーダー活動のフォローアップ ・コミュニティ・リーダーを核とした全住民の組織化 ・地域ぐるみの予防対策の実施	・教育機会確保 ・コミュニティ・リーダー養成コースの集中開講 ・コミュニティ・リーダーの定期的スーパーバイズ ・全住民の組織化に向けた活動 ・障害予防と健康教室の開催	・予防活動への住民の確実な参加 ・住民の行動変容 ・住民の組織化	・住民が運営可能な障害者ケアシステムの構築 ・障害予防教育の普及 ・コミュニティ・リーダーによる継続的なシステム運営と支援の提供	・障害者への理解の向上 ・障害予防への理解の向上 ・コミュニティ健康度の上昇 ・住民主体のコミュニティ・システムの促進
・障害者ケアシステム未整備 ・障害予防システム未整備 ・情報が存在しない ・貧困地域	・推進拠点の設置 ・相談や情報提供機能の設置	・各コミュニティに拠点を設置し障害や予防ケアへの対応と情報を集約 ・コミュニティ・リーダーの活動拠点の設置	・窓口の一元化 ・相談機能の強化 ・確実な情報提供と収集	・障害の早期発見と早期対応の実現 ・地域資源の有効活用 ・情報の有効利用	

　これらの評価設計に基づき，本プロジェクトの成果は，「人材養成」「施設機関支援」「コミュニティ支援」「情報ネットワークシステム構築への支援」を枠組みとし，以下のごとく要約される．

■1．人材養成
1) 障害支援の関連専門職の高等教育機関の設立，カリキュラムの充実による専門職の養成，研究・教育に関する中核機関としての機能を強化した．
2) ボランティアに対する研修を量的質的に向上させ，ボランティアを専門職としていっそう活用した．
3) 障害者の機能訓練，疾病予防および健康管理，障害児に適した教育，職業訓練の可能な人材の育成に対する支援を開始した．
4) 継続研修，およびスーパーバイズのシステムを導入し，障害者ケアに従事する専門職の専門性向上への取り組みを検討した．

■2．施設機関支援
1) 居住地域にかかわらず障害者ケアを利用できる環境整備として，専門職による家庭訪問システムの構築，または保健センター，病院など障害者ケアに対応できる関連機関へのアクセスを整備した．
2) 多くの団体（政府，NGO，地方自治体，民間企業など）から提供されているサービスを，ニーズ，予算などに適合させるよう調整する機能を持ち，さらにサービス提供における技術開発および人材開発など調査研究を実施できる中核機関の設置を検討した．

■ 3．コミュニティ支援
1) コミュニティにおけるプライマリ・ヘルスケアシステムを支えるボランティアの数の確保，および障害者ケア関連事業を担う可能性を含めた質の向上に対する支援を開始した．
2) マスメディア，宗教活動などによる住民に対する教育などを通じ，障害に対する理解に基づき，障害者の社会参加を促進した．

■ 4．情報ネットワークシステム構築への支援
1) 地域特性に即した障害者ケアプログラム開発のための関連情報を，住民から収集し，分析できるシステム構築を検討した．
2) コンピュータの導入にともなう情報交流の簡便化を検討した．
3) ビデオテキスト，コンピュータソフトなどを活用して，広範にわたる情報提供を実施した．
4) 視覚または聴覚障害児に対応したコンピュータソフトについて，特殊教育現場において活用を促進した．

　今後，障害者ケアにおいては，障害者自身に対するサービスはもとより，住民の啓発を含む幅広い支援体制の整備とネットワーク化がきわめて重要である．そのためには，地域を基盤とした支援システムに対する県あるいは国レベルの側面からの支援が必須であり，役割分担を含めた包括的な障害者ケアシステムの検討が期待されよう．

第4節　コミュニティ・エンパワメントのポイント

　コミュニティ・エンパワメントはあくまでもコミュニティのメンバーが主体であり，活動の意思決定のプロセスは，メンバーから発し，メンバーの確認により終わる．このような考え方をいかに普及させるか発展の鍵を握る．
　国際支援におけるコミュニティ・エンパワメントでは，以下の点についてメンバー間で共有することが有効である．

(1) 当事者主体
　コミュニティのメンバーのニーズを継続的に汲み取る仕組みは必須である．援助のための連携ではなく，コミュニティのメンバーが実施したいと考えたことを支援する姿勢が重要である．

(2) 持続性
　コミュニティ・エンパワメントに求められるのは，当事者主体の持続性のある発展である．多くのNGOなどが参加しながら，政府の下請け的にさまざまなレベルで各自ばらばらに活動したり，プロジェクトの成果や組織が長続きしない状況を回避する．各々の活動はすばらしくても，整合性のない個別アプローチは長い目でみてコミュニティの最善の利益につながらない．コミュニティのエンパワメントには何が必要か，包括的に考え，他の活動と連携する必要がある．

(3) 人材の養成

コミュニティのメンバーの参加を促し，メンバーの技術向上を図る人材や能力は不可欠である．コミュニティのコーディネータとしての人材養成は喫緊の課題である．

(4) ネットワーキング

中央政府，地方政府とコミュニティの確固とした信頼関係を築くこと，草の根レベルのニーズが中央に届くよう道筋をつくる必要がある．

当事者が意思決定に参加し，参加メンバーらのコントロールのもとに組織やシステムを動かす．当事者主体の新しい組織とシステムの実現は，まさに時代の要請である．今や保健，医療，福祉，教育，街づくり，地域開発，国際支援などの学際的な領域で，最も強く期待される技法の1つである．

謝辞）調査において多大なご助言をいただいたMahidol University Dr. Som-arch Wongkhomthongに深謝いたします．

● 参考文献 ●

1) 国立身体障害者リハビリテーション研究所：タイにおけるコミュニティ・ベースド・リハビリテーション．厚生科学研究報告，1996．
2) United Nations Development Programme：Thailand Human Development Report．2003．
3) Amatyakul, P., Tammasaeng, M., Punong-ong, P.：Sectoral Survey on Special Education in Thailand. JICA, Ratchasuda College, & Mahidol University, 1995.
4) Boonyoen, D., Chandavimol, P.：Village Based Social Development Planning；An Experience from Korat Province Thailand, Ministry of Public Health. ASEAN Institute for Health Development. 1996.
5) Wongkhomthong, S.：Common Terminology for Rural Development and Primary Health Care in Thailand. ASEAN Institute for Health Development, 1996.
6) Wongkhomthong, S.：Introduction to Public Health and Social Development in Thailand, 1996.
7) 国際協力事業団：特定テーマ評価調査報告書．2000．

今後の展開に向けて

We will either find a way, or make one.
Hannibal

　アメリカの科学史家のトーマス・クーンは，従来のパラダイムの用語や概念で，誕生しようとする新しいパラダイムを語ることはできないといった．新しいコミュニティが多様な形で出現する今，私たちは新しいパラダイムに従って，コミュニティの底知れぬパワーを十分に活用する技術を開発する必要がある．

　コミュニティは，「メンバーが強い意欲を持ち，ダイナミックなコミュニケーションにより共有ビジョンの実現を目指す」ときに大きなパワーを発揮する．実践においては，コミュニティのメンバーが，どれだけ強い意欲を持って参加できるかが成功を左右する．「何をするか」ではなく，「どう実現するか」が重要であり，そのためにすべてのメンバーの意欲と価値を生み出す能力の向上こそが不可欠である．

　自らが生み出し，それをコミュニティに還流させ，他のメンバーが共有できる形式知の形に変化させる．ダイアログ（対話）という相互作用により，目に見えない価値を持続的に創造する．それがコミュニティ・エンパワメントを創出し，メンバー同士の共感に基づく自己実現を導く．

　こうした状態が，コミュニティ・エンパワメントの促進環境としての理想型である．今後は理想型に少しでも近づこうと努力するコミュニティが，当事者主体の新しいシステムを実現するコミュニティとして，真の意味で発展する社会となるに違いない．

　今や「管理するコミュニティ」を超えて，「自らエンパワーするコミュニティ」への変革に向けた働きかけが，プロフェッショナルの重要な役割となろう．

　自らエンパワーするコミュニティを輝かせるには，まず，コミュニティの一員である一人ひとりが，かかわりを通して磨かれることが大切である．そして，得た情報や，知識，知恵をコミュニティのメンバーと相互に伝え合い，磨き合うことによって，ダイヤモンドのように輝くことができる．コミュニティのすべてのメンバーが輝かなければ，魅力的な輝きを得ることは難しい．

　コミュニティ・エンパワメントは，セルフ・エンパワメント，ピア・エンパワメントとともに，一人ひとりのパワーを連結して結晶化する技法である．各々のメンバーが積極的に参加することで，ダイヤモンドに入った光のように反射を繰り返し，コミュニティ全体が美しく輝くツールである．今後さらなる活用を大いに期待するものである．

謝　辞

　コミュニティ・エンパワメントは，数多くのフィールド・スタディやエンパワメント研究会で討論された技法をコミュニティに適用し，その成果をまとめたものです．参加いただいた皆さんの熱いダイアログ（対話）が，この本の礎石となりました．すばらしいエンパワメント仲間に感謝いたします．

　学生時代から，多くの方にエンパワーいただきました．高山忠雄先生（鹿児島国際大学教授），平山宗宏先生（高崎健康福祉大学教授），市山　新先生（元浜松医科大学理事），日暮眞先生（元東京家政大学教授），牛島廣治先生（藍野大学教授），多々良紀夫先生（淑徳大学教授），Duncan Boldy先生（Curtin大学教授），Ariela Lewenstein先生（Haifa大学教授），Leonard Heumann先生（Illinois大学教授），Mary McCall先生（St. Mary大学教授），Uma Segel先生（Missori大学教授）に心から御礼申し上げます．

　エンパワメント技術を共に活用しつつ，研究を重ねてきた石井享子氏，山本隆之氏，原田亮子氏，澤田優子氏，柴辻里香氏，片倉直子氏，佐藤　泉氏，渕田英津子氏，服部高幹氏，伊藤澄雄氏，柴田俊一氏，飛島村，浜松市，浜北市，目黒区，川崎市，仙台市，北九州市，栃木県，静岡県，愛知県，北海道，全国夜間保育園連盟の職員の皆さまに御礼申し上げます．

　医歯薬出版の担当者の方には，多大なご助言をいただきました．厚く御礼申し上げます．
　最後に，いつも影ながら支えてくれた夫と両親にこの場を借りて深謝します．

2012年3月
安梅勅江

参考文献

1) Anderson, B., Funnell, M.：The art of Empowerment. American Diabetes Association, 2000.
2) Anderson, E.T., McFarlane, J.M.：Community as Partner：Theory and Practice in Nursing. Lippincott Williams & Wilkins, 2000.
3) Anderson, V., Johnson, L.：Systems thinking basics：From concepts to causal loops. Pegasus Communications, 1997.
4) 安梅勅江：エンパワメントのケア科学．医歯薬出版，2004．
5) 安梅勅江，片倉直子，佐藤　泉，渕田英津子，西田麻子，大中敬子：フォーカスグループ参加活用の意義—「健康日本21」への住民の声の反映に向けて．日本保健福祉学会誌，9（2）：45～54，2003．
6) 安梅勅江・他：ヒューマンサービスにおけるグループインタビュー法／活用事例編．医歯薬出版，2003．
7) 安梅勅江：障害者ケアマネジメントの理念—エンパワメント interdisciplinary teamwork とエンパワメントに焦点をあてて．総合リハビリテーション，30（16）：1357～1363，2002．
8) 安梅勅江：ヒューマンサービスにおけるグループインタビュー法—科学的根拠に基づく質的研究法の展開．医歯薬出版，2001．
9) Anme, T.：Retaining and Expanding Empowerment in the Transition to a Community-Oriented Support System：Japan in the 21st Century. In Heumann L.：Empowering Frail Elderly People：Opportunities and Impediments in Housing, Health and Support Services Delivery, pp.65～80, Greenwood Publications, 2000.
10) Anme, T.：Positive Aging：Cross Cultural perspectives Social Affiliation and Healthy Longevity. British Society of Gerontology, 29：6～9, 2000.
11) 安梅勅江：高齢障害者に関する世界の社会保障制度．総合リハビリテーション，28（1）：2000．
12) Anme, T.：Predicting mortality and the importance of social interaction：A five year follow-up study in Japan. International Journal of Welfare for the Aged, 1（1）：34～48, 1999.
13) Anme, T.：The introduction of long-term care insurance retaining and expanding empowerment in the transition from a family to a community-oriented support system. pp.42～46, International Association of Homes and Services for the Aging（IAHSA）, 1999.
14) 安梅勅江：国際保健福祉学の動向．日本保健福祉学会誌，4（1）：3～9，1997．
15) 安梅勅江：育児環境の評価法の開発及びその保健福祉学的支援に関する研究—18か月児の育児環境の把握と支援．日本保健福祉学会誌，1（1）：13～25，1995．
16) Anme, T.：Managing the transition from a family to a community-oriented support system in Japan. In Heumann L.：Aging in Place with Dignity, Prager Publications, 1994.
17) 青木幹喜：経営におけるエンパワメント—そのコンセプトの変遷．経営情報科学，12：1～20，2000．
18) Argyris, C.：Knowledge for action. Jossey-Bass Inc., Publishers, 1993.
19) 麻原きよみ：特集 エンパワメントに着目した活動を，エンパワメントと保健活動—エンパワメント概念を用いて保健婦活動を読み解く．保健婦雑誌，56（13）：1120～1126，2000．
20) Bandura, A.：Self-efficacy：Toward a unifying theory of behavioral change. Psychological Review, 84：191～215, 1977.
21) Bertalanffy, L.V.：General System Theory：Foundations, Development, Applications. George Braziller, 1968（長野　敬訳：一般システム理論．みすず書房，1983）．
22) Buckley, W.：Sociology and Modern Systems Theory. Prentice-Hall Inc., 1967（新　睦人訳：一般社会システム理論．誠信書房，1991）．
23) Bennis, W., Nanus, B.：Leaders；The Strategies for Taking Charge. Harper & Row, New York, 1985.
24) Beverley, L., Dobson, D., Atkinson, M.：Development and evaluation of Interdisciplinary team. Healthcare Management Forum, 10（4）：35～39, 1997.
25) Blanchard, K., Carlos, J.P., Randolph, A.：Empowerment takes more than a minute, Blanchard Training and Development, Inc., 1995（瀬戸　尚訳：一分間エンパワーメント：人と組織が生まれ変わる3つの秘訣．ダイヤモンド社，1996）．
26) Block, P.：The Empowered Manager. Jossey-Bass Inc., 1988（安藤嘉昭訳：21世紀のリーダーシップ：人を奮い立たせ組織を動かす．産能大学出版部，1991）．
27) Bower, K.A.：Case Management by Nurses. American Nurses Publishing, Washington, D.C., 1992.

28) Bronfenbrenner, U.: The ecology of human development. pp.51～64, Harvard University Press, 1979.
29) Bryant, L.L.: In their own words: a model of healthy aging. Social Science & Medicine, 53: 927～941, 2001.
30) Camp, G.: Problem-based learning: a paradigm shift or a passing fad? Medical Education Online, 1: 2, 1996.
31) Conger, J.A., Kanungo, R.N.: The Empowerment Process: Integrating Theory and Practice. Academy of Management Review, 13: 471～482, 1988.
32) Connelly, L.M., Keele, B.S., Kleinbeck, S.V.M., Schneider, J.K., Cobb, A.K.: Aplace to be yourself: empowerment from the client's perspective. Image, 25（4）: 297～303, 1993.
33) Cottrell, L. Jr.: The competent community. Further Explorations in Social Psychiatry, Kaplen, B., Wilson, R., Leighton, A.（Eds.）, Basic Books, New York, 1976.
34) Cox, E.O., Persons, R.J.: Empowerment for Elder. Pacific Grove, CA: Brook/Cole, 1994（小松源助監訳：高齢者エンパワーメントの基礎―ソーシャルワーク実践の発展を目指して. 相川書房, 1997）.
35) Deci, E.L.: Intrinsic Motivation. Plenum Press, 1975（安藤延男, 石田梅男訳：内発的動機づけ：実験社会心理学的アプローチ. 誠信書房, 1980）.
36) Kresevic, D., Holder, C.: Interdisciplinary care. Clinics in Geriatric Medicine, 14（4）: pp.787～799, 1998.
37) Doset州：ケアマネジメントマニュアル. 1994.
38) Drucker, P.F.: Managing Non-Profit Organization. Harper Collins, 1990.
39) Drucker, P.F.: Innovation and Entrepreneurship. Harper & Row, 1993.
40) Dunham, A.: The new community organization. p.44, Sage, 1970.
41) Eng, E., Parker, E.: Measuring community competence in the Mississippi Delta: The interface between program evaluation and empowerment. Health Education Quarterly, 21（2）: 199～220, 1994.
42) Eng, E.: Community empowerment: The critical base for primary health care. Fam Community Health, 15（1）: 1～12, 1992.
43) Fayol, H., Gray, I.: General and Industrial Management. Institute of Electrical & Electronics Engineer, 1984.
44) Fetterman, D.M.: Empowerment Evaluation. The Theme of the 1993 Annual Meeting of the American Evaluation Association, 1993.
45) Carlson-Catalano, J.M., Application of empowerment theory for CNS practice. Clinical Nurse Specialist, 7（6）: 321～325, 1993.
46) Fetterman, D.M.: Foundations of Empowerment Evaluation. Sage Publications, Thousand Oaks, CA, 2000.
47) Flynn, B.C., Ray, D.W., Rider, M.S.: Empowering communities: Action research through health cities. Health Education Quarterly, 21（3）: 395～405, 1994.
48) Freire, P.: Education for Critical Consciousness. Seabury Press, New York, 1973.
49) Gadow, S.: Existential advocacy: Philosophical foundations of nursing. In Spicker, S., Gadow, S.（Eds.）: Nursing Images and Ideals: Opening Dialogue with the Humanities, pp.79～101, Springer Publishing Company, New York, 1990.
50) Galbraith, R.G., Lawler, E.E., & Associates: Organizing for the Future: The New Logic for Managing Copmlex Organizations. Jossey-Bass Publishers, 1993（寺本義也 監訳：マルチメディア時代に対応する21世紀企業の組織デザイン. 産能大学出版, 1996）.
51) Germain, C.B.: Social Work Practice in Health Care. pp.209～214, Free Press, 1984.
52) Gibson, C.H.: A concept analysis of empowerment. Journal of Advanced Nursing, 16: 354～361, 1991.
53) Gibson, C.H.: The process of empowerment in mothers of chronically ill children. Journal of Advanced Nursing, 21: 1201～1210, 1995.
54) Gibson, C.H.: A concept analysis of empowerment. Journal of Advanced Nursing, 16: 354～361, 1991.
55) Hackman, J.R., Oldham, G.R.: Work Redesign, Reading. Addison-Wesley, MA, 1980.
56) Haugh, E.B.: Power and opportunity in Public Health Nursing Work Environments. Public Health Nursing, 13（1）: 42～49, 1996.

57) Hawks, J.H.：Empowerment in nursing education：concept analysis and application to philosophy, learning and instruction. Journal of Advanced Nursing, 17：609～618, 1992.
58) 林　志保・他：住民主体の地域づくりと協働する行政のあり方―住民自主グループのエンパワメントの分析から．香川医科大学看護学雑誌，7（1）：145～154, 2003.
59) Heller, F.A.：Decision-Making and Leadership. Cambridge University Press, 1992.
60) Herzberg, F.：Job and Nature of Man. Harpercollins, 1966（北野利信訳：仕事と人間性．東洋経済新報社，1968）．
61) Hibbert, E., St. Arnaud, S., et al.：Nurses'satisfaction with the patient care team. Canadian Journal of Reabilitation, 8（2）：87～95, 1994.
62) 久常節子：主体的活動の質を高めるための方法論．久常節子，島内　節編，地域看護学講座4 グループ・組織化活動．pp.27～35, 医学書院, 1994.
63) Israel, B.A., et al.：Health education and community empowerment：Conceptualizing and measuring perceptions of individual, organizational, and community control. Health Promotion Quarterly, 21（2）：149～170, 1994.
64) Harvey, J.H.：Odyssey of the Heart：The Search for Closeness, Intimacy and Love. 1995.
65) 保健福祉システム研究会：保健福祉のケア科学．ベネッセ, 1998.
66) McClosky, J.C.：Meridean maas：Interdisciplinary team；The nursing perspective is essential. Nursing Outlook, 46（4）：157～163, 1998.
67) 金子郁容：コミュニティ・ソリューション．岩波書店, 1999.
68) Kaplan, G., et al.：Subjective state of health and survival in elderly adults. Journal of Gerontology, 43：S114～120, 1988.
69) Kieffer, C.H.：Citizen empowerment：A developmental perspective. Prevention in Health Service, 3（2/3）：9～36, 1984.
70) King, J.C., Titus, M.N.D.：Prescription, referrals, and the Rehabilitation Team. DeLisa JA（Eds.）：Rehabilitation Medicine：Principles and Practice, 2nd ed., pp.227～230, J.B. Lippincontt Company, Philadelphia, 1993.
71) Kirkman, B.L., Rosen, B.：A model of work team empowerment. In Woodman, R.W., Pasmore, W.A.（Eds.）：Research in Organizational Change and Development, Vol.10, pp.131～167, JAI Press, Greenwich, CT, 1997.
72) Kirkman, B.L., Rosen, B.：Beyond self-management：Antecedents and consequences of team empowerment. Academy of Management Journal, 42：58～74, 1999.
73) Knowles, M.E.：The Modern Practice of Adult Education. Prentice Hall, Cambridge, 1980.
74) Koch, R., Godden, I.：Managing without Management. Nicholas Brealey Publishing, 1996（梅津祐良訳：脱マネジメント企業：収益力4倍を実現する80：20パワーをつかめ．ダイヤモンド社, 1998）．
75) Kotler, P., Roberto, E.L.：Social Marketing. Free Press, 1989.
76) 久保美紀：ソーシャルワークにおけるEmpowerment概念の検討―Powerとの関連を中心に．ソーシャルワーク研究, 21（2）：21～27, 1995.
77) 久木田純：エンパワメントとは何か．現代のエスプリ, No.376, pp.10～34, 至文堂, 1998.
78) Labonte, R.：Health promotion and empowerment：Reflection on professional practice. Health Education Quarterly, 21（2）：253～268, 1994.
79) Laszlo, E.（伊藤重行訳）：システム哲学入門．紀伊国屋書店, 1987.
80) Lewin, K.：Field Theory in Social Science. Harper & Brothers, 1951（猪股佐登留訳：社会科学における場の理論．誠信書房, 1990）．
81) Luhmann, N., Bednars, J., Baecker, D.：Social Systems. Stanford University Press, 1995.
82) Maister, D.H.：Managing the Professional Service Firm. The Free Press, 1993.
83) Lehmann, R.S.（Ed.）：Management Desk Reference. pp.398～409, W.B. Saunders Company, Philadelphia, 1994.
84) Maslow, A.H.：Motivation and Prtsonality. pp.1～293, Addison-Wesley Pub. Co., 1987.
85) Mayeroff, M.：On caring. Harper & Row, 1971.
86) May, K.M., Mendelson, C., Ferketich, S.：Community empowerment in rural health care. Public Health Nursing, 12（1）：25～30, 1995.

87) McGregor, D.：The Human Side of Enterprise. McGraw-Hill, New York, 1960（高橋達男訳：新版 企業の人間的側面．産業能率大学出版部，1970）．
88) McWilliam, C.L., et al.：A new perspective on threatened autonomy in elderly persons：The disempowering process. Social Science & Medicine, 38（2）：327～338, 1994.
89) Mintzberg, H.：The Nature of Managerial Work. Harpercollins College Div., 1973.
90) Mullins, L.L., Keller, L.R., et al.：A systems and social cognitive approach to team functioning in physical rehabilitation settings. Rehabilitation Psychology, 39（3）：161～177, 1994.
91) 武藤孝司，福渡 靖：健康教育・ヘルスプロモーションの評価．篠原出版，1994．
92) 野中郁次郎：知識創造の経営．日本経済新聞社，1992．
93) 野嶋佐由美：エンパワメントに関する研究の動向と課題．看護研究，29（6）：453～465, 1996．
94) 野嶋佐由美：看護ケアのパラダイムの変換をめぐって―エンパワメントに関する研究．看護研究，29（6）：453～464, 1996．
95) 小田兼三，杉本敏夫，久田則夫：エンパワメント実践の理論と技法―これからの福祉サービスの具体的方針．中央法規出版，1999．
96) 沖田裕子：痴呆性高齢者のエンパワメントと問題解決を促す支援．トータルケアマネジメント，6（3）：53～62, 2002．
97) Patel, J.：Empowerment of diabetics：A challenge for community nursing. British Journal of Nursing, 2（8）：405～407, 1993.
98) Patterson, M.L.：Nonverbal Behavior―A Functional Perspective. Springer-Verlag, 1983（工藤 力 監訳：非言語コミュニケーションの基礎理論．誠信書房，1995）．
99) Quinn, R.E., Spreitzer, G.M.：The Road to Empowerment：Seven Questions Every Leader Should Consider. Organizational Dynamics, Autumn, 1997.
100) Raiff, N.R., Shore, B.K.：Advanced Case Management. pp.90～101, Sage Publications, 1993.
101) Rappaport, J.：Studies in Empowerment：Introduction to the Issue. pp.1～7, The Haworth Press, 1984.
102) Rissel, C.：Empowerment：the holy grail of health promotion? Health Promotion International, 9（1）：39～47, 1994.
103) Robertson, A., Minkler, M.：New health promotion movement：A critical examination. Health Education Quarterly, 21（3）：295～312, 19994.
104) Rodwell, C.M.：An analysis of the concept of empowerment. Journal of Advanced Nursing, 23（2）：305～313, 1996.
105) Schofield, R.F., Amodeo, M.：Interdisciplinary team in health care and human services setting：Are they effective? Health & Social Work, 24（3）：210～219, 1999.
106) Sachs, G.A., Stocking, C.B., Miles, S.H.：Empowerment of the older patient? A randomized, controlled trial to increase discussion and use of AD. Journal of the American Geriatrics Society, 40：269～273, 1992.
107) 佐藤 泉，原田亮子，片倉直子，安梅勅江：地域ケアにおけるteamwork促進要因に関する研究―interdisciplinary teamの形成を目指して．日本保健福祉学会誌，8（2）：17～28, 2002．
108) Schulz, A.J., et al.：Empowerment as a multilevel construct：Perceived control at the individual, organizational and community levels. Health Education Research, 10（3）：309～327, 1995.
109) Seeman, M.：On the meaning of alienation. American Sociological Review, 24：783～791, 1959.
110) Segal, S.P., Silverman, C., Temkin, T.：Measuring empowerment in Client-Run Self-Help Agencies. Community Mental Health Journal, 31（3）：215～227, 1995.
111) Seligman, M.E.P.：Helplessness：On Depression, Development and Death. W.H.Freeman, San Francisco, 1975（平井 久，木村 駿 監訳：うつ病の行動学：学習性絶望感とはなにか．誠信書房）．
112) Senge, P.M.：The Fifth Discipline（守部信之訳：最強組織の法則―新時代のチームワークとは何か．徳間書店，1995）．
113) 清水準一：ヘルスプロモーションにおけるエンパワメントの概念と実践．看護研究，30（6）：453～458, 1997．
114) Simon, H.A.：Administrative Behavior. Free Press, 1945.
115) 山田鮎美：エンパワーメント理論を用いた実践活動および研究の動向と課題．宮城大学看護学部紀要，5（1）：11～19, 2002．

116) Simmons, P.：Empowerment for role alternatives in adolescence. adolescence, 69：193～200, 1983.
117) Skelton, R.：Nursing and empowerment：Concepts and strategies. Journal of Advanced Nursing, 19：415～423, 1994.
118) Solomon, B.：Black Empowerment：Social Work in Oppressed Communities. Columbia University Press, 1976.
119) Spreitzer, G.M.：Social structural characteristics of psychological empowerment. Academy of Management Journal, 39：483～504, 1996.
120) Spreitzer, G.M.：Individual empowerment in the workplace：Dimensions, measurement, and validation. Academy of Management Journal, 38：1442～1465, 1995.
121) Swift, C., Levin, G.：Empowerment：An emerging mental health technology. Journal of Primary Prevention, 8：71～94, 1987.
122) 高山忠雄編：保健福祉学．川島書店，1998．
123) 高山忠雄，安梅勅江：飛島村日本一健康長寿村研究報告書．1991～2003．
124) 高山忠雄，安梅勅江・他：保健福祉学．川島書店，1998．
125) 高山忠雄：総合リハビリテーションシステムの構築に関する研究．栃木県，1991．
126) 高山忠雄・安梅勅江：グループ参加法の理論と実際―質的研究による情報把握の方法．川島書店，1998．
127) 高山忠雄編：保健福祉のトップマネジメント．中央法規出版，1998．
128) Thomas, K.W., Velthouse, B.A.：Cognitive Elements of Empowerment：An Interpretive Model of Intrinsic Task Motivation. Academy of Management Review, 15：66～681, 1990.
129) Wallerstein, N., Bernstein, E.：Introduction to community empowerment, participatory education, and health. Health Education Quarterly, 21（2）：141～148, 1994.
130) Wallerstein, N.：Powerlessness, empowerment, and health：Implications for health promotion programs. American Journal of Health Promotion, 6（3）：197～205, 1992.
131) Watkins, K., Marsick, V.：Scrupting the Learning Organization. Jossey-Bass Inc., Publishers, 1993（神田　良，岩崎尚人訳：学習する組織をつくる．日本能率協会マネジメントセンター，1995）．
132) Wilcox, M.J.：Delivering communication-based services to infants, toddlers, and their families：Approaches and models. Topics in Language Disorders, 10（1）：68～79, 1989.
133) Woodruff, G., McGonigel, M.J.：Early intervention team approach；The transdisciplinary model. Jordan, J., Gallaher, J., et al.（Eds.）：Early Childhood Special Education：Birth to Three, Rest on. pp.163～181, Council for Exceptional Children, VA, 1988.
134) World Health Organization：Ottawa Charter for Health Promotion. First International Health Promotion Conference, Ottawa, Canada, 1986.
135) 吉田　亨：健康教育とエンパワーメント・エデュケーション．健康観の転換―新しい健康理論の展開（園田恭一，川田智恵子編），pp.245～250, 東京大学出版会，1995．
136) Zander, K.：Differentiating managed care and case management. Definition；The center for Nursing Case Management, Inc. Newsletter, 5（2）：1～2, 1990.
137) Zerwekh, J.V.：The practice of empowerment and coercion by expert public health nurses. Journal of Nursing Scholarship, 24（2）：101～105, 1992.
138) Zimmerman, M., Rappaport, J.：Citizen participation, perceived control and psychological empowerment. American Journal of Community Psychology, 16（5）：725～750, 1988.
139) Zimmerman, M.：Toward a theory of learned hopefulness：A structural model analysis of participation and empowerment. Journal of Research in Personality, 24：71～86, 1990.

付録 コミュニティ・エンパワメントのチェックリスト

コミュニティ・エンパワメントのチェック領域

コミュニティ・エンパワメントを実施する場合に，押さえる必要があるのは下記の14領域である．

(1) ニーズの反映
(2) テーマの明確性
(3) 目標の具体性
(4) メンバー間の共有
(5) 関係者や関係機関との連携
(6) 他の活動との統合
(7) 実施方法の妥当性
(8) 評価の明示
(9) メンバーの主体的な参加
(10) 活動の質的向上
(11) メンバーの啓発
(12) 成　果
(13) 活動の継続と発展
(14) 課題対処

コミュニティ・エンパワメントのチェックリスト

各々の領域ごとのチェック項目は下記のとおりである．

(1) ニーズの反映

チェック
↓

☐ 1) ニーズ把握の重要性の認識
☐ 2) ニーズ把握の視点（内容・着眼点），方法，回数
☐ 3) ニーズ把握の回数
☐ 4) 科学的な情報の量と質
☐ 5) ニーズ把握対象の妥当性
☐ 6) ニーズ把握時期の適切性

具体例
　　a) 活動説明会の開催回数，参加数，推進委員会の委員の選任方法．
　　b) 施設機関の情報提供の程度および質．

c) プランニング過程のニーズ把握の視点や方法.
  d) 語る会，集い，聞き取りなどの情報収集の取り組み状況　など.

(2) テーマの明確性
- [ ] 1) 優先順位の専門的・科学的な判断
- [ ] 2) 役割分担の明確化
- [ ] 3) 共通理解が可能な表現
- [ ] 4) 具体性
- [ ] 5) 明　記
- [ ] 6) 次元の違うコミュニティ（メンバー，ローカル・グループ，グローバル・グループなど）でテーマの共有
- [ ] 7) 将来展開の明確性
- [ ] 8) ニーズとの合致性

具体例
  a) 数多くのニーズを把握した後に順位付けが必要.
  b) 順位付けにあたっては専門的な判断が必要.
  c) 役割分担の明確化が必要.
  d) わかりやすいテーマが必要　など.

(3) 目標の具体性
- [ ] 1) 科学的な評価のできる目標
- [ ] 2) 目標の明記
- [ ] 3) メンバー，ローカル・グループ，グローバル・グループでの目標の共有
- [ ] 4) メンバーの誰もがアクセス可能な目標の提示（例えば感覚障害者，高齢者などへの配慮）
- [ ] 5) 実現可能性

具体例
  a) 科学的な評価ができる目標設定が必要.
  b) メンバーが自ら具体的に作成することが望ましい.

(4) メンバー間の共有
- [ ] 1) メンバー間の成果と評価の共有
- [ ] 2) 記録の一元化
- [ ] 3) メンバー間のコミュニケーションの場の確保

具体例
  a) 活動の意義について，メンバーが共有して討論する.
  b) 活動の水準について，メンバーが共有して評価する　など.

(5) 関係者や関係機関との連携
- ☐ 1) 目標設定・実施・評価の共有（メンバー，ローカル・グループ，グローバル・グループ）
- ☐ 2) 共有のための場づくり
- ☐ 3) タイムリーな共有
- ☐ 4) 各種団体との連携
- ☐ 5) 多領域との連携
- ☐ 6) 情報ネットワークの活用
- ☐ 7) 記録の一元化

具体例
- a) メンバー，ローカル・グループ，グローバル・グループメンバーの目標設定・実施計画・成果の科学的な評価．
- b) 会議を利用して連携を促進．
- c) 各種団体の連携促進　など．

(6) 他の活動との統合
- ☐ 1) 他の活動との連携を図るための協議
- ☐ 2) 情報ネットワークの活用
- ☐ 3) 記録の一元化

具体例
- a) 連携についてさらに十分な協議を持つ．
- b) 多世代交流，生きがい活動，幅広い活動を統合化　など．

(7) 実施方法の妥当性
- ☐ 1) 実施体制の整備
- ☐ 2) 役割分担の明確化（メンバー，ローカル・グループ，グローバル・グループメンバー）
- ☐ 3) マンパワーの確保
- ☐ 4) 継続性への考慮
- ☐ 5) マンパワーの質的向上
- ☐ 6) 最新の技術水準との合致度

具体例
- a) 実施計画においては役割分担の明確化が必要．
- b) 継続的に進め，コミュニティに定着させるにはコーディネーター役が大切　など．

(8) 評価の明示
- ☐ 1) 測定可能な評価
- ☐ 2) 明　記

- ☐ 3）参加人数，参加率，ボランティア登録数，各種活動結果などの数値
- ☐ 4）メンバーの評価
- ☐ 5）複合評価の指数化
- ☐ 6）他評価との妥当性
- ☐ 7）評価の信頼性

(具体例)
- a）目的の明確性から評価を可能とする．
- b）メンバー，ローカル・グループ，グローバル・グループの十分な話し合いにより明確な目標設定が必要．
- c）参加人数に基づけば高い評価が得られる．
- d）ボランティア登録数，各種活動結果が数値的に把握されている．
- e）対象に対する参加率，目標に対する達成率などの数字．
- f）メンバーが評価した結果に基づくこと　など．

(9) メンバーの主体的な参加
- ☐ 1）活動への参加人数（ボランティア登録者，活動参加など）
- ☐ 2）メンバーの自主的な活動
- ☐ 3）メンバーによる活動の選択の幅
- ☐ 4）メンバーによる活動の企画可能性
- ☐ 5）メンバーによる活動への展開

(具体例)
- a）大きな成果を上げている．
- b）ボランティア登録者の増加，積極的な活動は，主体的な参加者の増加を意味する　など．

(10) 活動の質的向上
- ☐ 1）評価のフィードバックによる活動の質的向上
- ☐ 2）定常的なフィードバック機構の確立

(具体例)
- a）活動後の事後評価を計画再策定の際に役立てる　など．

(11) メンバーの啓発
- ☐ 1）メンバーの動機付けを促す活動
- ☐ 2）メンバーの主体性を促す活動
- ☐ 3）メンバーの関与への成果が理解しやすい方法の開発
- ☐ 4）メンバーが取り組みやすい方法の開発

具体例
 a）メンバーが自らの必要性として取り組む姿勢を育む健康教育　など．

（12）成 果
- □ 1）成果の評価が必要
- □ 2）評価の客観的な指標の準備
- □ 3）測定方法の準備と明記
- □ 4）調査による成果の測定
- □ 5）複合成果の指標化

具体例
 a）活動成果に対する正当な評価を行い継続性を保障する．
 b）評価の客観的な指標を得る．
 c）メンバーの生活の質に触れる．
 d）意見調査からメンバーの活動への関心が高まる　など．

（13）活動の継続と発展
- □ 1）予算の確保
- □ 2）コミュニティの拡大
- □ 3）継続に関する準備
- □ 4）発展に関する準備
- □ 5）他活動との統合の可能性
- □ 6）将来計画の設計

具体例
 a）ボランティア登録数の増加，多世代交流などから継続や発展が推測される．
 b）発展にともなって，新しいテーマを設定する　など．

（14）課題対処
- □ 1）ニーズを吸い上げる窓口の生活圏の単位の設定
- □ 2）総合的な活動の提供体制の確立
- □ 3）科学的な評価
- □ 4）専門職の活用

具体例
 a）ニーズの把握のための窓口を設置し，総合的な活動の提供体制を確立する．
 b）そのためには，科学的な評価が必須であり，専門職の活用を図る　など．

索 引

あ
アウトカム……………………40
アウトカム評価………………37
アウトプット…………………40
アウトプット評価……………37
アクションプラン··54, 55, 58, 59, 62
アセスメント…………………35
アドバイザー………………119
アドボカシー…………………17
アルマ・アタ宣言……………7
アンケート調査………………59
悪化予防………………………66

い
インターネット………………2
インタビュー…………………59
インパクト……………………37
インパクト評価………………40
インフォーマル……………120
インプット……………………35
医師……………………92, 120
維持……………………29, 34
怒り……………………………100
育児環境評価…………………69
育児支援………………………94
育児ストレス…………………68
育児不安………………………94
一般システム理論……………10

う
ウエルビーイング……………6

え
エクソシステム…………16, 20
エンゼルプラン……………113
エンパワメント………………5
　　――の原則…………………5
　　――の段階………………29
エンパワメント技術モデル
　　…………………29, 52, 55
　　――に基づく目標・戦略設計…35

お
オタワ憲章……………………7
オープン・コーディング……81
親子関係………………………94

か
カテゴリー………………82, 123
価値………………23, 27, 49
家族病理………………………94
家庭婦人相談員………………92
過程・組織……………………29
過程・組織エンパワメント技術…39
介護保険制度…………………21
活性化…………………………83
活動……………………………8, 32
活動メンバー…………………26
完全参加と平等……………100
看護師…………………………92
看護職………………………120
関係性…………………………16
　　――を楽しむ……………23
還元……………………………48
環境……………………………16

き
企画担当者……………………39
帰属……………………………83
帰属意識………………………4
機能別エンパワメント技術…35
虐待……………………………91
虐待防止ネットワーク………93
虐待予防………………………91
共感……………………………24, 72
共感イメージ…………………6
　　――のネットワーク……87
共通の目標……………………32
共通理解………………………115
共有……………………………4, 152
共有ビジョン…………………10
協働……………………………21
協働体制……………………62, 64
教育者…………………………18
教諭……………………………120
行政職…………………………120
凝集性…………………………83

く
グラウンデッド・セオリー・
　アプローチ…………………81
グループインタビュー（法）
　　…………70, 92, 101, 123
グループダイナミクス……107
草の根……………………133

け
ケア拠点………………………21
啓発……………………………93, 152
傾聴……………………………72
継続性…………………………83
決定権…………………………5
決定力…………………………6
研修システム…………………66
健康長寿の街づくり…………20
健康づくり……………………54
健康日本21……………21, 54
顕在力…………………………27

こ
コア・メンバー………………25
コーディネーター……………25
コミュニケーター…………135
コミュニティ………2, 3, 8, 32
コミュニティ・アズ・パートナー
　モデル………………………14
コミュニティ・エンパワメント
　　…………………………6, 87
　　――のチェックリスト…152
　　――のチェック領域……152
　　――の7原則………………23
　　――の領域…………………9
コミュニティ・オーガニゼーション
　　………………………8, 13
コミュニティ感覚……………7
コミュニティ健康度…………93
コミュニティ・コーディネーター
　　……………………………32
コミュニティ・システム……96
コミュニティ心理学…………8
コミュニティ・デベロップメント
　　…………………………136
コミュニティ能力……………8
コミュニティ背景………37, 58
コミュニティ・メンバー……26
コミュニティ・リーダー…136
コミュニティ・ワーク………12
　　――の構成要素…………13
コンサルタント………………18
コントロール力………………6
ゴールドプラン21……………79
子育てサポーター…………123
子育て支援…………………113
　　――の連携……………120
子育ての孤立化………………68
個の領域……………………123
個別インタビュー……………80
鼓動……………………………34
行動計画………………………54
行動変容………………………5
効率……………………………29
効率エンパワメント技術……48
　　――のチェックリスト…49
効率性…………………………48
高齢者・障害者保健福祉計画……21
国際支援……………………133
国際障害者年………………100
国際障害者年行動計画……100

さ
サポーター……………119, 131
サポートシステム……………80
サポート団体…………………66
サポートネットワーク………88
参加……………………………5
参加意識………………………6

参加様式	25
参照メンバー	26
参与型研究者	18
3次ケア	140

し

システム・オーガーナイザー	18
システム構造分析	16, 21
システム思考	9, 10
──の5つの原則	10
刺激感	26
自己決定力	6
自己肯定	96
自己効力感	80
自己実現	83
自己診断	7
自己認識	10
自主的な運営	4
自信	109
自責	100
自尊感情	80
次世代育成支援対策推進法	113
児童虐待防止法	91
児童相談所運営指針	91
児童福祉法	112
持続性	143
実践者	39
社会貢献	83
社会システムの領域	123
社会背景	16
主観的健康感	80
主観的幸福感	80
主体的なかかわり	6
主体的な参加	152
主導権	5
受容	72
住民サポーター	133
住民参加	110
住民の力	129
重要アイテム	123
障害者ケアシステム	133
障害者サポートシステム	100
衝撃	100
助産師	92
条件	6
情報	29
情報エンパワメント技術	46
情報基盤	47
情報通信	2
情報ネットワーク	96
情報の共有化	65
信頼関係	33, 38
新エンゼルプラン	113
新世代コミュニティ	2, 47
親近感	26
人材の養成	144

す

ストレス	84
スーパーバイザー	138
健やか親子21	54

せ

セルフ・エフィカシー	80
セルフ・エンパワメント	8, 87
セルフ・ヘルプ・グループ	110
セルフ・ヘルプ・グループ理論	12
世界保健機関	7, 120
生活の質	101
生活の全体像	117
生活満足度	80
生産性	48
成果	29, 37, 152
成果エンパワメント技術	40
精神病理	94
説明責任	68
絶望	100
専門機関	129
専門職	91, 120, 123, 131
羨望	100
潜在力	27

そ

ソーシャルサポート	8
ソーシャルサポート・ネットワーク	139
ソーシャルネットワーク	8
ソーシャル・マーケッティングモデル	11
双方向コミュニケーション	2
早期対応	66
早期発見	66
相互作用	4
創造	29

た

ダイアログ	18
多職種連携	129
妥当性	152
待機児童	68
達成感	65, 83
達成目標	55
男女雇用機会均等法	112
段階別エンパワメント技術	32

ち

チーム	120
チーム学習	10
チーム領域	123
チームワーク	21, 129
──の強化	115
地域サポーター	120
恥辱	100
長時間保育	70

て

テーマ	8, 32, 152
ディスカッション	19
提供者	16
──の役割	19
適応	29, 33

と

トップダウン	46, 133
当事者	16, 120, 123, 131
当事者主体	123
統合	152

な

内的な強化因子	5

に

ニーズ	152
2次ケア	140

ね

ネット・コミュニティ	2, 3
ネットワーキング	46, 144
ネットワーク	6, 62, 94, 119
──の発展段階	121
ネットワーク形成	83, 84
ネグレクト	94

の

ノーマライゼーション	139

は

バーチャル	2
パイプ	48
パターナリズム	120
パートナーシップ	46, 55
波及効果	83
発達	117
発達評価	69, 115
発展	24, 29, 35, 152

ひ

ヒューマン・サービス	2
ピア・エンパワメント	8, 87
ピアカウンセリング	93
否認	100
非審判的態度	72
非政府組織	134
評価	27, 152
評価者	18

ふ

ファシリテーター	18
ファミリー健康プラン	54
ブロードバンド	2
プライマリ・ヘルスケア	7, 139, 140
プライマリ・ヘルスケアセンター	135
プラン策定	55, 64
プリシード・プロシードモデル	12

不適切なかかわり……………………129
分析ワークシート………………………81

へ
ヘルスチーム……………………………120

ほ
ボトムアップ……………………………136
ボトムアップ型…………………………133
ボランティア………………79, 120, 135
保育園……………………………………66
保育サービス……………………………113
保育士……………………………92, 120
保育所……………………………………112
保育所保育指針…………………………113
保育の質…………………………………113
保健師……………………………………92
保健職……………………………………120
母船………………………………………7, 35
包括的なプロジェクト…………………47

ま
マクロシステム……………16, 20, 113
マニュアル…………………………93, 123
街づくり…………………………………2
満足感……………………………………83

み
ミクロシステム…………………………16

め
メゾシステム………………16, 19, 113

も
目標・戦略………………………………29
目標・戦略エンパワメント技術…35
物事の認識の仕方………………………10
問題と課題………………………………37

や
やる気……………………………………6
　　──の輪………………………………85
役割遂行…………………………………65

ゆ
ユビキタス・ネットワーク……………2
有効性……………………………………27

よ
養護施設…………………………………92

ら
ラーニング・オーガニゼーション
……………………………………………10

り
リスクアセスメント……………………96
リスクアセスメント指標開発……94
リスク因子分析…………………………96
リズム……………………………………27
　　秩序化の──……………………………28

変化の──…………………………………28
利害関係者………………………………16
臨床心理士…………………………92, 120

れ
連携………………63, 94, 119, 120, 152
　　──の促進要因……………………123, 133
連携コーディネーター…………………66
連帯感……………………………………6

わ
ワーキンググループ……………47, 59

●欧文索引

autodiagnosis ……………………………7
community ………………………………3
community competence ………………8
FGI 調査 …………………………………58
interdisciplinary model ………………129
mental models …………………………10
NPO ……………………………………120
personal mastery ………………………10
sense of community ……………………7
shared vision ……………………………10
systems thinking ………………………10
team learning …………………………10
WHO ………………………………………7

【編者略歴】

安梅　勅江
あん　め　とき　え

北海道に生まれる．
東京大学医学部保健学科卒業，同大学院にて保健学博士．
厚生労働省国立身体障害者リハビリテーション研究所，
浜松医科大学を経て，現在，筑波大学教授．
日本保健福祉学会会長．国際保健福祉学会会長．
「エンパワメントのケア科学―当事者主体チームワーク・ケアの技法」「「健康長寿エンパワメント―介護予防とヘルスプロモーション技法として活用」「ヒューマン・サービスにおける　グループインタビュー法―科学的根拠に基づく質的研究法の展開」「ヒューマン・サービスにおける　グループインタビュー法Ⅱ／活用事例編―科学的根拠に基づく質的研究法の展開」「ヒューマン・サービスにおける　グループインタビュー法Ⅲ／論文作成編　科学的根拠に基づく質的研究法の展開」（医歯薬出版）「子育ち環境と子育て支援」（勁草書房），「Culture Care and Community Empowerment（Kawashima press）」，「子育ち子育てエンパワメント」（小児医事出版）等著書多数．

コミュニティ・エンパワメントの技法
当事者主体の新しいシステムづくり

ISBN978-4-263-23462-4

2005年4月5日　第1版第1刷発行
2021年1月10日　第1版第5刷発行

編　者　安　梅　勅　江
発行者　白　石　泰　夫
発行所　医歯薬出版株式会社

〒113-8612　東京都文京区本駒込1-7-10
TEL．（03）5395-7618（編集）・7616（販売）
FAX．（03）5395-7609（編集）・8563（販売）
https://www.ishiyaku.co.jp/
郵便振替番号　00190-5-13816

乱丁，落丁の際はお取り替えいたします　　印刷・三報社印刷　製本・榎本製本
Ⓒ Ishiyaku Publishers, Inc., 2005. Printed in Japan

本書の複製権・翻訳権・翻案権・上映権・譲渡権・貸与権・公衆送信権（送信可能化権を含む）・口述権は，医歯薬出版（株）が保有します．
本書を無断で複製する行為（コピー，スキャン，デジタルデータ化など）は，「私的使用のための複製」などの著作権法上の限られた例外を除き禁じられています．また私的使用に該当する場合であっても，請負業者等の第三者に依頼し上記の行為を行うことは違法となります．

JCOPY ＜出版者著作権管理機構　委託出版物＞
本書をコピーやスキャン等により複製される場合は，そのつど事前に出版社著作権管理機構（電話 03-5244-5088, FAX 03-5244-5089, e-mail:info@jcopy.or.jp）の許諾を得てください．